美術／滄海叢刊

莊申 著

# 扇子與中國文化

東大圖書公司 印行

國家圖書館出版品預行編目資料

扇子與中國文化／莊申著.--初版.--
--臺北市：東大，民81
面；　公分.--(滄海叢刊)
參考書目：面
ISBN 957-19-0328-0 (精裝)
ISBN 957-19-0329-9 (平裝)

1.扇-中國

538.171　　81001074

網際網路位址　http://www.sanmin.com.tw

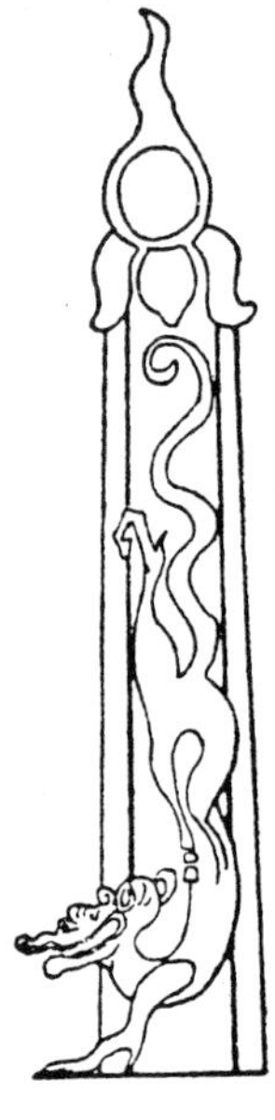

© 扇子與中國文化

著作人　莊　申
發行人　劉仲文
著作財產權人　東大圖書股份有限公司
臺北市復興北路三八六號
發行所　東大圖書股份有限公司
地　址／臺北市復興北路三八六號
電　話／二五〇〇六六〇〇
郵　撥／〇一〇七一七五──〇號
印刷所　東大圖書股份有限公司
總經銷　三民書局股份有限公司
門市部　復北店／臺北市復興北路三八六號
重南店／臺北市重慶南路一段六十一號
初　版　中華民國八十一年四月
再　版　中華民國八十八年十月
編　號　E 63003
基本定價　拾叁元陸角
行政院新聞局登記證局版臺業字第〇一九七號



ISBN 957-19-0329-9 (平裝)

# 自序

一九七七年之春，香港藝術館舉辦「清末上海名家畫展」，展出紈扇與摺扇畫蹟一百六十六件。當時我不但正在香港大學擔任三種中國藝術課程的講授，也是香港藝術館的顧問。當該館的負責人邀我爲這批畫扇撰文介紹，我覺得是義不容辭的。在一九七六年十一月寫成的長約一萬五千字的介紹文字，後來曾以〈中國扇史〉爲題，而發表在由香港藝術館爲那次畫展而特別編印的《清末上海名家扇畫》的專刊之中。

從一九七七年的暑假開始，我根據陸續得到的資料，而把〈中國扇史〉重新改寫。改寫稿對於原文的結構，雖然沒有重大的改變，可是字數卻已由一萬五千字擴充到將近十萬字。大概在一九八〇年左右，有一次，我由香港到臺灣省親。由於一個偶然的機會，遇見任職於中國時報的高上秦先生。經過他的介紹，我那部剛剛改寫完成的〈中國扇史〉的原稿，就由時報叢書的負責人與我簽訂了出版的合同。據高先生說，簽約以後，書是很快就可以出版的。可是後來不知由於什麼原因，儘管這部書的版樣已用鉛字排好，卻始終未見問世。搬過幾次家之後，現在連當年由時報叢書排好的版樣也已不存。這件事就這樣從一九八〇年一直拖到一九九〇年。十年的時間，就這麼過去了。一九九〇年之春，在一次閒談之中，劉振強先生知道我保存了〈中國扇史〉的原稿的副本，就慫恿我趕快把副本交給他。他說，如果我能把插圖補全，東大圖書公司是願意出版這本書的。得到這樣的承諾，我才花了不少的時間，找到了當年的手寫原稿之副本的一部份。於是我就以這一部份爲基礎，再配合在這幾年內得到的一些新資料，而把〈中國扇史〉的舊稿，整理成一部約有三十七萬字的新稿，經過印刷與設計，成爲目前的現狀。

我近年的研究興趣，大致是綜合文字與圖片而去重建古代中國日常生活方面的原有面貌。具有這種性質的研究，也許應該說是一種文化史的研究。譬如透過中國的扇子，不但可以瞭解扇面上的書畫藝術的技巧，還可以瞭解到書畫藝術的主題的變化、紙與絹的出產、以及明清時代的收藏家的藏品的建立，如果再作進一步觀察，更可瞭解到，自從十二世紀的北宋文人從高麗引進日本的摺扇，經過十五與十六世紀的明代文人的喜愛，日本的摺扇早已經過徹底的漢化而成爲中國日常生活用品裡的一種。還有，自從歐洲的海權的發展與商船的東來，摺扇的使用，又由中國爲中心而傳播到歐洲各地。所以在十七與十八世紀，當「中國風味」(Chinoiserie)在歐洲風靡一時，變形的摺扇也就成爲歐洲上流社會之貴婦的新寵。要說明這些錯綜複雜的關係，與其說這本書的內容是對藝術史的研究，恐怕毋寧說是對文化史的研究，更爲恰當。我把這本書的書名由《中國扇史》改爲《扇子與中國文化》的主要原因，也正在此。

前面說過，這本書的雛形是在一九七六年的十一月十五日寫成的。今天我爲《扇子與中國文化》寫序的時日也正是十一月十五日。屈指算來，在這兩個十一月十五日之間的時距，竟然已有十五年。我從一九六五年開始在香港大學任教，到一九八八年從該校提前退休，前後二十三年。另一方面，我從一九八八年任職於中央研究院以迄於今，瞬息之間，也已超過四年。如果這本《扇子與中國文化》能對中國文化史的研究具有些許貢獻，那這一點點研究的心得，正與東大圖書公司在一九八八年爲我出版的《根源之美》一樣，也應該視爲我在最近的十五年之內，身在港、臺兩地研究的綜合成果。寫到這裏，我要向與我同年的劉振強先生和比我年輕的蔡季吟小姐同時致謝，如果沒有劉先生在精神上的鼓勵與在經濟上的支持，還有，如果沒有蔡小姐在版面上的細心設計，這部書稿能以如此精緻與豪華的形式迅速問世，實在是不可能的。

一九九一、十一、十五，臺北，燈下

# 第一章

# 原始的扇

目前在臺灣，每當氣溫昇到攝氏三十度以上，大家都會嫌天氣太熱。爲了減低熱度，相應的措施，大致不外以下三種：第一種是利用電力驅熱；電風扇與冷氣機的開放，都屬於這種。第二種是利用飲食減熱；在飲的方面，無論是喝冰茶、冰咖啡、冰汽水或冰酸梅湯，以及在食的方面，無論是吃愛玉冰、仙草冰、刨冰或冰西瓜，無不都屬於這種。第三種是利用經過手搖扇子而得來的微風以助涼，無論所用的扇子，是紙做的、絹做的、竹篾做的、葵樹葉做的、甚至於是用檀香木或象牙絲做的，全屬於第三種。

用電力來開放電風扇和冷氣機，大致說，都是二十世紀以內的科學發明。在古代的中國，既然還沒有電力，當時的人，在天氣熱的時候，又怎麼減熱和取涼呢？從文獻上看，前面所提到的那三種措施，大概是早就有的。譬如說在第八世紀的盛唐時代，有人曾在屋裏放一個堆滿了冰塊的大盤子㈠。在同一時代，又有人在屋頂上安裝一種設備，而使水可以從屋頂上不停的向下流。水的流動並不只集中在某個地方，而是從屋頂上分開來，再流向東、南、西、北這四個方位去的㈡。在盤裏堆冰，是想利用冰塊的低溫來降低室內的溫度。至於在屋頂散佈流水，是想利用水的低溫來減低室外的溫度。這兩種減低氣溫的方式雖然不同，不過與在現代生活裏，用開放冷氣或電風扇以減低溫度的類型是一樣的。

據唐代詩人的描寫，在從盛唐到中唐（或者從第九到第十世紀）的這一百年的時間之內，當時的夏天，有人爲了減低熱度，不是吃泡在水裏的瓜㈢，就是吃放在冰塊旁邊的瓜或者其他的水果㈣。杜甫在他一首與瓜有關的詩裏所說的：「落刄嚼冰霜，開懷慰枯槁」㈤，並不是說他用嘴嚼冰，而是說他吃到的剛剖開來的瓜，在感覺上，是涼得跟冰塊一樣的。看來他所吃到的這個瓜，在未開剖之前，恐怕不是用水泡過，就是用冰鎮過的。在中日戰爭之前，北平的居民，因爲地下水的溫度較低，每到夏天，常用繩索先把西瓜綁住，然後把瓜吊進井裏去用水泡著。要吃西瓜的時候，才把瓜從井裏吊出井外而開剖。用井水泡著的西瓜，是冰涼的。吃的時候，西瓜的涼氣既可直入全身各處，在感覺上，是相當舒服的。唐代的人在夏天吃用水泡過的西瓜，或者吃放在冰塊旁邊的別的水果，與中日戰前的北平居民在夏天吃用井水泡過的西瓜，以及現代的臺灣居民，吃冰鎮過的西瓜，在類型上，也是一樣的。

可是在唐代，在屋裏放一大盤冰塊來消暑，因爲相當奢侈，所以並不普遍。至於在屋頂上安裝特別的設備，讓水不停的流，也不是每一個家庭都能做得到的事。吃用水泡過或冰鎮過的水果固然可以減熱助涼，可是水果既不能常吃不停，所以減熱的功能，既不很大，也不很長。看來爲了達到減熱的目的，扇子的操作，不但比用水氣、冰氣、和吃水果等三種方式，在經濟方面，更加實惠，就在時間方面，也更長久而有效。所以在古代的中國，在為了減低熱度所做的三種相應措施之中，扇的使用，向來是最普遍的。

除了電扇能夠自動作業以外，扇的取涼功能，完全依賴使用者手臂的活動。可是從扇的發展史上觀察，古代扇的使用，在手以外，腳的作業，似乎比手還重要。要說明這一點，要先從對「箑」字的認識入手。在古代，箑是用竹篾編成的竹版。在一種簡單的機器下面，設有兩塊踏板，機器的上面，安置兩塊箑。箑與踏板之間，以繩相連。如用左腳踏上第一塊踏板，則繫繩因受下降的壓力而把甲箑由機器頂部拉向機器的前方，同時又把乙箑由機器頂部送到機器後方。當左腳離開第一塊踏板，繫繩先因壓力的消除而鬆弛，於是甲乙兩箑各由機器的前方與後方回到機器的頂部。當右腳再踏上第二塊踏板，繫繩又因受到由右腳產生的壓力而繼續工作；這時，甲箑退到乙箑所至之處，而乙箑則進到甲箑曾至的地位。如果左右兩腳輪流踩向踏板，甲乙二箑也就交迭不停的前進與後退。室內的空氣既因竹版的擺動而增進其流動，人體也就相對的感到涼快。所以在漢代的字典之中，箑字是釋為扇的㈥。

在二十世紀，腳的操作雖然已由手臂所取代，但在中國的某些地區，把藍色或灰色的布幔懸在天花板上，用手牽引繫在布幔上的粗繩使布幔前後擺動生風以取涼的方式，卻仍未斷絕㈦。譬如，在中國西南部的四川與貴州兩省，這種懸在天花板上的布幔，是稱為諸葛扇的。把用這種方式來操作的布幔算成三國時代諸葛亮的發明，固然是牽強附會，但在西南地區，用手牽引布幔上的粗繩使幔前後擺動，從而生風取涼的操作法，恐怕與用腳踏設有竹箑的機器，使竹箑前後擺動的古典操作法，多少還是有點關係的。

其實用手牽引布幔來生風取涼的方式，在使用的地理區域上，並不只限於我國。譬如在中東與中亞一帶，生風取涼，也常採用手搖布幔的方式。在西亞或中東一帶，用手搖布幔的方式來取涼，在「天方夜譚」這一類的影片之中，是常見的。在文獻上，根據明代初年的陳誠的紀錄㈧，在哈烈國，是常常使用風扇的。所謂哈烈（Herat），即今阿富汗（Afganistan）之首都㈨。而所謂風扇正與我國川、黔地區所用的諸葛扇一樣，也是需要以手牽繩來操作的大布幔。唯一的差異，似乎是哈烈國的風扇，要在布幔的下端黏連相當數量的鬚髮，而我國的諸葛扇是不黏連鬚髮的。幔上黏連鬚髮，雖然並不好看，可是鬚髮質輕，當布幔在空中緩慢擺動的時候，鬚髮卻可在同時擺動很多次；擺動的次數愈多，就愈容易產生風，而達到涼快的效果。

在古代，竹箑的使用，以及在目前，稱為「諸葛扇」的布幔的使用，既然必是一對，所以在我國，若干既能前後擺動，而數目又是一對的屋內設備，也都用扇字來形容。舉兩個最熟悉的例子來說明：在傳統式的中國建築之中——無論是宗教建築（寺、廟、觀、堂，甚至接近宗教的家祠）、還是非宗教建築（上自宮殿，下至民居），門板的設計，必是一對。而每一塊門板，也必稱爲一扇門。再如中國的屏風，直到十七世紀中期的明代末年爲止，一向是文人書齋必備的設置㊀。屏風雖可由四片、八片、十片或十二片木板構成，但每一片屏風，按照傳統的術語也是稱爲一扇的㊁。

## 附注

㊀ 盛唐時代的詩人岑參（七一五——七七〇），在一首詩題是「與獨孤漸道別長句，兼呈嚴八侍郎」的詩裏，曾說：「冰片高堆金錯盤，滿堂凜凜五月寒」（詩見《全唐詩》，卷一九九，頁二〇五三）。

㊁ 宋人王讜曾記在盛唐的玄宗天寶時代（七四二——七五六），御史大夫王鉷於其宅內，設有一座自雨亭，「簷上飛流四注。當夏處之，凜若高秋」。見《唐語林》，卷五，頁一八二。

㊂ 盛唐時代的詩人李頎（登玄宗開元二十三年，即七三五年進士），在一首詩題是「夏宴張兵部東堂」的詩裏說：「羽扇搖風卻珠汗，玉盆貯水剖甘瓜。雲峯峨峨自冰雪，坐對芳樽不知熱」（詩見《全唐詩》卷一三三，頁一三五〇）。

㊃ 晚唐時代的詩人韓偓（生卒年不詳，登唐昭宗龍紀元年，即八八九年進士），在一首詩題是「雨後月中玉堂閒坐」的詩裏，曾說：「綠香熨齒冰盤果，清冷侵肌玉殿風」（詩見《全唐詩》，卷六八〇，頁七七八七）。詩中「熨」字，具有熨貼之意。所謂熨貼，本指用熨斗熨平衣衫。但此意可以引申爲內心的舒暢。按照這個引申的意思，上引詩的第一句是說，裝在放着冰塊的盤裏的，又香又綠的水果，吃到嘴裏感覺是很舒服的。

㊄ 盛唐詩人杜甫在一首詩題是「園人送瓜」的詩裏說：「落刃嚼冰霜，開懷慰枯槁」，詩見楊倫《杜詩鏡銓》卷一六，頁七六一。

㊅ 見段玉裁《說文解字注》（一九五五，臺北，藝文印書館），第五篇上，頁一三。

㊆ 筆者於四十年前旅居四川、貴州二省時，曾目睹此等以古法取涼之布幔，懸於若干茶館、理髮店，與飯店之天花板上。

㊇ 見陳誠《西域番國志》（見一九三七年，《國立北平圖書館善本叢書》第一集，「哈烈國」條）。

㊈ 見方豪《中西交通史》，第三册（一九五三年，臺北，中華文化出版事業委員會出版），頁一六九。

㊉ 如明末文震亨（一五八五——一六四五？）之《長物志》，卷五，頁一九五，卽列屏風爲文人書齋必備之物。

(一一) 如唐人張彥遠《歷代名畫記》（著成於大中七年，卽八四七年），卷九，嘗記初唐畫家閻立本，畫過以田舍風光爲畫題的風屏十二扇。此外，據尚秉和著《歷代社會風俗事物考》（一九三八，長沙，商務印書館），卷四〇，頁四七三，至少在北宋末年宋徽宗的時代（一一〇一——一一二五），也卽十二世紀的初年，當時是把牙牌的量詞，由一張，慣稱爲一扇的。不過這個用法，並不普遍。

# 第二章

# 儀仗的扇

大概從商代起（公元前一七六六——一一二二），古代的中國人開始使用馬車㈠。商代的馬車的座位，在文獻上是稱爲輿輢的。當時在輿輢的木邊（原稱輿盤）上，雖然附有玉飾㈡，輿輢上卻並沒有其他的飾物。到了漢代，特別是東漢（公元二五——二二〇），馬車的使用，較前普及甚多。根據漢代的壁畫與石刻，當時的馬車，大致可分五種：

一、大車——平民乘用。無扇汗，但有前後相通的帳篷。

二、輜車——貴族婦女乘用。無扇汗，但有三面封閉，只有入口的帳篷。

三、軺車——政府的低級官員乘用。無帳篷，但有扇汗。

四、軒車——政府的高級官員乘用。無帳篷，但有扇汗。

五、安車——皇帝乘用。

所謂「扇汗」（圖一、圖二），用傳統式的術語來解釋，叫做「遮陽」，用更口語化的術語來解釋，就是一把傘。傘的功用是在陽光猛烈與雨勢強烈的時候，用以遮蔽陽光與降雨的。據清代學者的研究，扇汗的出現，本不是爲乘御馬車的人而設，反而是爲拉車的馬而設的㈢。這一理論的要點是：車上設傘，傘可對風產生阻力而使氣流廻旋。氣流廻旋，又可使奔馬的身體，感到涼快。如果扇汗的確是爲馬而設，每一種馬車應

圖一：周代晉國（其封邑在今山西省太原一帶）附有「扇汗」的軺車
（見南宋馬和之作「唐風圖」）

圖二：東漢後期附有「扇汗」的軺車
（見於一塊在四川出土的墓磚）

該都有這種設備。但在前列的四種漢代馬車之中（安車有無扇汗，現無實例可證，暫不計算），扇汗都只設在政府官員的馬車上。平民的與貴族婦女的馬車上，是沒有扇汗的。難道連使馬體生涼的設備，也都限定政府的官員才能使用嗎？根據這一疑點，清代學者對扇汗的解釋，可能未必盡合情理。反之，從階級制度上看，扇汗的使用，既只限於政府官員的馬車，而一般平民與婦女（卽使是貴族的婦女）卻不准使用，可見扇汗的設置，是代表身份的一種象徵。有官員的身份，可以享有扇汗，沒有官員的身份，就不能使用。根據這一瞭解，漢代馬車上的傘式「扇汗」，似乎是代表官員身份的一種簡單的儀仗。

漢代以後是南北朝（三〇三——五八九）。在此時期，扇的某一類，成爲儀仗的一種，更見形式化。首先要注意的是，在南北朝時代，一種稱爲障扇的長柄大扇，就正是儀仗的一種。根據在晉代初期之惠帝元康時代（二九一——二九九）所寫成的一種紀錄，最初使用障扇的人，本是漢代的豪俠㊃。可是到了晉代，障扇的使用，似乎已與當時的豪俠無關。活躍於東晉晚期的顧愷之（三四四——四〇五），是四世紀末期的文人。他不但會寫賦、會作詩，又是一位重要的畫家與藝術理論家。「洛神賦圖」卷就是他按照三國時魏國曹植（一九二——二三二）所寫的「洛神賦」之賦文內容而畫成的一卷畫。賦文的大意是描寫他在黃初三年（二二二）經過洛陽附近的洛水，在精神恍惚的狀態之中，見到了漂亮的洛水女神（圖三）。在此圖中，曹植坐在榻上，站在榻之右前方的女性，就是洛神。在黃初三年，曹植雖然犯了罪，而被免除了原有的爵位，不過他的哥哥曹丕既是魏國的第一位天子，曹植仍然是貴族。那時的貴族是有許多侍從的。站在曹植所坐的木榻之兩側與後方的三個侍從，就用雙手拿着一種大扇。顧愷之的描寫雖然並不完全準確，不過在質料上，這三把長扇的扇身是用羽毛做成的，卻可以看得很清楚。這種扇柄可能比眞人還長的羽毛大扇，如果能與下一章第二節所提到的戰國時代之楚國的長柄羽扇互相印證，可以看出，這些長柄扇，正是障扇。如果儀仗扇的發展眞在南北朝時代，在東晉末年，由顧愷之當做三國時代的扇子來描畫，而畫在「洛神賦圖」卷裏的這些長柄羽扇，應該正是南北朝時代的障扇或儀仗扇的前身。時間再晚一點，到了南北朝時代，在政府官員出行時，他們的隨從，是要手執障扇，作爲儀仗的。

位於河南洛陽南郊的龍門，面臨伊水。在龍門，有許多用人力在伊水之絕壁上開鑿的石窟。在這些石窟裏，不但在窟的四壁佈滿與佛教有關的雕刻，窟的中心更刻有立體的佛像。這些石窟與窟內的雕刻，是我國重要的佛教藝術遺跡之一。龍門的石窟寺，根據由窟外南側的「太尉公皇甫公石窟碑記」所提到的年月，應該是在北魏孝明帝的孝昌三年（五二七）九月完成的。在石窟寺南壁大龕上，刻有著名的「禮佛圖」的浮雕（圖四，甲）。從「禮佛圖」的畫面上看，可以發現一位帝王與一位王后，在五位宮女的侍從之下，慢慢的走向一座大型的熏爐。另有比丘（佛僧）三人，已經站在熏爐的兩側。在這幅「禮佛圖」裏，最值得注意的是王與后的儀仗。這些儀仗，不但包括像傘一樣的華蓋，也包括橢圓形與圓形的儀仗扇。位於新疆與甘肅兩省交界處的敦煌鳴沙山，也有許多用人力開鑿的石窟。在鳴沙山的第二八八號窟裏，目前還保存着繪於南北朝之西魏時代(五三六——五五六)的壁畫（圖四，乙）。畫在這幅壁畫裏的儀仗扇，與刻於龍門石窟寺南壁的「禮佛圖」裏的儀仗扇一樣，也是長柄小身的圓形扇。以表現於龍門石刻和敦煌壁畫裏的圓形與橢圓形爲證。

這兩種長柄的儀仗扇，正是當時流行的障扇。至於障扇的質料，從文獻上看，似乎沒有嚴格的規定，因之，用竹篾編成的竹質障扇，固然還多少保留一點古篷的遺風，但用鳥毛編成的，和用羅、絹製成的障扇，也已開始使用。總之，馬車既不流行，馬車上的扇汗似乎也就跟隨新風氣的轉變，而離開了馬車，正式形成儀仗隊裏的華蓋了。

一九五八年，考古家在河南省的鄧縣，發現

圖 三：三國時代魏國的儀仗扇

（見於東晉時代顧愷之所作「洛神賦圖」卷）

圖 四（甲）：南北朝時代北朝的儀仗扇

（見於河南洛陽龍門石窟洞洞壁之石刻，此洞大約開鑿於北魏孝明帝孝昌三年，527）

圖四（乙）：南北朝時代北朝的儀仗扇
（此圖爲敦煌莫高窟第二八八窟內壁畫的一部份。壁畫繪於北朝的西魏時代（536—556））

了一座南北朝時代的畫像磚墓㊄。在此墓中刻有一幅「肩輿圖」（圖五）。輿中雖然空無一人，輿後卻仍有持扇者一人，舉於輿後，隨輿而行。在南北朝時代，馬車已不十分流行，取而代之的是一種牛車㊅。可是馬車上的扇汗，並沒有由於馬車的不流行而轉用於牛車。以龍門的「禮佛圖」為例，王與后身後的華蓋，似可因此圖之表現而得明其大概。

圖 五：南北朝時代南朝的儀仗扇
（見於一塊在河南鄧縣出土的墓磚）

其實，把障扇限用於輿後，似乎並不實際。皇帝和有地位的政府官員，常在肩輿不到之處，照樣的需要儀仗。譬如在初唐時代卒於高宗咸亨四年（六七三）的閻立本，是一位重要的畫家。他的傳世作品之一是「歷代帝王圖」卷。此卷的一段，描寫坐在步輦上的南北朝時代的陳宣帝（五六九——五八一為帝）（圖六）。所謂步輦，就是一種可以用人力搬動而任意移動的坐榻。在此圖中雖有數人擡著步輦前進，可是輦的兩側，各有一人，高舉橢圓形的羽毛障扇。又如在隋代，在徐敏行墓裏的壁畫裏，就可以看到徐敏行的侍從，手持華蓋與障扇，站在徐敏行的座位之前（圖七）。如與北魏時代的「禮佛圖」和南朝的「肩輿圖」互相比較，不難看出來，華蓋的形狀雖然大致保持原狀，可是障扇的形狀是頗有變化的。首先，北魏時代的扁平形的橢圓障扇，已經不再使用了，就是南朝的圓形障扇，也已不再使用。其次，徐敏行所使用的障扇的第一種的外形是不規則的波浪形，這個外形倒與「洛神賦圖」裏曹植身後的障扇之扇形是一致的。此外，徐敏行所使用的障扇的第二種，在外形上，是接近圓形的橢圓。這個外形不但與南朝「肩輿圖」裏的圓形障扇幾乎一致，而且就連表現在隋代徐敏行的橢圓形障扇上的漩渦式幾何圖案，也與南朝的圓形障扇上的圖案之類型非常相似。根據以上的三個比較，似乎可以說，以障扇的使用為

圖 六：南北朝時代南朝（陳朝）陳宣帝的儀仗扇
（見於唐初閻立本所作的「歷代帝王圖卷」）

圖 七：隋代的儀仗扇
（見於1976年在山東省嘉祥縣英山山下所發現的隋墓。墓主是隋代的駕部侍郎徐敏行）

例，三國的魏代與隋的時代，雖然距離較遠，可是魏的文化傳統對隋的文化還是有影響的。其實嚴格的說，魏的文化，就是漢代的文化。所以與其說魏對隋有影響，毋寧說，漢代的文化傳統，直到隋代，還是有所延續的。除此以外，北朝與南朝的文化傳統，對隋文化傳統的影響都不很大。

所以，到了唐代(六一八——九〇六)，長柄的障扇也就跟隨有資格具有儀仗的人的踪跡，而到處出現。譬如當唐代的皇帝在每一年的元旦與冬至，必以隆重的宴會來接見其他各國的酋長或番王。在此國宴之中，是要連續不斷的陳列一百五十六隻障扇，做爲天子之儀仗的㊆。當皇帝上朝的時候，他御座的左右兩側，也要各留三隻障扇㊇。如果皇帝離宮外出，他的儀仗當然更要包括若干障扇㊈。

在北京故宮博物院的收藏之中，有一件「步輦圖」(圖八)，也是初唐畫家閻立本的名蹟。此圖所表現的是唐太宗(六二七——六四九)接見吐蕃酋長松贊干布(六一七——六五〇)的情形。在此圖中，太宗安坐步輦，宮女九人，四面圍繞，其中二人，以手執而高舉於太宗身後的龐然大物，正是從南北朝以來開始流行的儀仗扇——障扇。除了皇帝需要障扇，在唐代，如果太皇太后、皇太后、或皇后離宮外出，她們的儀仗隊也要有偏扇、團扇、和方扇各二十四柄㊉。此外，如果皇

圖 八：唐代的儀仗扇

(見於傳爲初唐閻立本所作的「步輦圖」。坐在輦上的人是唐太宗李世民)

太子外出，他的儀仗隊中也有十柄障扇㈡。

這些障扇的形態，在記載上，雖然有圓形的，有方形的㈢，但由閻立本的「步輦圖」來觀察，當時的障扇，卻還有矩形的。總之，如果唐人畫卷裏的橢圓形障扇暫不列入，而記載中的方形障扇又不指矩形而言，唐代的障扇應該共有方、圓、與長方等三種形態。至於障扇的質料，似乎多半是由山鷄的錦毛編製而成，比較講究的質料，是由白孔雀之羽毛所製成的長翎扇㈢。此外，也有所謂「朱畫團扇」㈣。據推想，這種團扇大概仍以羅、絹之類的柔質製成。用竹編的障扇，在南北朝時代，還勉強能列入儀仗器用之中，到唐代，大概因爲質料粗陋，已經淘汰不用了。

唐代以後是五代(九〇七——九五九)。在這時期，敦煌的地方長官是曹議金與其子曹元忠。在表出於甘肅省榆林縣之佛教石窟裏的一幅壁畫裏，畫了八位婦女(圖九)。這些婦女就是曹議金家裏的女眷。畫面共分四排。作畫時，曹議金的夫人翟氏，雖已去世，但在曹家女眷之中，她的身份最高，所以在畫面上，仍然把她畫在最前

**圖 九**：五代時代的儀仗扇
（見於甘肅省安西縣榆林窟的五代壁畫）
圖中人是當地的貴族婦女。在這隊婦女之後，有一把畫了雙鳥的長柄障扇

排。曹家的侍女，身份當然是最低的。所以在畫面上，她們站在最後一排。曹議金夫人在出行時，障扇的使用，是由這兩位侍女來操作的。在扇形方面，使用於西北邊界的障扇，是橢圓形的。如與前面已經介紹過的，東晉、南朝、北朝、隋代與唐代等五個時期所用的障扇相比，五代時的障扇扇形，似乎與表現在隋代徐敏行墓壁畫裏的障扇扇形很相似。可是曹家的障扇上，有一對用金色描畫的鴛鴦。在障扇上加以這樣細緻的裝飾，是以前各代所未有的。

到了宋代。以現藏故宮博物院的無名宋人所作之「宮沼納涼圖」為例(圖一〇，甲、乙)，宋代的障扇，在扇形上，已經由橢圓轉成圓形。然而到了元代，障扇的扇形，卻又有改變。山西省永濟縣東南方的永樂鎮，靠近黃河的北岸。永樂宮就是建在永樂鎮上的道教寺院。永樂宮裏，保存了不少元代的壁畫㊄。在完成於永樂宮之三清殿西壁的一段壁畫裏(圖一一)，表現了道教的男女諸神，在一位女神的身後，有一個侍女。她用雙手舉着一把長柄的障扇。在扇形上，這把障扇，是矩形的。

圖一〇（甲）：宋代的儀仗扇

（見於南宋無名畫家所作「宮沼納涼圖」）

圖一〇（乙）：宋代的儀仗扇
（這是圖一〇（甲）的人物與障扇部分的細部）

將扇作爲儀仗的習俗，從現有的資料上觀察，至少到明代（一三六八——一六四四），還繼續存在。在文獻方面，在洪武時代（一三六八——一三九八），也許由於江山初平，禮儀未定，所以皇帝的儀仗器用之中，只有雉羽扇、朱團扇、黃團扇與紅扇等四種㈥。但到宣德時代（一四〇三——一四二四），已經改爲羅掌扇四十柄，另有黃龍扇二柄㈦。在畫蹟方面，臺灣的故宮博物院藏有由明代宮廷畫家所合繪的「出警圖」與「入蹕圖」二長卷。所謂「出警」與「入蹕」，各指明代皇帝的出京與還宮。在「入蹕圖」卷之中（圖一二），御車之前兩側，各有障扇兩柄。其中一對是黃色，一對是紅色。然後在許多侍衛之前，又繪有長柄的圓形障扇四十把，每側各二十。如用史書記載與此圖所繪之景物相印證，這四十把圓形障扇，應該正是所謂的「羅掌扇」。但在卷首出現的那兩對圓扇，卻不能與史書的記載完全脗合：如果所表現的是洪武朝的

圖一一：元代的儀仗扇

（見於山西省永濟縣永樂宮內道教壁畫的「西部諸天神衆圖」。此圖大約作於元代初期的大德時代之末期，卽1298年左右）

圖一二：明代的儀仗扇

（見於無名明代畫家所作「入蹕圖」卷）

儀仗，紅、黃二扇的顏色無誤，數目卻不相符。另一方面，如果所表現是從宣德朝開始的新儀仗，扇數固然無誤，顏色卻又不盡相符。也許當時的宮廷畫家對於皇帝出京時的儀仗制度，並不十分瞭解，所以才會產生畫中的障扇與史書所記的障扇，不能完全配合的錯誤。

明人的「入蹕圖」，可從另一角度來加觀察。在此圖中，障扇的形態，除爲圓形之外，別無他形。矩形的障扇雖在元代仍見使用[18]，但在明人的圖繪之中，既然只有團扇，傳統的方形與矩形，在明代，似乎都已受到淘汰。如就「入蹕圖」裏的圓扇的顏色來觀察，是白、黃、黑、與淺赭等四色兼具的。羅、絹一類的絲絹，本可染成許多不同的顏色。所以這些白、黃、黑、淺赭的團扇，可能都是由染色的絲類質料而製成的羅掌扇吧。

到了清代（一六六三——一九一一），把扇作爲儀仗的習俗，比在明代，更加普遍。譬如說，在清初的崇德元年（一六三六），清太宗的儀仗只有兩把扇[19]。但到順治三年（一六四六）以後，在清世祖的儀仗隊裏，扇的數目，已經增加到四十把（鸞鳳扇八把、單龍扇十二把、雙龍扇二十把）[20]。以後，到乾隆時代（一七三六——一七九五），在清高宗的儀仗隊裏，扇的數目又增加到七十六把（次鸞鳳赤方扇八把、雉尾扇八把、孔雀扇八把、單龍赤團扇八把、單龍黃團扇八把、雙龍赤團扇八把、雙龍黃團扇八把、赤滿單龍團扇六把、黃滿雙龍團扇六把、壽字黃扇八把）㉑。還有，按照在嘉慶元年（一七九六）所製定的法規，在太上皇的儀仗隊裏，扇的數目，更可多至八十六把㉒。

除了天子與太上皇，清代的太子、皇后與各種貴族，也都各有儀仗，而在他們的儀仗裏，也都各有儀仗扇若干把。譬如說，太子的儀仗扇是（雙龍扇與孔雀扇各四把）㉓，皇后的儀仗扇是十把（黃、紅銷金龍、鳳各兩把、金黃素扇各兩把、紅鸞鳳扇兩把）㉔。皇貴妃的儀仗扇是四把（金黃素扇與紅繡扇各兩把）㉕。貴妃的儀仗扇雖然是八把，顏色與圖案卻與皇貴妃的儀仗扇有別㉖。至於身份比貴妃更次一級的妃的儀仗扇，就只有赤、黑素扇各兩把㉗。

在天子、皇后、貴妃以外，在清代，有許多貴族都可使用長柄大扇作爲他們的儀仗。首先，親王（天子的男性親屬，譬如伯父、叔父或長子以外的兒子都稱親王）、世子（親王的長子）、與郡王（親王的其他兒子），如果住在國都，平時的儀仗，可以包括紅羅扇兩把。可是如果有事出京，他們的儀仗，又都可以包括紅羅繡四季花扇與青羅繡孔雀扇各兩把㉘。其次，郡王長子和貝勒（郡王的其他兒子）、和貝子（貝勒的兒子）平時的儀仗也可各包括兩把紅羅繡四季花扇㉙。再次，清代公主的儀仗，也包括扇子。譬如固倫公主（皇后所生的女兒）可以使用的儀仗扇，是青羅繡寶相花與紅羅繡孔雀扇各兩把㉚。不過和碩公主（天子之嬪妃所生的女兒）所可使用的儀仗扇卻只有紅羅繡孔雀扇兩把㉛。然而郡主（親王的女兒）與縣主（郡主的女兒）雖然平時出入，也有儀仗，卻只能分別使用紅羅繡孔雀扇與青羅繡寶相花扇各兩把㉜。清代最後一種可以使用儀仗扇的貴族是漢語稱爲駙馬、滿語稱爲額駙的皇室女壻。固倫公主、和碩公主、與郡主的額駙的儀仗扇，都是大、小青扇各兩把㉝。可是郡主、郡君（貝勒的女兒或親王側室所生的女兒）額駙的儀仗扇只有青扇一把㉞。

在貴族以外，清代的許多官員，在他們的儀仗裏，是也有扇之使用的。譬如凡是封了公、侯、伯、子、男之爵位的官員，他們的儀仗扇都是大、小青扇各兩把㉟。此外，其他沒有爵位的從一品到四品的京官的儀仗扇，也是大、小青扇各兩把㊱。四品以下的京官的儀仗扇，卻只有一把青素扇㊲。在京官以外，總督、巡撫、布政使、和按察使的儀仗扇都是青扇兩把㊳。各道臺、府倅、知州與知縣的儀仗扇則只有青扇一把㊴。至於在武官方面，提督、總兵與副將的儀仗扇都是青扇兩把㊵。副將以下的參將、遊擊和都司的儀仗扇，都是青扇一把㊶。

根據以上這一串複雜的描述，儀仗扇的使用，不但在清代，數量最多，制度也最完備。

圖一三：羅馬帝國時代末期（約西元前280年左右）的儀仗扇（見於在 Tarquinia 所發現的羅馬墓室中壁的壁畫）圖中人物是 Larth Valcha 夫婦

從考古的資料來看，儀仗扇的使用，似乎並不祇限於中國。譬如在從意大利的他奎尼亞(Tarquinia)所發現的，羅馬帝國(Rome Empire, 27 B.C. —476)中期的壁畫裏（壁畫大約完成於公元前二八〇年），維爾察夫婦（Larth Valcha）面面相對的，坐在放滿了食物的桌子的後面（圖一三）。畫面的第三個人是一個男性的青年。他就爲維爾察夫婦舉着他們的障扇。這把障扇的扇形是半圓形，質料是羽毛。看來羅馬時代的障扇，與由顧愷之表現在「洛神賦圖」卷裏的中國羽毛障扇，是有點類似的。

## 附注

㈠ 據中國科學院考古研究所所編《考古學基礎》（一九五八，北京科學出版社出版），頁六九至七一，商人墓葬共分小型墓、大型墓、與甕棺等三種。馬車的遺跡，全在大型墓葬裏發現。既然大型墓葬的墓主是當時的大貴族，可見馬車的使用，在商代，是並不普遍的。大概只有天子與貴族才能使用。至於近代學者對於商代馬車的研究，大致可以下列諸家之著作爲代表：

1. 伊藤道治：《古代殷帝國》（一九五八年，東京，角川書店出版），見《世界文化史大系》。
2. 林巳奈夫：「中國先秦時代的馬車」，見《東方學報》第二十九冊（一九五九年，東京大學出版），頁一五五至二八四。
3. William-Waston: "The Civilization of a Single People: The Dawn of Civilization" in A Circle of Cathy China (1961, London).
4. "Robust Life of the Shang: The Far East's Treasure," in Life Magazine (1962, New York), Vol. 32, No. 4. pp. 41-50.
5. 石璋如：小屯第四十號墓的整理與殷代第一類車的初步復原」，見《中央研究院歷史語言研究所集刊》，第四十本，下冊（一九六八年，臺北），頁六二五至六六八。

(二) 參考注一所揭石璋如教授之論文。

(三) 清末王廷鼎著《杖扇新錄》，見由鄧實、黃賓虹（一八六四——一九五五）二氏所合編《美術叢書》，第二集，第八輯。扇汗爲馬而設之説，見《美術叢書》本《杖扇新錄》頁二三九。此叢書於清末宣統三年，卽一九一一年，由神州國光社始刊於上海。五十年來，屢經再版與翻印。

(四) 按晉崔豹《古今注》卷上，頁五：「障扇，長扇也。漢世多豪俠，象雉尾而製長扇也。」

(五) 見河南省文化局文物工作隊編：《鄧縣彩色畫像磚墓》（一九五八年，北京，文物出版社出版）。

(六) 據房玄齡等撰《晉書》；卷二五，「輿服志」，在晉代（二六六——四二〇），皇帝的車，有馬車、羊車，也有牛車。牛車又稱「畫輪車」，「車上起四夾板，左右開四望，綠油幢，朱絲絡，青交路」。但車上並沒有扇汗。諸侯三公之有勳德者，可乘車輪車，用四牛拖動。王公大臣之有勳德者，則乘油幢車，這種車也是以牛來拖動的。

(七) 參考由歐陽修等所修之《新唐書》，卷二三，上，「儀衛志」，上，頁四八三。

(八) 見《新唐書》，卷二三，上，頁四八九。

(九) 據《新唐書》，卷二三，上，「儀衛志」，上，頁四九三，其儀仗隊中所需之扇，計爲「小團雉尾扇四、方雉尾扇十二、雉尾扇八。小雉尾扇，朱畫團扇，皆十二。」

(一〇) 見《新唐書》，卷二三，下，「儀衛志」，下，頁四九八。

(一一) 據《新唐書》，卷二三，下，「儀衛志」，下，頁五〇二，這十柄障扇是團雉尾扇兩柄，小方雉尾扇八柄。

(一二) 按唐代障扇的方圓二形。已詳注九與注一一所引《新唐書》史文。

(一三) 見《舊唐書》，卷一九七，「南蠻傳」，頁五二七〇，內「婆利國傳」。此外，在現存的畫蹟中，臺灣的故宮博物院藏有一卷「職貢圖」（可能是初唐畫家閻立本的原蹟的摹本）。在此圖中，婆利國的使者，手持孔雀翎扇，方步於途。

⑭ 見注八。

⑮ 例如在三清殿的壁上，目前仍有畫家馬七待詔在元晉宗泰定二年（一三二五）所寫的題記。此外，在永樂宮的純陽殿的壁上，目前也仍有畫家李弘宜等七人在元順帝至正十八年（一三五八）所寫的題記。詳見山西省文物工作管理委員會編「永樂宮」（一九六四年，北京，人物出版社出版）。

⑯ 見張廷玉：（《明史》一九七四年，北京，中華書局標點排印本），卷六四；「儀衛志」，頁一五八八。

⑰ 見同上，「儀衛志」，頁一五九二。

⑱ 在永樂宮之三清殿內，繪有壁畫甚多。其東壁所繪數十人，以元始天尊爲中心人物。其中有天女二人，各持障扇一把；一爲圓扇，一爲矩形。這些扇形應該可以用來證明在元代所用的障扇的形狀。如果這一推測無誤，將矩形扇淘汰於障扇之外，似乎只是在明代才開始的。

⑲ 見《清史稿》（一九七七年，北京，中華書局標點排印本），卷一〇五，「輿服志」四，頁三〇八五。

⑳ 見同上，卷一〇五，「輿服志」四，頁三〇八六。

㉑ 見同上，卷一〇五，「輿服志」，頁三〇八四——三〇八五。

㉒ 見同上，卷一〇五，「輿服志」，頁三〇八八。

㉓ 見同上，卷一〇五，「輿服志」，頁三〇八九。

㉔ 見同上，卷一〇五，「輿服志」，頁三〇九〇。

㉕ 見同上，卷一〇五，「輿服志」，頁三〇九〇。

㉖ 清代貴妃的儀仗扇是金黃、赤、黑色素扇各兩把，另有赤、黑鸞鳳扇各兩把。見同上，卷一〇五，「輿服志」，頁三〇九〇。

㉗ 見同上，卷一〇五，「輿服志」，頁三〇九一。

㉘ 見同上，卷一〇五，「輿服志」，頁三〇九一——三〇九二。

㉙ 見同上，卷一〇五，「輿服志」，頁三〇九二——三〇九三。

㉚ 見同上，卷一〇五，「輿服志」，頁三〇九三。

㉛ 見同上，卷一〇五，「輿服志」，頁三〇九四。

㉜ 見同上，卷一〇五，「輿服志」，頁三〇九四。

㉝ 見同上，卷一〇五，「輿服志」，頁三〇九五。

㉞ 見同上，卷一〇五，「輿服志」，頁三〇九五。

㉟ 見同上，卷一〇五，「輿服志」，頁三〇九五。

㊱ 見同上，卷一〇五，「輿服志」，頁三〇九五——三〇九六。

㊲ 見同上，卷一〇五，「輿服志」，頁三〇九六。

㊳ 見同上，卷一〇五，「輿服志」，頁三〇九六。

㊴ 見同上，卷一〇五，「輿服志」，頁三〇九六。

㊵ 見同上，卷一〇五，「輿服志」，頁三〇九六——三〇九七。

㊶ 見同上，卷一〇五，「輿服志」，頁三〇九七。

# 第三章

# 一般的扇

扇的古字是箑，已如前述。既然扇字從羽，箑字從竹，可見中國最古的扇，就質料言，大概非竹卽羽。以後才漸有絹扇、紙扇，以及用其他質料所做的扇。現爲敍述方便起見，就依上舉各扇的先後，分別簡爲介紹。

## (一) 竹 扇

箑是一塊面積相當大的竹版，其使用雖然需要用腳操作，但隨着人類智慧的進步，我們的祖先必定很早就知道如何以手來操作一塊面積較小的箑，從而達成生風或取涼之目的。根據考古學方面的常識，古代的中國人，遠在新石器時代(約從公元前一萬五千年前到公元前五千年前)，已知道如何利用竹或葦來編織竹篾，同時也知道如何利用竹篾的幾何形圖案，去印在陶質的日用器皿上，作爲簡單的裝飾紋㈠。可是在新石器時代的陶器上，迄今尚未發現過用眞正的鳥羽所印出來的圖案。由此可以想見，如果在新石器時代，中國人已經知道使用手搖扇，當時的扇，或者是用竹篾編製，而不是用鳥毛編製的。

現在可知的，中國最古的扇子，可能是一把竹扇。這件實物標本，是中國的考古學家在一九八二年從湖北省江陵縣馬山磚廠的第一號楚國墓葬裏發現的。在製作上，除了竹管，這把扇子的主要材料，是寬度只有〇・一〇公分的竹篾㈡，在形式上，扇身接近梯形，可是扇柄卻偏在左

圖一四：戰國時代中期至晚期（約西元前四世紀到三世紀初期間）的編竹扇
（1982年在湖北江陵縣馬山磚廠第一號楚墓出土）

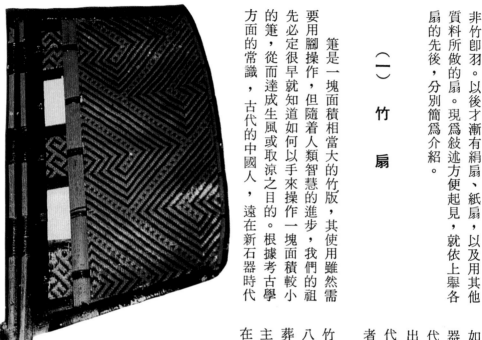

邊。在扇身與扇柄之間，有兩個透空的長方形的空間。䌸了黑漆的竹篾，在穿過透空的空間之後，再繞在扇柄上（圖一四）。扇柄與扇身的結合，就因爲這些竹篾的綑綁而不會鬆動。馬山磚廠第一號楚墓墓主的身份是士。這位士人之墓的入葬年代，介於戰國時代的中期到晚期之間㊂，也即公元前四世紀到公元前三世紀初期之間。所以這把曾由楚國士人所使用過的竹扇的編成時代，應該不會超過公元前的第四至第三世紀。這把帶有兩個透空的矩形空間的梯形竹扇，雖然發現於楚國的墓葬，從器物造型的立場來觀察，似乎並不屬於楚國器物的造型系統。易言之，楚扇的造型，從文化傳播的觀點來觀察，可能是另有來源的。

一九七六年，中國大陸的另一批考古學家曾在河南安陽殷墟的婦好墓裏，發現了四百多件陪葬的銅器，與七百多件玉器。銅器之一是一件鉞（圖一五）。所謂鉞，就是一種大型的斧。斧雖是兵器之一，不過鉞卻常常不是兵器而是刑器。此後，鉞也是天子的儀仗器物的一種。鉞身的末端有一個銅套，這是爲了鉞身與鉞柄的結合而特別設計的。把鉞柄由銅套裏穿過去，是爲了使鉞柄能與鉞身互相結合。可是這樣的結合，有時是會鬆動的。爲了避免結合的鬆動，所以兵器的設計人在銅套附近的鉞身上，特別設計了兩個透空的矩形空間（在術語上，這個空間稱爲穿）。把繩索或皮帶從穿裏穿過去，再綁在鉞柄上，鉞柄與鉞身的結合就相當穩固了。

根據婦好墓出土的銅器與各器所刻之銘文，再配合甲骨文裏的有關資料，可知此墓的墓主就是婦好，她就是殷代天子武丁的三個配偶之一。婦好墓的完成時代，可能是在公元前十三世紀之末期到公元前十二世紀前期之間㊃。如果把婦好墓裏的銅鉞與馬山楚墓裏的竹扇放在一齊來比較，不難看出來，楚扇與殷鉞，不但在外形上非常相似，而且就穿的位置與功用而言，扇身與鉞身的穿，可說並無差異。可是在時間上，殷鉞的使用卻比楚扇的編製，早了一千年。經過這個比較，也許可以假定，楚扇的梯形外形與在扇身上加穿，是對殷鉞的造型與結構的一種新的使用。從文化傳播的觀點來說，楚扇使用了殷鉞的造型與結構，不祇是文化的傳播，而且也是文化的變遷。

從一九七二年的年初到一九七三年的年底，考古學家在湖南省長沙市的馬王堆，連續發掘了三座西漢墓。一號墓的墓主是軑侯利蒼。一號墓與三號墓的墓主分別是利蒼之妻與子。三號墓埋葬的時間是漢文帝初元十二年（公元前一六八年）。可是一號墓既然壓在三號墓的墳丘之上，這就顯示一號墓的埋葬，在時間上，是遲於三號墓的。據考古學家的判斷，一號墓大概比三號墓晚幾年到十幾年㊄。製作時間僅次於湖北馬山竹扇的兩把西漢竹扇，就是從長沙馬王堆的一號墓葬裏發現的。在外形上，第一把扇雖然與馬山

圖一六：漢代的長柄編竹扇
（1972年發現於湖南長沙馬王堆一號漢墓）

圖一五：有穿之商代婦好鉞
（1976年在河南安陽殷墟出土）

楚扇很相似（圖一六），可是卻也具有三種新特徵：首先，楚扇有透空的穿，馬王堆的漢扇是沒有穿的。其次，楚扇的扇身，不但由於使用了髹着黑漆的與沒髹黑漆的兩種竹篾，而且又由於這兩種顏色不同的竹篾之互相穿插，才編出了兩種幾何式的圖案。可是漢扇既沒髹漆，也沒編出圖案來。最後，楚扇的扇柄很短。然而漢扇扇柄的長度卻是一．七六米。這個長度幾乎相當於楚扇扇柄長度的五倍。

至於從長沙馬王堆第一號西漢墓葬裏所發現的第二把竹扇（圖一七），扇身也用竹篾編成梯形。可是除了扇柄較短（柄長五十二公分，長度只有第一把竹扇扇柄的三分之一弱），這把竹扇最大的特徵，也是沒有穿的使用。這就顯示，在戰國時代的中期，甚至於在戰國時代的晚期，當時的竹扇，既然有穿，似乎殷商時代的黃河流域的文化對於當時的長江流域的文化，還是有影響的。可是到了西漢時代，竹扇既然不再有穿，殷商文化的影響，似乎不但已經漸漸中止，甚至也漸漸消失無踪了。

在南北朝時代（卽從四世紀到六世紀的這一期間），除了竹質的扇汗曾經使用於馬車以外，竹扇的使用，似乎漸漸流行。不過在造形上，這些竹扇似乎已經脫離了漢代所使用的梯形，而以

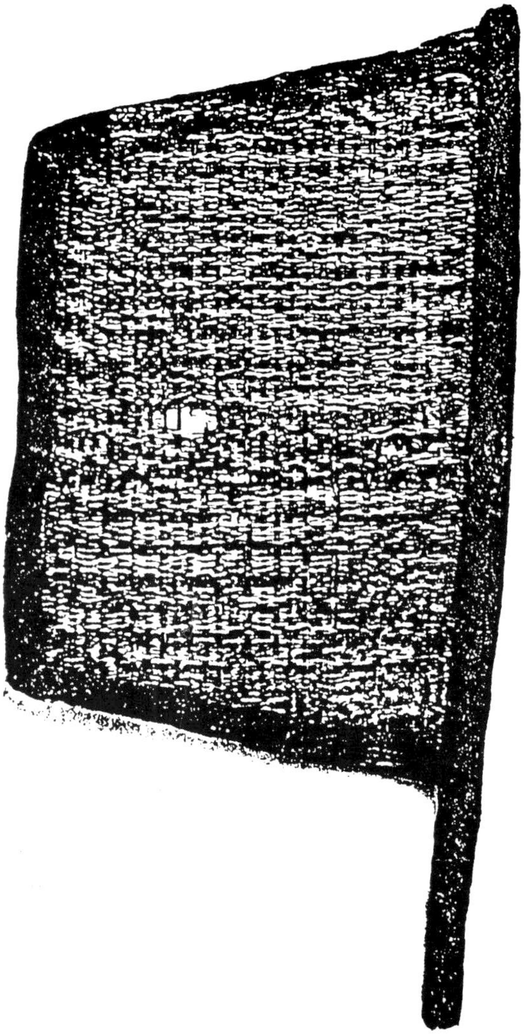

圖一七：漢代的短柄編竹扇
（1972年發現於湖南長沙馬王堆一號漢墓）

方形居多㈥。古代的方字，有時是可以代表長方形的。竹扇採用方與長方爲形，正可視爲由竹箑蛻化而來的蛛絲馬迹。方形以外，也有六角形竹扇。譬如有名的書法家王羲之（三二一——三七九），就曾爲一位老村婦在她的持以求售的一批六角竹扇上，每扇各寫五個字㈦。這一事蹟，在宋代，又曾被當時的畫家選爲畫題（圖一八）㈧。六角扇的形狀究竟如何，不甚了了，今故宮博物院藏有宋人「十八學士圖」一套，其中一幅繪數學士坐於樹下（圖一九，甲）。其中一人手持叉字形扇一把(圖一九，乙)。在目前所可見到的古代扇面之中，是沒有叉形的。所以這種叉形

圖一八：東晉時代的竹扇
（見於傳爲南宋梁楷所作的「羲之書扇圖」）

扇大概不是絹扇、羅扇而是竹扇。也許這正是宋人所保存的六朝遺風。竹扇的使用，雖然漸爲紈扇所取代，而方形也漸爲圓形所替易，不過竹扇在中國並未就此完全絕迹。譬如說，在十七世紀中期的明代末年，江西省新安縣所產的竹篾扇，在當時已被列爲文人生活中不可缺的器物⑨。據說，新安竹扇如能用竹根或紫檀木爲柄，當時是認爲「美」與「妙」的⑩。除此以外，這種竹扇的輕便，也是一個特徵。可惜新安的竹扇現已難見了。

在五代末年的南唐時代（九三七——九七五），著名的畫家顧閎中曾經畫過一卷「韓熙載夜宴圖」⑪。韓熙載本是南唐的大臣，據說他的生活，豪華而靡爛。李後主爲了要明瞭他的生活

**圖一九（甲）**：南宋時代的六角竹扇
（見於南宋時代無名畫家所作「十八學士圖」）

圖一九（乙）：南宋時代的六角竹扇
（這是圖一九（甲）內六角竹扇部分的細部）

方式，曾經特意派人去打聽。事實上，「韓熙載夜宴圖」就是一卷紀錄了韓熙載的實際生活，而又帶有寫實風格的人物畫。在此圖中，韓熙載手持紈扇，盤坐於椅。不過，他手中的紈扇在形狀方面是方的而不是圓的（圖二○）。

一九七五年，一批考古學家在福建省福州市的浮倉山，發現了南宋理宗時代的趙與駿與其妻黃昇和妾李氏之合葬墓。黃昇卒於理宗淳祐三年（一二四三），趙與駿卒於淳祐九年（一二四九）㊂。在黃昇的墓葬裏，發現了一把短柄的編竹扇（圖二一）。據發掘報告，此扇全長四○公分，扇柄長二五・五公分，寬一八・五公分。扇柄與扇身的邊框原來都髹過黑漆，不過在出土的時候，扇子的一些黑漆，卻已脫落了。扇身雖用竹絲編成，可是竹絲的排列，既然沒有上下重疊的經緯線，而且又完全朝着同一方向，所以這些竹絲是編不出圖案來的。這種做法與五代南唐時韓熙載所使用的編竹扇，似乎相當類似。

在清代的嘉慶（一七九六——一八二○）與道光（一八二一——一八五○）時期，在廣東的手工藝品中，就有一種專以青竹的竹皮編製的竹扇。扇形除了有方有圓，也有六角形的。據說這

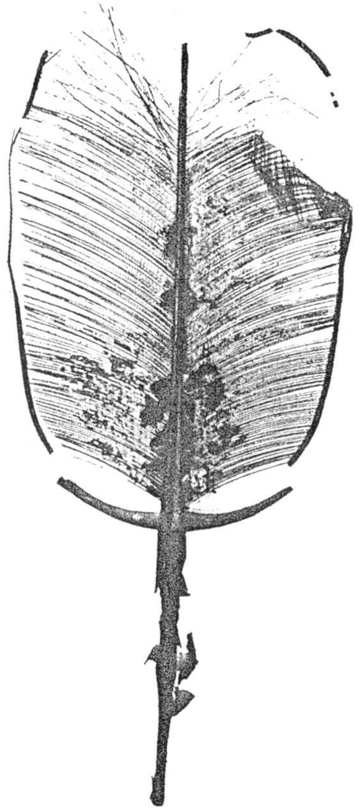

圖二一：南宋理宗時代（1225-1252）的竹扇
（1975年在福建省福州浮倉山黃昇墓中出土。
此墓建於南宋理宗淳祐三年，1243）

圖二〇：五代時代的編竹扇

（見於南唐畫家顧閎中所畫的「韓熙載夜宴圖」卷。
圖中手持竹扇的人就是韓熙載）

種竹扇的精細與光滑，簡直像布一樣㊂。稍後，在同治時代（一八六二——一八七四）與光緒時代（一八七五——一九〇八）的早期，即在十九世紀的中期與後期，在廣東的手工藝品中，又曾出現過一種「鴨腳扇」。扇的邊緣是細竹片，扇柄是一隻小竹管，而扇的本身則用由外國輸入的「布紙」來擔任。這種紙既用布來形容，想來必定十分富於韌力。在記載之中，這種布紙有兩種不同的顏色，白色的潔白如雪，另一種不黃不赭，接近於蜂蜜的顏色。可惜布紙究竟由何處輸入，目前還不能知。鴨腳扇的正反兩面，都附有一些繪畫，據說無論主題是山水還是人物，無不「工細絕倫」㊃。

在十九世紀的中國，除了廣東的鴨腳扇，浙江省的玉版竹扇，似乎也相當有名。在浙江省的東南沿海，有一座幾乎完全與海岸平行的括蒼山。此山既然近海，海拔又不甚高，因此可以充分接受由東海海面吹來的富於濕氣的海風。竹的生長，既宜潮濕，所以在括蒼山前，甌江一帶的溫州地區，是特產巨竹的㊄。這些巨竹的直徑甚至可以超過兩尺。竹幹截斷以後，剖成若干長約一尺，闊約半尺的竹片，如果竹片的平度不够，可用熨斗來熨平的方法來處理，而竹片的本身是絲毫不會受損的。竹片必須完全平坦，其正反兩面才能用來雕刻一些書法或繪畫，作爲扇面的裝飾。最後才配上一把用牛角或玳瑁所製的扇柄㊅。

清末名士俞樾（一八二一——一九〇六），在得到一把這樣的括蒼竹扇之後，非常高興。因爲這種竹扇的竹質白潤如玉，所以俞樾特以「玉版扇」之雅名，來稱呼這種浙江竹扇㊆。現代的

圖二二：現代的竹簧扇

竹簧扇，是用完整的薄竹片做成的（圖二二）。所謂簧，就是削刮了竹的內外表皮的薄片。而薄片也有版轉意思。由此推想，清代的玉版扇，也許與現代的竹簧扇，是同類型的。

除了竹片扇，編竹扇也不應忽略。編竹扇的產地，雖然遍及長江流域各省，不過在近年，最有名的編竹扇，似乎產於四川。四川因爲溫度適中，而且濕氣大，很適宜竹的生長。所以用竹篾編製牀、椅、桌、櫈等傢俱，以及籃、蓆、扇、帽等日常用品，幾乎是每個四川人都會做的一種手工藝。在四川各地的竹器之中，最細緻的，大多產於自貢井（圖二三，甲、乙）。而在產於自貢井的竹器之中，又以龔玉璋（一八九六—一九六六）的產品最享盛名。

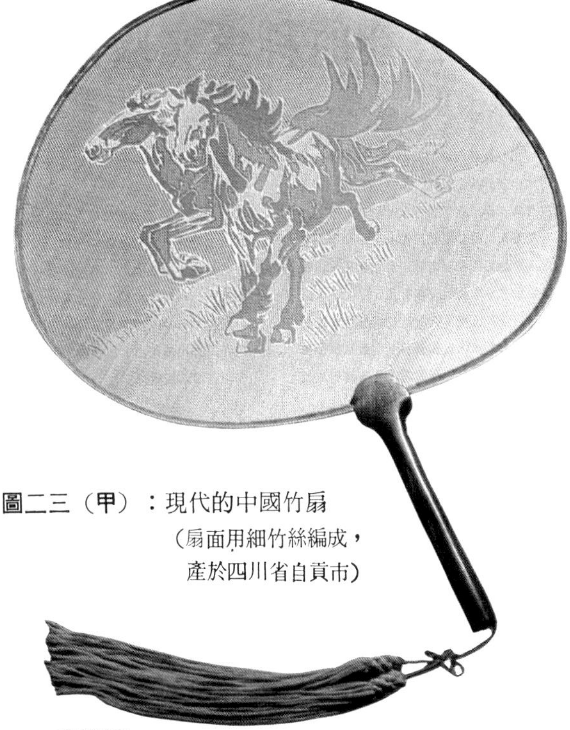

圖二三（甲）：現代的中國竹扇
（扇面用細竹絲編成，
產於四川省自貢市）

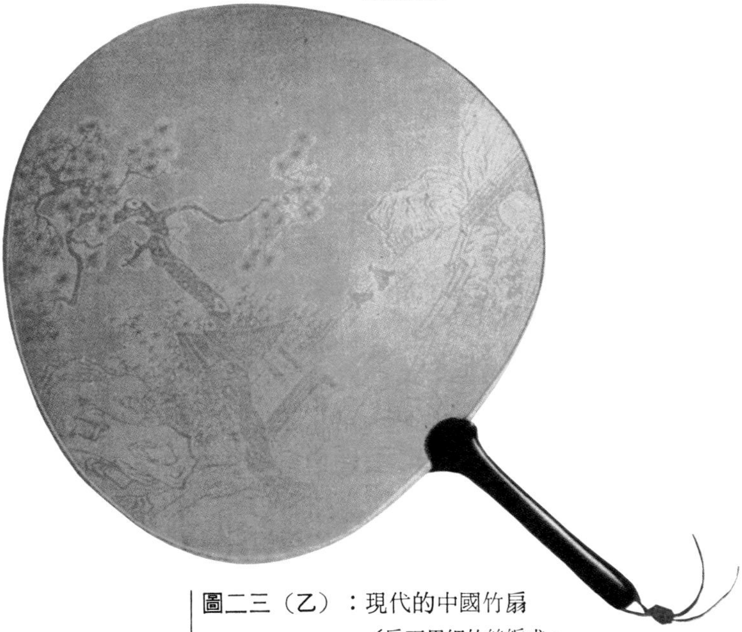

圖二三（乙）：現代的中國竹扇
（扇面用細竹絲編成，
產於四川省自貢市）

由龔玉璋所做的編竹扇，大多具有以下三種重要特徵：甲，他所用的竹絲，不但細如頭髮，而且輕如鴨絨。乙，這種竹絲不但柔和如絲，而且光潔如絹。丙，竹絲的編織非常細膩，經絲的位置固定以後，緯絲的穿插，固然往往要幾百次，最精巧的，甚至還要穿插到一千次以上。編好以後，整個竹絲扇的扇面，不但平滑如鏡，而且色澤金黃，淡雅、工整、秀麗，兼而有之。所以由龔玉璋所做的編竹扇，是另有「龔扇」之美稱的。這樣說，編竹扇的起源雖難稽考，可是卻以從湖北省江陵縣馬山楚墓裏出土的長柄竹扇的時間最早。易言之，在公元前四世紀的下半期到公元前三世紀的前期，長江流域下游的江南地區，早已有編竹扇之使用。屈指算來，從戰國晚期，經過漢代、五代和南宋時代，再到目前的二十世紀的龔玉璋時代，在我國，竹編扇的歷史，已經超過兩千年了。

## (二) 羽　扇

### 一、白羽扇

一九七八年的年初，湖北省的考古學家在該省江陵縣天星觀的一號楚墓裏，發現了一把已殘的羽扇（圖二四）。這把扇子最能引人注意的特徵有兩點：首先，扇身的外形很像一頂軍用的鋼盔；因爲扇身的上面比較細，而下面是比較粗的。在結構上，扇身是由一塊橫木和一條半圓形的竹片共同組成的。羽毛的莖管是先用絲帶纏起來，然後才裹在木柄上的。所以羽毛的最前端是與竹片連接的。其次，髹了黑漆的扇柄的長度是二·三米。在天星觀的一號楚墓裏雖然發現了幾

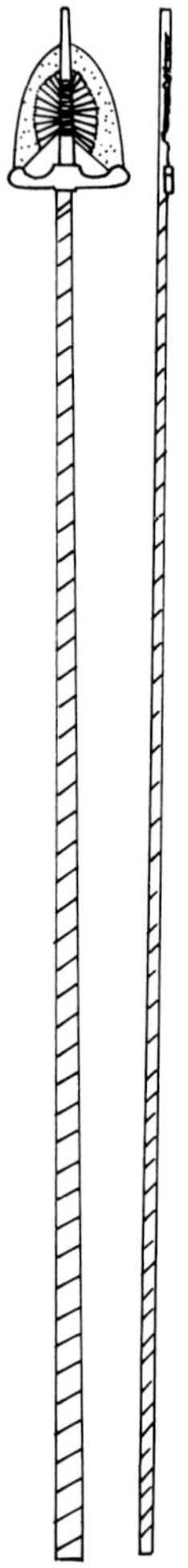

**圖二四：**戰國時代的羽扇
(1978年出土於湖北省江陵縣天星觀一號楚墓)

種長兵器，不過由於戟的最長的柄(術語是柲)的長度是三・三八米，最長的殳的柄的長度是一・五〇米，最長的戈的柄的長度是三・四五米，可見這把羽扇的扇柄的長度是相當大的。如果用扇來搧風取涼，絕不需要這麼長的扇柄。扇柄既然特長，可見這把扇子大概不是普通取涼的扇，而是第二章所討論過的儀仗扇。可惜扇上的羽毛，究竟得自那種鳥，發掘報告是一字未提的。

天星觀楚墓的年代大致應在楚宣王或楚威王時期，也卽公元前三四〇年前後。該墓的墓主大概是番勅，他生前是楚國的上卿，官職可能是令尹或上柱國。根據這些瞭解，曾經使用過這把長柄羽扇的番勅，在戰國時代的中期，是楚國的一位大官。據本章的第一節，時代最早的短柄竹扇，是在楚國士人的墓葬裏發現的。再據本節，時代最早的長柄羽扇，是在楚國的高官的墓葬裏發現的。這兩座楚墓入葬的時間，雖然都在戰國時代的中期到晚期的一百多年之內，可是高官與士人所用的扇子的材料是頗有差異的。羽毛既然需要從飛鳥的身上取得，來源是比較困難的，所以也是比較珍貴的。另一方面，由於竹木都是隨手可得的物資，來源很容易，所以並不是珍貴的物質。楚國的人既然要把比較珍貴的羽毛做成高官的羽扇，同時又把並不珍貴的竹木做成士人的竹扇，可見羽扇與竹扇，就是官與士的兩種不同的身份的象徵。從扇的使用歷史上看，這種象徵性是中國文化的一個特徵。

所謂羽扇，雖然泛指一切用禽類的翎毛所編成的扇，事實上，由漢代末年的傳奇式人物——諸葛亮（一八一——二三四）所用的白羽扇，在所有的羽扇之中，大概是歷史最長的。在記載中，諸葛亮頭戴黑巾，手持白羽扇，用一種風流瀟灑的神態來指揮三軍[八]，令人心慕。所以到了四世紀初年的晉代，當時的「江蘇三俊」之一的顧榮，在平定揚州叛臣陳敏時，儘管沒有頭戴黑巾，據說也是手持白羽扇的[九]。有一段類型非常相似的史事，值得一提。在南北朝時代的北齊時代（五五〇——五七七），當陸法和與任約作戰時，陸法和用來指揮軍隊的器物，也是一柄白羽扇[十]。除此以外，據說在南朝的宋明帝時代（四六五——四七二），當時的皇太后曾經把一把玉柄毛扇賞給宋明帝。可是宋明帝因爲這把扇子的羽毛不好看，居然想用藥毒死太后[十一]。這把毛扇，恐怕也是一把用鶴毛製作的白羽扇吧。且不用說顧榮與陸法和的麈扇用兵，是對百年前的諸葛亮的神態的追摹，至少從第二世紀的下半期開始，直到第六世紀的下半期，在這五百年之中，白羽扇的使用是相當普遍的。

大概經過顧榮與陸法和的摹倣以後，諸葛亮的白羽扇也就更加著名了。因之，在十一世紀的北宋中葉，當時的大文學家蘇軾（一〇三六——一一〇一）對於諸葛亮的瀟灑的神態，也是用「

羽扇綸巾」四字來加以描述的㊁。到了十三世紀的元代，通俗作家羅貫中更在他的《三國演義》裏，對諸葛亮的「羽扇綸巾」加以強調㊂。因此，當明末清初的畫家張飌在順治十一年（一六五四年）爲諸葛亮作肖像畫時（現藏臺灣故宮博物院），在這位三世紀的傳奇人物的身旁，固然要附有一把白羽扇（圖二五），還有，就在清代的中後期，在製於蘇州桃花塢的傳統年畫之中，有一幅俗稱「苦肉計」的「黃蓋受刑」圖。這幅年畫的內容，取材於《三國演義》，是大家耳熟能詳的一個通俗的題材。在這幅傳統年畫之中（圖二六），諸葛亮仍然表現成羽扇綸巾的樣子。

自從宋與元的文學家與明清之際的畫家對諸葛亮的頭戴烏巾、身穿長袍、手持羽扇的形象加以定型㊃，所以到了清代，在以北京爲中心而後來逐漸向南發展的平劇裏，諸葛亮的打扮，除把烏巾改爲高冠以外（圖二七），幾乎已沒有其他的改變。在平劇中，諸葛亮的身分是劉備的軍師。諸葛亮的扮相既已定型，平劇中的其他的軍師，例如唐初的徐茂公、明初的劉基，甚至連比諸葛亮的時代早出四百年的劉邦的軍師張良，也無不各持一把短柄的白羽扇，儘管短柄的白羽扇，在張良的時代，可能還沒問世。此外，在京劇中，就連金兀朮的軍師哈米蚩，雖然是金人而

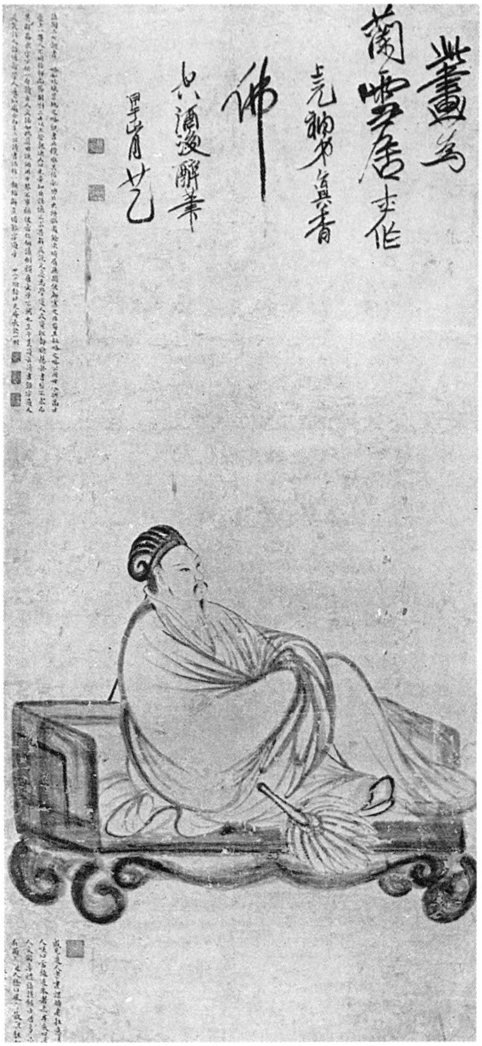

**圖二五：**三國時代的白羽扇

（見於明代張風作「諸葛亮像」。此圖所署甲午，卽南明永曆八年，或清順治十一年，1654）

圖二六：清代末期的白羽扇

（見於清代末期蘇州桃花塢的「三國演義」年畫。年畫中著黑袍的諸葛亮，手持白羽扇）

圖二七：現代的白羽扇

（見於現代平劇「羣英會」）

在此劇中，現代平劇名角馬連良扮演諸葛亮，手持白羽扇。另一名角葉盛蘭扮演周瑜，拱手立於諸葛亮之前。右側的白鬚老將就是在圖二六裏，在周瑜面前跪地受刑的黃蓋。

不是漢人，也照樣是手持白羽扇的。

諸葛亮與顧榮的白羽扇，究竟採用那種飛禽的翎毛，過去的史書既然未加記述，現在已經難以考訂。不過在從第五至第六世紀的南北朝時代，在長江流域的中游與下游，有一種用鶴翎所做的白羽扇，是甚受當時文人歡迎的㉕。從漢代以來，中國人不但認爲鶴是好潔與有靈性的馴禽,而且也認爲鶴是代表長壽的仙禽㉖。用白鶴的翎毛來編製白羽扇，不僅使扇的本身純潔可愛，大概更可讓用扇的人，在心理上，得到接近神仙世界的自我滿足。明、清以後，中國鶴的數目已經大量減少㉗。同時中國文人對於道家的神仙觀念的嚮往，也已大不如前。也許由於這兩個原因，在十六世紀，除了鶴翎的一部分，可以截斷爲一個套管，成爲古琴演奏者套在手指上撥弄琴絃的「指替」以外㉘，用鶴翎來編製白羽扇的風氣，大致已經接近斷絕的階段㉙。

除了鶴羽扇以外，在南北朝時代，編製羽扇的原料，還有其他兩種可以一併附述於此。第一種是白鷺鷥的長翎。不過，白鷺羽扇既在當時已被視爲「異物」㉚，想來這種異物的使用必定不是十分普遍的。第二種是烏鳶的長翎。所謂「鳶」，就是近似鷹類的一種猛禽。這種猛禽既然要用「烏」字加以形容，可見羽毛的顏色應該是黑的。據說烏鳶羽扇的使用地區，也在長江下游㉛。大概在第五至第六世紀的南北朝時代，一般文人使用的，是由白鶴翎或白鷺翎所做的羽扇，而一般人使用的，則是由烏鳶翎所做的羽扇。

這一看法,似乎可用唐代的史料來提供旁證。開元二十六年（七三六）之夏，天氣特別熱，唐玄宗就把一些白羽扇賞給他朝內的高級官員，表示他對臣屬的關切。當時的宰相張九齡更因此事而特作「白羽扇賦」㉜，以資紀念。由玄宗賞給張九齡及其同僚的白羽扇的原料，究竟是白鶴之羽還是白鷺之羽，似乎不易得知。不過玄宗賞賜朝臣的羽扇，既用白羽而不用黑羽，可見由第三世紀開始興起的，士人使用白羽扇的風氣，直到第八世紀初葉的盛唐，依然流行不絕。在中國美學史上，以黑白二色分別代表兩個不同的階級的現象，由羽扇的使用而言，雖然例證不多，卻是值得更加深入研究的。

## 二、雕翎扇

從南北朝以後，中國文人對於各代的羽扇，似乎罕有記載。所以從中國羽扇的製作史上觀察，在由南北朝以至於淸，也卽在從第六世紀到第十七世紀的這一千一百多年之間，在文獻上，似乎是一片空白。

到了十八世紀以後，用鶴翎作的與用白鷺之翎所作的羽扇，大致已經停止使用，但以其他禽翎做成的羽扇的種類，卻較前爲多。首先，政府的高級官員大都使用雕翎扇，其次，一般婦女大多使用鵝毛扇。此外，還有不少用其他鳥毛編製的羽扇。可見羽扇的原料，是隨着朝代的變異而時有變化的。

先看雕翎扇。所謂雕，是一種野生的大鷹。鷹的飛速極高，最宜在沙漠或草原之中生長。所以清代雕翎扇的原料，多數都產自長城以北的內蒙古地區。普通的雕翎，大半是赭毛白管，間或也有黑毛白管的。如果是黑毛黑管，而在黑毛之中又能夾有一片長度在一寸左右的白毛，這種黑白相間的雕翎——俗稱「玉帶」——是特別名貴的。雕翎扇的製作，普通需要九隻長翎，而每一隻的長度既不能短於一尺，寬度則需在一寸至二寸之間。此外，也偶有用六隻或七隻雕翎編製的羽扇。翎數既少，翎的濶度必大。濶的雕翎既不易得，所以七翎或六翎的雕翎扇比九翎的雕翎扇的價錢還高。據說在十九世紀中期的咸豐（一八五一——一八六一）與同治（一八六二——一八七四）時代，如果全扇的每一隻雕翎都是「玉帶翎」，這樣的雕翎扇，可以賣到五十兩，甚至一百兩白銀的高價㉝。

在同治時代，每一公石米的市價不過是八十四兩又八錢，而在清末的光緒時代（一八七五——一九〇八）的前期，每一公石的米價更降到八十兩㉞。一把雕翎扇的市價，居然要比一石米的價錢還要高，這樣的價錢實在不能不說是十分昂貴的。

到了清代末期，雕翎扇的售價才逐漸變得比較便宜。譬如據光緒時期（一八七五——一九〇八）刊印的《順天府志》，在光緒中期，也即十九世紀末期，北京城內的扇子小販，常會挑着扇子沿街叫賣，在所賣的貨物之中，就有雕翎扇。如果雕翎扇的售價，當時仍然要賣到幾十兩，或者一百兩白銀一把，扇子小販絕不會挑着這樣貴重的貨物而沿街叫賣。雕翎扇既可由扇販挑到街上去賣，可見在晚清，使用雕翎扇的高潮時期，已經成爲過去。

從十七世紀的後半期開始，清代的學者們大都喜歡研究經學與金石學，也就是熱衷於古代的經典與器物。在第四世紀，晉人既然已經開始利用鳶的黑翎來製造羽扇，而在動物的分類學上，鳶與雕又同屬於野生的猛禽，看來在十八與十九世紀所流行的，全黑的或黑白相間的雕翎扇，從扇的使用史上觀察，也許可以說是受到熱衷古代器物之興趣的影響。根據這個推論，清代學者喜用雕翎扇，似乎代表學術思想上的嗜古之風的普及。從這個角度上看，雕翎扇在清代的使用，雖然是一種復古運動，不過是與當時的文化思想，似乎還是有些關係的。當然，在另一方面，如以鳶扇與雕翎扇相較，後者不但選材嚴格，製作也是更爲工巧的。

## 三、鵝毛扇

鵝毛扇在何時始用於中國，在文獻方面似乎不易考察。但如從其他方面的資料來考察，鵝毛扇的歷史也許可以上溯於宋。臺灣故宮博物院藏有無名宋人所畫的「十八學士圖」一套，已如前述。此套畫之一幅，繪學士四人，坐於樹下（圖二八，甲）。僕人一名，腰間插有羽扇一把（圖二八，乙）。此扇之羽端，染有黑色，表示扇羽不是天鵝的純潔的白羽，而是略有黑灰色的白鵝的羽毛。

在清代，雕翎扇的市價既然高於每一石白米的市價，這樣的價錢自然不是一般人所能負擔得起的，因之文士多用摺扇，婦女則多用鵝毛扇。

圖二八（甲）：南宋時代的鵝毛扇

（見於南宋時代無名畫家所作的第二幅「十八學士圖」）

圖二八（乙）：南宋時代的鵝毛扇

（這是圖二八（甲）鵝毛扇部分的細部）

事實上，鵝毛扇的原料，不是短小的鵝毛，而是長大的鵝翎。每一把鵝毛扇大致需要三十隻，甚至四十隻鵝翎才能完成。口語中的鵝毛扇，其實是要更正爲鵝翎扇，才接近事實的。在清代末期的光緒時代（一八七五——一九〇八），北京城內的扇子小販，常常挑着他們的貨物，沿街叫賣。所賣的扇子，除了前面提過的雕翎扇以外，大致還有兩種；如果不是蒲扇，就是鵝毛扇。可見鵝毛扇的使用，當時是非常普及的。

目前在市面上可以買到的鵝羽扇，雖然有的除把鵝羽剪成桃形，再在鵝羽上附以裝飾性的吉祥圖畫（圖二九，甲），可是多數的鵝羽扇，製作粗陋（圖二九，乙），很難當作一種手工藝品來看待。但以前的鵝羽扇的製作，並不是這麼粗陋，至少，十八與十九世紀的鵝羽扇的製作，就要精緻得多。在這兩百年內，浙江一直是中國羽扇的製作中心。不妨由當時的製扇過程方面，來觀察一下浙江羽扇的製作。

首先，浙江的製扇家每年都在二月開始採購鳥羽。採購的地區，既可限於鄰近的省分（譬如安徽），也可橫渡黃河而北上河北，或者南入湖南、湖北，而到長江流域的中游㉟，據說遠在兩千年前，周朝的「羽人」；當時掌管禮節的一種禮官，是要在每年的二月，到山林之間採集鳥羽的㊱。浙江的製扇家既然也在每年二月採購鳥羽，可見在時間上，雖然遲至十八世紀的中期，浙江的製扇家，對於周代的某種風俗，似乎是依然保持不輟的。對於從各處採購回來的材料，自然要有所選擇；譬如所有用來做扇的鵝翎，對於翎管的長度，至少就有不得短於三寸的規定㊲。

圖二九（甲）：現代的鵝毛扇（製於1982年）

圖二九（乙）：現代的鵝毛扇，製作粗陋

其次，在材料的處理方面，入選的鵝翎以及其他的鳥羽，一定要經過洗刷的程序。洗刷的時間是暮春，大概二月開始採購，等到各地鳥羽運回浙江，時間已在三月底，或者四月初，那時正是江南的暮春。洗刷的工作通常是由婦女擔任的。在十八世紀，洗刷的方式是先用熱湯洗去鳥羽上的浮塵，然後再用清水沖刷。沖刷鳥羽的清水，雖然隨手可得，不過卻以浙江寧波（即今之鄞縣）附近的月湖水爲上選。據說各種鳥羽經過月湖水的沖刷，顏色是可以分外鮮明的㉖。到了十九世紀，洗刷鳥羽的最好的清水，卻又由寧波的月湖水轉變爲吳興駱駝橋下的流水。據說鵝翎在脫離鵝身以後，常會乾枯和分散。如果能用駱駝橋下的流水加以沖洗，這些鵝翎才會長期的互相黏連而無枯散之弊㉗。

假如以駱駝橋下的清水取代月湖湖水的理由，眞是由於前者能使鳥羽長期黏連，可見到了十九世紀，浙江的製扇家不但在沖刷鳥羽的過程上，已經試用過許多不同地點的清水，最後才放棄月湖的湖水而選用駱駝橋下的流水，同時似乎也可說明當時的製扇家所強調的，是扇的堅固性，而不是扇羽的美麗的外觀。這樣的商業道德是值得稱讚的。

第三，在製作過程方面，首先，當三十或四十隻鵝翎互相排列整齊之後，是需要把這些三寸長的翎管逐一剖開，再編成若干幾何形狀之圖案的。然後才用比較柔軟的質料，把這些圖案包裹起來，做爲扇柄。至於扇身的裝飾，則先用各種絲線繡成書畫，再在扇身中部縫上一朵大紅色的絨花。最後，才用金色的、或翠玉色的孔雀毛，圍繞扇身一圈。甚至在扇柄上，也要以顏色不同的綾緞，剪成種種圖案，貼在扇柄頂部的正反兩面[四]。

第四，在扇形方面，這種鵝翎扇大半是上尖下圓，接近手掌的形態。影響所及，現代的鵝翎扇，幾乎仍然保持這個上尖下圓的桃形的形態。

此外，應該附帶一提的是羽毛配合的工作。所謂羽毛配合，是指當同類的羽毛不足用時，可以從另一類的鳥羽中加以選擇。一方面顏色要接近，另一方面，長短要配合，在十九世紀的浙江製扇區，孫甫周是以羽毛配合的工作而著稱的。過去的製扇家的姓名，大都未見流傳。孫甫周的姓名，在中國扇史上甚至中國工藝史上，都是值得注意的。根據以上的介紹，在十八與十九世紀，鵝毛扇的製作既然相當繁雜，其意趣似也相當華麗。製作的繁雜是由於態度的認眞，意趣的華麗卻由於這種扇子的主要使用人，大半是婦女。

現代鵝毛扇的產地，主要是江蘇的高淳、湖北的洪湖、以及廣東的廣州等三地。廣州西關下九甫一帶羽扇店的主要商品，就是用老鵝的翅膀羽毛所製造的鵝毛扇。購買這些扇子的主要顧客，往往是海外的華僑。他們在南洋與在北美，雖在炎夏可以享受冷氣，因爲不願意忘記中國固有的文化，所以也不能忘情於鵝毛扇。可是從製作的立場來看，現代的廣州西關鵝毛扇，其柄既以鐵絲或鉛絲貫穿鵝翎而成，而且所用的鳶翎，據知也未曾經過浙江特有的清水的洗刷。可見這種鵝毛扇的製作，既已忽略了剖解翎管以編結圖案的藝術趣味，也忘記了如何利用自然物質增加扇身堅固性的商業美德。此外，現代的鵝毛扇的本身，也絕無裝飾意趣可言。如果再以百年前或兩百年前的鵝翎扇的製作標準來衡量現代的鵝毛扇，其優劣之差別，眞是難以道里計算了。

## 四、其他

除了白羽扇、雕翎扇，以及鵝毛扇以外，在羽扇的範圍之中，還有不少以其他禽羽製成的羽扇。不過就一般情況而言，這些羽扇的使用不甚普遍而已。根據十八世紀的記載，這些羽扇的材料來源，至少曾與六種水鳥和一種飛禽有關。先看看這些水鳥：

第一種是「鶖」。鶖是形狀有點像仙鶴，但翎毛卻接近青色的一種水鳥。鶖的特性是能夠潛水捕魚。既能潛水，所以羽毛富於油脂，可以避水。用鶖翎做扇，大概既因其羽色淡雅，也具有可以避水的條件。

第二種是「雎鳩」。在中國的鳥類之中，雎鳩的歷史很久，遠在公元前五世紀，《詩經》的第一篇已經提到了這種水禽。雎鳩的生殖史固然悠長，可是利用它的翎毛來編製羽扇，似乎還是十七世紀以後的事。在視覺上，雎鳩的毛色黯赭，並不漂亮。用這種鳥翎製成的羽扇，恐怕也是格調低沉的。用雎鳩的翎毛來編製羽扇的惟一優點，大概是由於它和鶖羽一樣，同有避水的功能而已。

第三種是「淘河」（圖三〇）。此鳥既以淘河爲名，顧名思義，它是可以潛水的。在過去的文獻中，它的古名是「鶖胡」，在中古時代，才改稱爲「鵜鶘」[四]。大概根據鵜鶘，它才演進爲比較有點文義的淘河。學名是 Pelecanus Anocrotalus 的淘河，身體大，兩翼長。毛色白而微紅。用淘河的翎毛做扇，大概正與用鶖翎做扇一樣，既漂亮，又能避水。

圖三〇：在原野中的鵜鶘（淘河）
（鵜鶘的長翎，可以製作白羽扇）

第四種是「蚊母」。蚊母是一種羽毛黃白相混、鳴聲似鴿、而形狀接近於「鷁」——一種青色的捕魚水鳥——的一種水鳥。蚊母的學名是Distylium racemosum。據唐人的記載，這種水鳥不但喜歡夜鳴，而且每一鳴叫，必會有些蚊子從它的嘴裏飛出來。蚊母之名的來源，正由於它能够從嘴裏吐出蚊子[42]。其實唐人的觀察並不正確。原來蚊母只是一種喜歡吞食蚊子的益鳥。由於觀察不够深入，唐人卻把蚊母鳥吞食蚊子的動作，誤認為由口中吐出蚊子。現在雖可發現蚊母之名的由來，是由於唐人錯誤的觀察與記錄，可是自唐迄今，歷時千年，蚊母之名已經約定俗成，是很難改變為吞蚊鳥的。在中國羽扇的製作史上，蚊母鳥的出現，不是一段有趣的插曲嗎？

第五種是「天鵝」。所謂天鵝（Swan），本是「鵠」的別名。鵠的學名是Cygnus bewicki，是一種全身雪白，體形似鵝，而身體比普通的鵝還大一點的水禽。臺北故宮博物院的至善園裏，是養有兩隻白天鵝的。

第六種是「鸛」。所謂鸛，學名是Ciconia boyciana，是一種形狀與體積都介於白鶴與鷺鷥之間的水鳥。鸛的羽毛固然大致是白色，兩翼的長翎卻在邊緣上附有若干黑色。因之，以鸛翎做成的羽扇，就很難具有鶴翎扇或鷺翎扇那種潔白如雪的純色。

在這六種水禽之外，有些不常見到的羽扇，其原料是與另一種飛禽有關的。在動物學上，鷹與鵰同類，不過在體積上，鵰大於鷹而已。鵰翎既能製扇，鷹翎自然具有同樣的功能。中國過去的名物學家，對於動物的分類非常精細，譬如由一歲到四歲的牛，既然各有專名[43]，就在飛禽方面也有相似的分類，譬如一歲的鷹叫黃鷹、兩歲的叫鴘鷹、三歲的叫鶬鷹。由一歲到三歲的鷹的翎毛，固然都能製扇，不過兩歲的鴘鷹的翎毛，卻一向認為是比一歲的黃鷹的翎，或者比三歲的鶬鷹的翎，更適宜製扇的[44]。鴘鷹以外，據說黑鷹的翎毛也是製扇的好材料。據十八世紀的浙江製扇家的理論，用黑鷹的翎毛做扇，搧出來的風可以比較溫和，使人的身體，不會受到損害[45]。這種理論固然不值深究，但是對黑鷹的翎毛加以喜愛，從美學的立場上着眼，卻不是毫無淵源的。因為在南北朝時代為一般人民所用的羽扇，就是用烏鳶翎作成的。由烏鳶到黑鷹，羽扇的材料雖然完全改變，但以黑色代表一般階級的那一傳統，儘管歷時不止千年，卻是未曾改變的。

以上所述，是到十九世紀末年，也即清代末年的羽扇製作的概要。到了二十世紀，由於文獻的缺乏，羽扇的製造情形，反而較前更加不清楚。惟一可知的是湖南省東北部的岳陽，現在已發展成為一個製扇中心。從一九六六年以後，每年除可生產羽扇十餘萬把，還可生產紙扇三百多萬把，據最近的通訊報導[46]，在一九四八年以前，岳陽出產的羽扇，其原料大多採用洞庭湖區的野鴨、野雁以及其他的家禽(白鵝必亦包括在內)。但從一九四八年以後，「中共政府爲了發展羽扇的製作，每年會向岳陽地方政府，配給鵰毛、馬鷹毛、駝鶴毛、和白鸛毛等經濟價值較高的羽毛」。這四種羽毛都是從十八世紀以來早已用爲羽扇之原料的鳥羽。看來，在目前，在毛羽的選擇方面，現代羽扇與過去的傳統還保持相當的關係。可是在製作方面，工人們按照羽毛的天然特點，精心分類、洗刷、蒸製、梳整，最後才編成款式各異的羽毛扇。現代的羽扇，採用科學的方式，比舊日的手工製作進步多了。

## (三) 紈扇

### 一、絹扇

從文獻上看，紈扇是在東漢的成帝時代（公元前三〇年——公元前七年），卽在公元前一世紀開始使用的。最初製造紈扇的人，據說是班婕好。自從漢代的輕盈美人趙飛燕入宮以後，班婕好便相形失寵(47)。當她獨居長信宮而思念成帝時，曾經寫出有名的怨詩「怨歌行」。其詩云(48)：

新裂齊紈素，鮮潔如霜雪，
裁爲合歡扇，團團似明月。
出入君懷袖，動搖微風發，
常恐秋節至，涼風奪炎熱。
棄捐篋笥中，恩情中道絕。

在此詩中，有三點值得注意。首先，根據首句，紈扇是用山東所產的素而比較細緻的絹來作爲原料的(49)。根據二十世紀初年的考古發現，山東的黃絹，在東漢時代，曾經由中國本土的黃海之濱，在穿越中原各省之後，一直轉運到敦煌。在當時，這個城市的位置，處於中國和西域的邊界(50)。班婕好的扇子既以細絹做成，可見細絹一定是當時比較好的，甚至是最好的齊紈。在漢代，質地比較粗的黃絹，大概是要當做出口的貨物而供應當時的歐洲市場的。所以細絹雖可供給宮廷，黃絹卻需要轉運西北，準備出口了。

其次，根據第四句，可知班婕好的「合歡扇」的扇形是圓的。也卽最早的絹扇的形狀是圓形的。此後，紈扇的形式漸有改變，本書在第七章第二節另有介紹。

第三，根據第五句，紈扇的面積大概幷不很大。自班婕好首製以後，它不但是婦女的寵物，就是一般的男子也照樣可以使用，所以千餘年來，紈扇一直是中國最通行的手搖扇。

紈扇的盛行，一般說來，與下述三種原因有關：

第一，絹色潔白。在古代（至少到十二世紀的北宋時代爲止），絹是用來寫字與作畫的最通用的材料。紈扇既以素絹做成，扇身已經具有供人書畫，增加裝飾的條件。

第二，有些中國絲織品的本身帶有圖案。中國絲織品的種類很多；品質比較高的，在絹之外，還有綾、羅、綢、紗等等。這些絲織品不但質料好，而且本身時時帶有若干圖案。如利用綾、羅、綢、紗以代替素絹，而作爲製扇的材料，則製成的扇不須另加書畫，已有裝飾圖案。

第三，紈扇的邊緣用竹。講究的竹，或爲湘妃竹㊄（圖三一，甲、丁）、或爲棕竹，都不是凡種。把絹、綾、羅、紗等絲質綳於竹架之上，扇身不重，携帶方便。就是扇面的絹、紗等絲質染污或破舊以後，也可隨時換新。要是竹扇或羽扇，扇身既損，價值已喪，既沒有更換扇身的機會，也無此必需。

由於這三種原因，在摺扇盛行之前，在中國，紈扇一直是比竹扇或羽扇更受歡迎的手搖扇。唐代以前紈扇的實物，由於資料的限制，已經難以再見。目前祇能從唐代的美術作品裏看到一些零碎的材料。譬如在一九六四年，大陸的考古學家在新疆省吐魯番的阿斯塔那（Astana）發現了一卷長度是一〇六公分的紙本水墨畫，畫面上表現

圖三一（甲）：明代紫花臘底湘妃竹扇骨
（乙）：明代皮雕山水扇骨
（丙）：明代皮雕漆底扇骨

了一個頭戴高冠的人，坐在懸有流蘇的帳篷之下(圖三二)。他的手裏是持有一把短柄紈扇的。但是用近年的考古發現與古畫上的資料爲例，唐代的與唐代以後的紈扇的變化，卻還可以看出一個大概的情勢。譬如在考古方面，一九七三年，考古學家曾在新疆天山南路吐魯番的阿斯坦那的唐墓裡，發現過一把木柄的絹扇㊂。扇的全長是一三．五公分(圖三三)。扇的絹底上，附有飛鳥與花草。可惜由於發掘報告沒有較詳細的描述，絹上的圖案，究竟是畫上去的、是印上去的、還是原來就織在絹底上的，現在還不清楚。

至於可以在唐代的畫蹟中見到的紈扇，似乎可用中唐時代人物畫家周昉（約七六三——八〇四）的「簪花仕女圖卷」做爲例證（圖三四，甲）。畫面的主題雖然與宮廷婦女們的日常生活有關，這個畫卷卻可在構圖上形成若干獨立的小段落，互不連接。其中一段，描寫一位身分較高的宮廷婦人，頭簪鮮蓮，手持小花，漫步而行。在她的前面，是一隻白鶴，在她的後面，是一個身分較低而手持絹扇的宮女（圖三四，乙）。此扇扇身的中部，飾有一株牡丹，其中一朵盛開，一朵含苞待放。牡丹的位置與形狀，與這把扇子的外形是緊密配合的。想來在周昉身處的第八世紀，必有若干畫家專門負責宮扇上面的繪畫。畫

圖三一（丁）：湘妃竹的實況

（湘妃竹的特徵是在竹莖上長著紫色的斑點。據傳說，由於湘妃思念帝舜，淚落於竹，化成紫斑。這張照片是在四川省成都望江樓公園內的實地攝影）

圖三二：晉代的圓形紈扇
（見於1964年在新疆吐魯番阿斯塔那(Astana)所發現的晉墓壁畫）

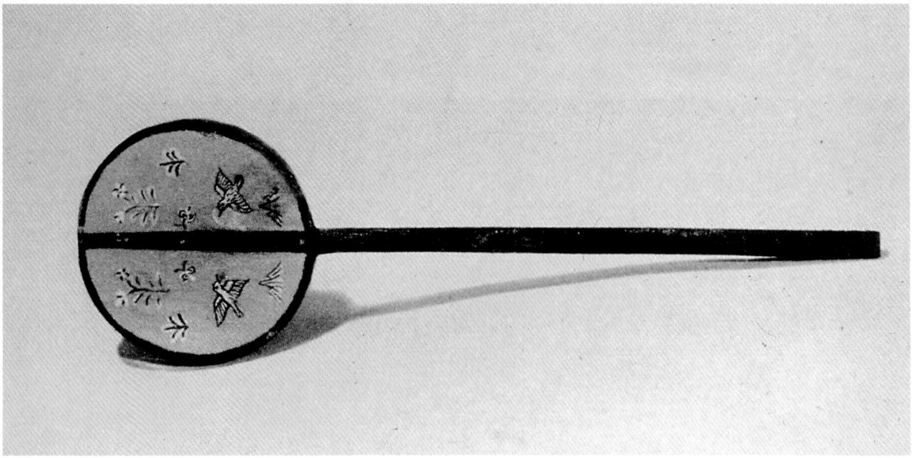

圖三三：唐代的圓形紈扇（長一三・五公分）
（1973年在新疆吐魯番（Turfan）阿斯塔那（Astana）的唐墓中出土）

圖三四（甲）：唐代的長柄圓形紈扇
（見於周昉所作的「簪花仕女圖卷」）

圖三四（乙）：唐代的長柄圓形紈扇
（這是圖三四（甲）之圓
形紈扇部分的細部）

圖三五：唐代的短柄圓形紈扇（木柱兩側的宮女各持一把）
（見於1960年在陝西省乾縣所發現的永泰公主李仙蕙墓內的壁畫。原畫作於唐中宗神龍二年，706）

在「簪花仕女圖」裏的牡丹紈扇，不過代表當時宮扇上的一種繪畫而已。

與唐代紈扇有關的資料，又見於三種唐代壁畫。第一種是在一九六〇年在山西省乾縣所發現的永泰公主墓裏的壁畫。永泰公主的本名是李仙蕙。她既是唐中宗的第七個女兒，所以也是一度奪走了唐代政權的女皇帝武則天的孫女。她在久視元年(七〇一)下嫁武延基，但在大足元年（七〇九）因病而死。在永泰公主墓的第一墓室之東壁，表現了她生前的生活。此壁壁畫由一隻木柱的間隔而分成左右兩部份。最接近木柱的高髻女郎就是永泰公主。在這兩部份，各有宮女一人，手持短柄的紈扇（圖三五）。

第二種是考古學家在一九七三年在陝西省富平縣所發現的李鳳墓。此墓不但畫有壁畫，在畫內的兩個人物的手裏，也是分別拿着短柄紈扇的（圖三六）。然而這兩把扇的面積與扇柄的長度卻並不一樣。大體上，綠裙女郎所拿的紈扇，無論是扇的外形還是柄的長度，都與在永泰公主墓壁畫裏所表現的，非常接近。如與綠衣女郎手裏的扇子來作比較，褐衣男子所拿的扇，十分小巧，用現代的字彙來說，應該算是迷你型的紈扇了。

第三種是懿德太子墓裏的壁畫，這座唐墓也是一九七一年在陝西省的乾縣發現的。懿德太子的本名是李重潤。他既是中宗的長子，或武則天的長孫，所以他與永泰公主是親兄妹。在他的墓葬的第三洞道之西壁的北側，畫有宮女二人，分別站在一叢小樹的兩邊(圖三七)。她們手裏的東西，雖然附有長柄，外形卻很像是一個南瓜。其實這兩個外形如瓜的東西並不是瓜，而是一把套着扇套的紈扇。

根據以上所使用的幾種資料，唐代的紈扇似乎至少可以分屬三種不同的類型。這些類型的差異，又似乎是扇身與扇柄的比例。這個現象是值得注意的。因爲在尺度上，發現於新疆的木柄紈扇的身與柄的比例，大致是一與三、五之比。在周昉的畫蹟裏，牡丹扇的扇身與扇柄的比例，大致是一與三之比。但在李鳳墓的壁畫裏，綠裙女郎手中的橢圓小扇的身與柄的比例，卻縮減爲一與二之比。此外，在永泰公主墓的壁畫裏，以及在李鳳墓壁畫中褐衣男子的手裏，那三把扇的身與柄的比例，都大致是一比一。一比一的比例就是扇身與扇柄的長度大致相等。在新疆發現的晉代的畫蹟裏，坐者手裏的扇的身與柄的比例就是一比一。這樣說，在唐代，身與柄之比例是一比一的迷你小扇，是對唐以前的，至少是對晉代的紈扇傳統的繼承。這種扇子應該是唐扇的第一種類型。

扇身與扇柄的長度形成一與三·五或一與三之比的唐扇，雖然都是紈扇，可是這些紈扇的使用人，卻都是宮女。在唐代的民間，譬如以李鳳

圖三六：唐代的短柄圓形紈扇
（見於1973年在陝西省富平縣所發現的李鳳墓內的壁畫）

圖三七：唐代的長柄圓形紈扇（扇用扇套套著）
（見於1971年在陝西省乾縣所發現的懿德太子李重潤墓內的壁畫。原畫作於唐中宗神龍二年，706）

墓的壁畫裏的紈扇爲例，扇身的長度與柄的長度的比例，似乎從沒這麼懸殊。根據這個瞭解，也許可以假設，身長與柄長的比例達到一比三以上的紈扇，大致都是宮扇。這些長柄的絹質宮扇，也許是對長柄的障扇的摹倣。無論如何，長柄的宮用紈扇，正與迷你的短柄小扇一樣，也是唐代紈扇裏的一種特別的類型。

至於扇身與扇柄的長度，形成一比二的那種紈扇，以李鳳墓葬裏的壁畫爲證，或許應該是民間使用的。綠裙女郎與褐衣男子不但分別站在一株百合花的兩旁，還是相背而立的。畫面上所表現的青年男女，無論是否一對在約會中鬧了彆扭的戀人，這樣的題材在永泰公主或懿德太子墓葬裏是絕對不會有的。唐詩中常常提到「翡翠裙」。所謂翡翠，本指一種色澤鮮艷的綠色美玉。唐詩中又提到「綠羅裙」。也許翡翠裙正是綠羅裙的代名詞。杜牧（八〇三——八五二）的「秋夕」詩說㉝：

銀燭秋光冷畫屏，輕羅小扇撲流螢，
天階夜色涼如水，臥看牽牛織女星。

據這首詩，可見在唐代，的確是有一種小扇的。什麼是小扇？也許根據唐代壁畫裏所表現的紈扇的形態而看出來，在比例上，扇身與扇柄之長度成爲一：二的扇子（也就是李鳳墓裏綠裙女郎手中的扇子，或者永泰公主墓裏兩個宮女手裏的扇子），都是小扇。這種小扇的面積不大，對於搧風取涼，似乎沒有太大的功能。杜牧的「秋夕」詩既說「輕羅小扇撲流螢」，可見小扇也許是爲撲捉流螢而特製的一種工具。在李鳳墓的壁畫裏，綠裙女郎的小扇是綠色的。大概做成這把扇子的質料，就是可以做成翡翠裙的綠羅。甚至這位女郎手裏的綠羅扇，就是用她在剪裁綠羅裙時賸下來的零頭料子而做成的㉞。這麼說，用來撲螢的小扇，不管是用綠羅做的，還是用別的質料做的（譬如永泰公主的侍女的小扇，就是朱紅色的。朱扇的材料，當然不是綠羅了）。這種小扇，在唐扇的三種類型，應該是第三種。

從第十到第十三世紀的宋代，手搖的紈扇更加流行。當時既以宮中所需之量較大，所以在當時，紈扇又稱宮扇。現在所可看到的古代畫扇，除了明代與清代的摺扇而外，一般的團扇，多數是宋代的絹質紈扇。而扇上的畫蹟，也大多出於當時的宮廷畫家之手筆。詳情參閱本書第七章，「扇上寫作書畫的歷史」，現不再述。

## 二、羅　扇

用羅作扇，大概始於從公元第四到第六世紀的南北朝時代㉟。到了從公元第七到第十世紀初年的唐代，羅扇的使用漸漸普及。譬如在杜牧

圖三八：明代的短柄圓形紈扇
（見於明代中期畫家杜菫所作的「玩古圖」）

的「秋夕」詩中所寫的「輕羅小扇撲流螢」之美句，是膾炙人口的。在秋夕之夜，以輕羅的小扇追捕流火一樣的螢蟲，是年輕少女的樂事，也是富於詩情畫意的事。也許此詩曾經入畫，可惜現在不傳於世了。

明初畫家杜堇的「玩古圖」（圖三八），是臺灣故宮博物院的藏品。這幅畫的主題雖然是坐在樹蔭下觀賞古玩的文士，可是畫面的一角卻也表現了一個女孩，拿着一把紅色短柄的小扇，正想拍撲在她面前飛舞的蝴蝶。螢火蟲是在晚上活動的昆蟲。想要描畫撲螢的場面，一定要描畫夜景。表現眞實的夜景，需要把畫裏的天空用墨塗黑。可是這種畫法一向是中國畫家最不樂於採用的。如果把蝴蝶改爲螢火蟲，再把時間從白日改爲秋夕之夜，杜堇「玩古圖」裏女孩捕蝶的那一角，可能會與杜牧詩中「輕羅小扇撲流螢」的情景，庶幾相當。

在明代末年，名士王穉登（一五三五——一六一二），曾把明人的許多「小令」編爲《吳騷集》。這部書不但有陳繼儒（一五五八——一六三九）在萬曆四十二年（一六一四）所寫的序文一類的「吳騷引」，而且更有由當時著名的版畫家黃端甫所畫、以及由同時的版刻家黃應光所刻的若干插圖。《吳騷集》的卷一，收有木刻一幀，描畫少女們在庭園裏以扇捕蝶（圖三九）。此圖之畫題雖然是「香叢忽見花同蒂」，其實畫面上的佈局，與杜堇「玩古圖」裏女孩捕蝶的情景，大致是相同的。如果再把蝴蝶改爲螢蟲，再把時間從白日改爲秋夕之夜，那麼，杜牧的「輕羅小扇撲流螢」的情景，也應當正與黃端甫的這幅木刻的內容相當。値得注意的是，在明代，無論是在明初的杜堇的畫筆之下，還是在明末的黃應光的刻刀之下，撲蝶扇的身與柄的長度的比例，如果不是一比一，就是比一比一還小。唐代羅扇之身與柄的比例既是一比二，可見在明代，民間使用的小扇的身與柄之長度的比例，如與唐代小扇之身與柄的比例相比，是退縮的。

到清代後期的嘉慶（一七九六——一八二○）與道光（一八二一——一八四○）時代；亦卽十九世紀的上半期，在江南的江蘇、浙江等省，羅扇的使用，是最流行的。在製作方面，一般人大多先把素羅綳上竹架，然後再由閨中仕女用各色絨線來刺繡人物與花果。根據當時的婚嫁風俗，在端午節，新娘子的娘家有代表新婦向夫家贈送夏衣的禮節。夫家如有姑、嫂、妯娌，新婦的娘家也照例要向她們各送繡有吉祥人物，或者吉祥花果的羅扇一把㉟。

富有的或特有地位的人家，對於夏衣與羅扇的要求是比較講究的。可是爲了避免女紅的手藝不精，爲人笑柄，他們常常不願自己家中的閨女親自擔任刺繡的工作，所以這些喜扇扇面上的刺繡，大多要另聘職業性的高手來頂替。到了十九

**圖三九：**明代的短柄圓形紈扇

（見於明代版刻書籍《吳騷集》。此集前有名士陳繼儒在萬曆四十二年（1614）年所寫的序文。此圖的作者黃瑞甫與刻者黃應光，都是明代後期著名的版畫家）

世紀的下半期，在素羅扇上加飾刺繡的風氣逐漸衰退；就是閨中的少女，也都全用絹扇而不再用羅扇[44]。到現在，羅扇已是一個歷史名詞了。

## 三、紗　扇

紗質紈扇究竟從什麼時候開始用的，現在已難作精確的考證。不過提到紗扇，最能引人遐想的，當然是清初之孔尚任（一六四八——？）在他的名劇——《桃花扇》裏所描寫的桃花扇。《桃花扇》的劇情大要是：一六四四年，當明代的最後一位天子明思宗（崇禎帝）在北京煤山自縊，福王朱由崧在南京稱帝。就在這個紛亂的政局之中，愛國文人侯方域（一六一八——一六四五），與當時的名妓李香君在南京一見鍾情。他

圖四〇（乙）：

1960年代杜近芳扮演《桃花扇》中的李香君，手執畫了桃花的摺扇。

（劇本的原作者是清初的孔尚任。杜近芳演出的是由北京中國京劇院根據孔尚任之原著改編而成的平劇）

圖四〇（甲）：

1962年鄭振瑤扮演《桃花扇》中的李香君，手執畫了桃花的摺扇。

（劇本的原作者是清初的孔尚任。鄭振瑤演出的是由歐陽予倩根據孔尚任之原著改編而成的古裝話劇）

們的定情之物，就是侯方域的一把白紗扇。等到侯方域到揚州去投奔忠臣史可法（一六〇二——一六四五），香君之母因爲一方面受到金錢的引誘，另一方面也不想與當地的惡勢力對抗，而準備把李香君嫁給奸臣馬士英。可是香君既然誓死不從，於是用頭撞地，自毀其容。畫家楊文驄（字龍友，一五九七——一六四五），在看到這把濺有李香君之頭血的白紗扇以後，就摘了香君花盆裏的青草，「扭取鮮汁」，而先把扇上的血跡改爲桃花，然後又以青草汁爲顏料而爲桃花配了幾片綠葉[56]。根據以上情節，侯方域既能隨身帶有白紗紈扇，此扇由侯方域送與李香君之後，香君既又隨身攜帶，可見由於紈扇的輕便，不但易於攜帶，而且也是男女通用的。

近年大陸上曾經把孔尙任的《桃花扇》加以改編，兩次公開演出。可是無論是在改成的古裝話劇裏（圖四〇，甲），還是在改成的平劇裏（圖四〇，乙），李香君手裏的扇子，卻都不是白紗紈扇，而是畫了桃花的金色摺扇或素紙摺扇。孔尙任如果能夠看到這樣的桃花扇，難免不會產生失之毫釐，差之千里的感覺吧。

在明末，素紗紈扇雖然時興，但到清代，素紗紈扇卻逐漸減少。取而代之的是有色的紗扇。用黑紗做成的紗扇，因爲質與形都近似蟬的翅膀，所以曾經雅稱「蟬翼扇」。此外，用綠紗做成的，也有「碧紗扇」的雅稱。據說在十九世紀末年，蟬翼扇扇面上的裝飾，是用白色鉛粉所畫的無數細竹[57]。而綠色又更是大自然的本色。所以每當手搖蟬翼扇或碧紗扇，而感到涼風徐來，也許可以假想自己是身處竹林之中，嘯傲咏懷的。可是在扇上畫以無數細竹，到底不是任何人都可做得到的一件事，所以事實上，碧紗扇似乎還是比蟬翼扇更普遍，也更受歡迎的一種圓形紈扇。

活動於清代之道光時代（一八二一——一八四九）的江蘇畫家李蟠根（籍貫是江蘇鎮江，生卒年不詳），曾經畫過一幅「仕女圖」（圖四一，甲）。在此圖中，女郎手裏的紈扇，雖然並沒畫着萬竿細竹，可是從質料上看，這把透明的紈扇，正是一把用黑紗所做的蟬翼扇（圖四一，乙）。值得注意的是，到了這時候（十九世紀的中期），紈扇的扇身與扇柄的長度的比例，是一比〇・五。如與明代的紈扇相比，清扇之身長與柄長的比例的退縮，是相當明顯的。

總之，在明、清兩代，唐代的長柄紈扇固然早已不再使用，就是身長與柄長的比例是一與二之比的小扇的類型，也已變形了。

與在黑紗上作畫十分類似的，另一種扇的裝飾法，是在甆青絹上作畫（圖四二）。所謂「甆青」，通指天藍色。在清代，一般的線裝書的書面，是常用甆青紙的。從十五世紀以來，書畫的材料雖以素絹與白紙爲主，其實，偶然也可在藍色或黑色的絹上，用金粉來寫作書畫。用甆青色

圖四一（乙）：清代的紗扇
（這是圖四一（甲）的局部）

圖四一（甲）：
清代的紗扇
（見於清代末年李蟠根
所作之「仕女圖」）

圖四二：清代末期的絹扇
（具有這種艷色的絹，特稱甆青絹）

的細絹來做爲紈扇之扇身的材料，正適合用金粉作書或寫畫的那一傳統。那麼，在黑紗上用白色作畫的風氣，也許可以視爲用金粉在甆青絹上作畫的傳統的變形。甆青絹以外，在十九世紀的末年，當時的紈扇，偶然也可用泥金絹作爲扇身的材料。所謂「泥金」，是在絹面遍塗金粉。這樣的方法，早在宋末元初，已經使用於當時的紙張（詳見本書第三章，第四節之「紙質」條）。看來泥金絹的使用，不過是泥金紙的使用的擴大而已。而用泥金絹做爲紈扇的材料，大致是爲了迎合興起於清末的江南，特別是上海一隅的商人的心理需要。由於金色可以代表富有，他們對於這種金碧輝煌的泥金扇，是最感興趣的。

## (四) 其他

在竹、羽、紈、紙等四類實用扇之外，中國還有不少用其他質料所做的扇子。其中較重要的是蒲扇、麥扇、檳榔扇、象牙扇、與檀香木扇，現在就按照這個順序，而把這五種手搖扇，一一簡略介紹如下：

### 一、蒲扇

在中國各種扇子之中，除了竹扇、羽扇與紈扇，可能以蒲扇的使用時間最久。在南北朝時代，宋代的劉義慶，在他的《世說新語》之「輕詆」篇，引述了原來是寫在《續晉陽秋》裏的一段故事。到了唐代，史家編寫《晉書》，又把《續晉陽秋》裏的原文稍加刪減，而引入《晉書》。現把《續晉陽秋》裏的原文引錄如下：

「安鄉人有罷中宿縣詣安者，安問其歸資，答曰：『嶺南凋弊，唯有五萬蒲葵扇，又以非時為帶貨。』安乃取其中者捉之。於是京師士，庶競慕而服焉，價增數倍，旬月無賣。」

引文裏所說的安，就是東晉時代的名人謝安（三二〇——三八五）。所謂「取其中者捉之」，就是把大小合適的扇子拿在手裏。根據這段引文，可以瞭解三件事，第一，當時的廣東（嶺南）是生產蒲葵扇的中心。第二，當時從嶺南運到南京去的扇子，總數既有五萬把，可見廣東蒲扇的產量非常大。第三，扇的尺寸大小形狀，應該並不止一種。否則謝安是不能「取其中者捉之」的。

所謂「蒲」，既不是端午節所用的蒲劍，也不是中國文士們特別喜歡在石上加以培養的「菖蒲」[58]，而是「蒲葵」的簡稱。而蒲葵，在中國東南沿海各省，一般是通稱椶櫚的。中國東南各省雖然都有椶櫚，但廣東珠江三角洲上新會縣所產的椶櫚，似乎不但品質好，產量也比其他各省為多。所以新會是素有葵鄉之稱的。在清代初期，亦即十七世紀的末期，新會的蒲葵，完全產於「葵田」；這塊土地，周廻二十餘方里，專門種植椶櫚[59]。目前的新會，不僅在河堤圍基上、就在道路兩旁，無不綠葵成蔭，至於村莊周圍、墟鎮內外，更是葵影婆娑（圖四三）。甚至在海拔超過一千米的古兜山上，也種植了一千多畝的蒲葵[60]。

一般的蒲葵，雖然圓大，但是新會的葵葉，除了形態優美而外，還有不少別的優點：第一，莖粗柄長、第二，纖維柔韌、第三，葉身光澤，歷久不衰、第四，最大的葵葉，直徑能在三尺以上，有時甚至可以長達四尺。新會的蒲葵的種植，既逾千年，而且當地的葵葉，又具有這些優良的品質，不用說，從謝安身處的東晉初期以來，它們就一直是製扇的好材料。

據說椶樹要長到八年以後，才可割葉。有的椶葉滋長特快，一年之內，可以連割三次。割下的椶葉，經過重壓，可說已經具備了扇面的基本形態。葵的各部分雖然各有用處（譬如葵根是中藥的一種，葵柄的纖維可編為蓆、籃、和帽，葉脈可作牙籤），可是用葵葉作扇，卻一向是製葵工藝中最艱苦的工作。從一九五六年起，新會縣建立了綜合性的葵類工藝廠，葵扇的製作也已由手工業轉變成用機械操作的現代輕工業。譬如在新會的葵類工藝廠裏，既有沖扇、壓扇與掃扇的機器，也有鋸爪、壓捲的機器；如果根據現在的製扇過程來回顧十九世紀的手工製扇過程，差別是相當大的。

在十七世紀，新會的蒲扇，在製作上，除了要用蠶絲縫好扇的邊緣，以免破裂，據屈大均的記錄，更要「嵌之以白鱗之片、柄之以青琅玕之牌，纏之以龍鬚藤之線」。此外，也要用「銅釘、漆塗，繪畫爲絢」㈥。所謂「白鱗片」，大概是一種大魚的鱗片，而「青琅玕」，可能是一種質地接近於玉，淺藍色的美石，至於「龍鬚藤」，是一種野生的藤草。用藤做線的作用是用來固定白鱗片，而銅釘的作用，則是用來固定青

**圖四三：**廣東新會的居民正在河裏運輸製作葵扇的葵葉。河岸上的樹，都是欔梠樹。

琅玕的扇柄。所謂「絇」，原義是裝飾，不過葵扇上的絇，也許大致可以理解爲花紋或圖案。用漆作畫的風氣，本來是遠在公元前三世紀的戰國時代已見肇始的[62]，近年在山西省大同司馬金龍的墓裏，也發現過南北朝時代的，北朝的木版漆畫[63]。把漆使用到葵扇上去，大概是由於葵葉光滑，不宜用墨的關係。由北京的故宮博物院所收藏的清代的廣東葵扇（圖四四），雖然在扇柄與扇身上，都用象牙雕刻作爲裝飾，然而如與屈大均所記錄的廣東葵扇互相比較，可說是完全不同的類型。清初距今三百年，不知當時所用的，由魚鱗片、青石塊、龍鬚藤和新會葵葉共同做成的廣東蒲葵扇，目前還能看得見嗎？

廣東以外，福建也產棕榈。不過福建的蒲扇，以二十世紀以前的產品爲例而言，在製作方面，似乎比較簡單。據說閩扇除以絲線縫緊葉邊以外，並沒有其他的裝飾。如以棕葉的葉莖作爲扇柄，則稱「自來柄」。意思就是天然的扇柄。此外，福建的蒲扇，據說也可用象牙、玳瑁、或比較高貴的木料製作扇柄[64]。口語中常提到的芭蕉扇，其實正是這種用棕葉做的蒲扇。

## 二、麥扇

蒲扇之外，在傳統的中國手工藝品中，還有

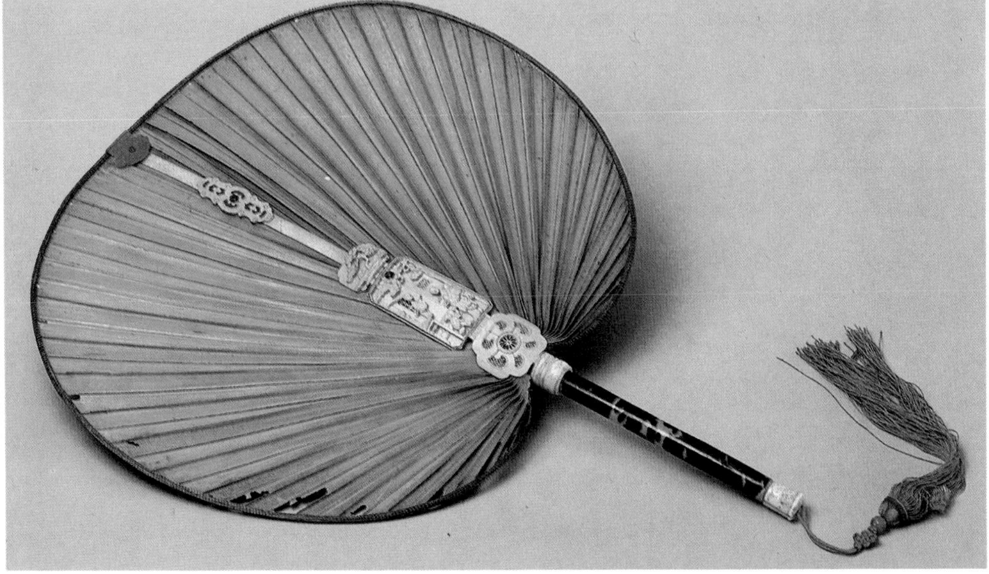

圖四四：清代乾隆或嘉慶時期的象牙柄蒲葵扇
（在當時，這種葵扇是經常由廣東地方政府獻給天子的貢品）

一種麥扇，也是值得一述的。顧名思義，麥扇是一種以麥桿編成的土產。編法分兩種：第一種，不僅扇身要用麥桿，連扇的邊緣也用麥桿編製，只有扇柄才是利用竹片編成的。至於第二種，扇身的邊緣先用細竹編成圓形，再把麥桿密密相連，成爲扇身。然後，再把麥桿向下延長，成爲扇柄。

這兩種編法既然都以竹片與麥桿互用，所以，嚴格說來，麥扇的形成，無妨視爲竹扇的變化。麥桿編成以後，在第一種麥扇的扇身上，可以附加刺繡的山水、人物等等題材，作爲裝飾。至於第二種麥扇的扇柄，既在編製的時候，已經編出種種圖案，所以扇身大都是素淨無飾的。

關於麥扇的產地，據說在江南地區，以浙江的產品品質較好。至於在黃河流域，因爲麥的種植普遍，幾乎各地無不都有麥扇的製作。據清末光緒時代所編的「順天府志」，順天府所產小麥的麥莖，一向是用來編織麥扇的材料。所謂順天府，是明代初年永樂時期（一四〇三——一四二四）的行政稱呼，其地即今北平市。根據這條資料，明代的北平，應該也是麥扇的產地之一。

## 三、檳榔扇

所謂「檳榔扇」，其實是用一種大竹筍的筍殼所做成的。一般人把筍殼扇稱爲檳榔扇，正與把蒲葵扇稱爲芭蕉扇一樣，也是一種訛誤。因爲檳榔扇與眞正檳榔樹的樹葉，是毫無關係的。

可以做扇用的大筍，據說是產於福建的。壓平以後的筍殼，長約一尺，濶約六寸或七寸，這個面積正好做扇。由於筍殼之正、反兩面的顏色不同，用筍殼作成的檳榔扇之扇身也有兩種顏色；正面是白色的，反面是赭色的。扇身的裝飾通常施於白的一面，赭色的那一面，因爲顏色太深，經常是沒有裝飾的。

圖四五：近代的烙畫葵扇

在白的一面畫好底稿以後，要用廣東的線香，按照畫稿，細心燒炙。由於燒炙的時間，長短不一，燒炙以後的效果，在顏色上，也就有深有淺，不盡相同（圖四五）。檳榔扇上用香燒成的畫，俗稱「香畫」。香畫的出現，與北方用鐵在木板上燒成的「鐵畫」[65]，可說是異曲同工的民間藝術。據說在清末的十九世紀下半期，福建的胡雲峯，是香畫的名手。在過去，這種民間工藝，並不很受重視。所以，附有胡雲峯之香畫的福建檳榔扇，目前在臺灣和香港，甚至在中國的其他各地，是否還能得見，似乎是值得深入調查的。

## 四、象牙扇

在中國，象的歷史是很長久的。且不要說在商代的甲骨文字裏，已有象字的書寫（圖四六），就是商代的若干象牙雕刻，也一直保存到現在[66]。此外，一對罕見的唐代的象牙佛教造像，目前是甘肅省文物管理委員會的珍藏[67]。到了明代，用象牙製做小型工藝雕刻的風氣似乎是比較衰退的。從文獻上看，籍貫是江蘇武進的蔣烈卿雖然善刻象牙，他的作品祇是小件的圖章。而且他的活動時代，究竟在明代的那一時期，直到目前也還不十分清楚。此外，雖然從文獻上可以知道，活躍於晚明萬曆時代（一五七三——一六一九）的李德仁，善刻象牙陀螺，可是他的籍貫，卻又不見於記載。既然實物裏沒有扇子，文獻裏也沒有記載，可見在明代，似乎還沒有人利用象牙去做扇子。

到了清代，在乾隆六年（一七四一），陳祖章、顧彭年、劉常存、蕭漢振、與陳觀泉等五位象牙雕刻家，曾以上海籍之宮廷畫家陳枚（生卒年不詳，但在乾隆元年，即一七三六年，他曾與其他宮廷畫家共繪「清明上河圖」長卷，今藏臺灣故宮博物院）的畫稿爲底本，而共同刻成一套總數是十二幅的象牙雕刻，今藏北京的故宮博物院。在嘉慶時代（一七九六——一八二〇），籍貫是廣東廣州的翁伍章是以善刻象牙出名的工藝雕刻家。可是他的作品只是具有立體空間的多層

圖四六：
商代甲骨文中的象字

象牙球[68]。再晚一點，到了道光時代（一八二一——一八五〇），籍貫是江蘇之蘇州的徐鴻雖然也以善刻象牙出名，他的作品卻是具有立體空間的葫蘆與桃核[69]。以上所舉各家，固然都以善刻象牙出名，卻從沒製作過一把象牙摺扇。他們既能從事於具有立體空間雕刻的製作，也許對於像摺扇這樣的平面製作，是不感興趣的。

道光二十二年（一八四二），由於五口通商條約的訂立，廣州成爲中外貿易的一個港口。歐洲各國的貿易商，就根據這個條約而源源進入廣州。葡萄牙人的商船東來，就是經過廣州而到達中國的。對於中外貿易，廣州既然具有這樣的歷史與背景，而且在象牙雕刻方面，又曾產生過像翁伍章那樣重要的象牙雕刻家，同時，再由於在十九世紀，歐洲市場對於中國商品與藝術的欣賞與需求，所以在十九世紀的下半期，廣州就成爲當時的象牙雕刻中心。用象牙製作的扇，就是廣州的特產。

當時的象牙扇，就使用的方式而言，大致有兩類，第一類是紈扇，第二類是摺扇。用象牙絲編織而成的紈扇（圖四七，甲、乙），是爲國內的市場而製做的。可是用象牙股編成的摺扇（圖四八），在當時，因爲多從廣州銷歐洲，在我國，反而是不多見的。到晚清的光緒時代，除了廣州，北京、上海與香港等地，也都是象牙雕刻的中心。不過象牙扇卻一直是廣州與香港的特產。在目

圖四七（甲）：
清代乾隆時期的象牙絲扇
（在當時，這種象牙絲扇是廣東地方政府獻給天子的貢品）

圖四七（乙）：清代乾隆時期的象牙絲扇

（在當時，這種象牙絲扇是由廣東地方政府獻給天子的貢品）

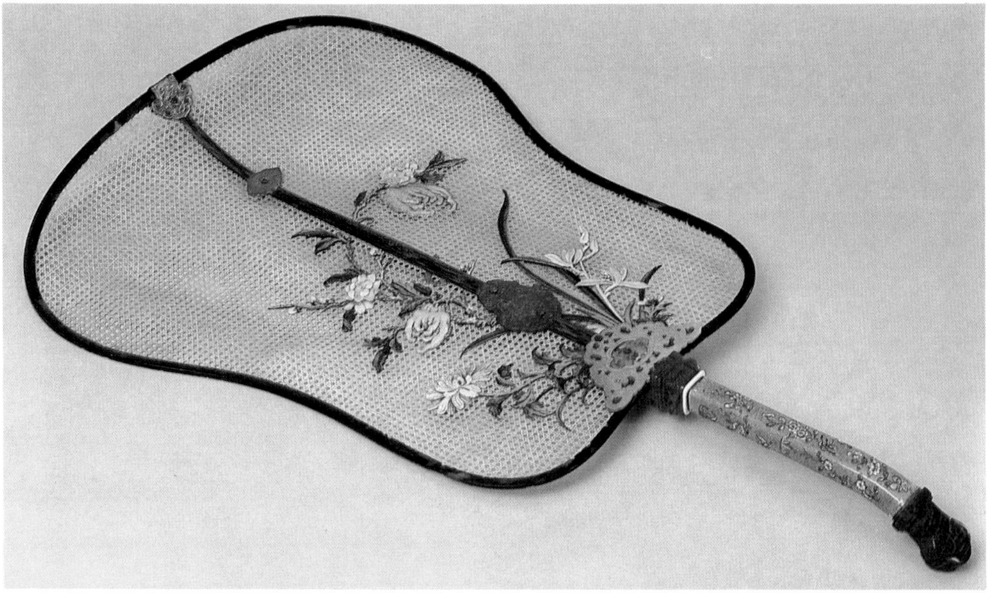

圖四八：清代中期（十八世紀末期）製於廣州之中國外銷象牙扇（Brise fan）

圖四九：現代的迷你型象牙扇
（在手掌內的右上方與左下方是象牙扇。在手掌內的右下方是檀香扇）

前，蘇州的象牙工廠生產過一種迷你型的象牙扇（圖四九），體積只與兩隻手指的闊度相近。譬如見於此圖左上角的這把象牙摺扇（長約四公分、寬約十公分），是由十六片薄得像透明的蟬翼一樣的象牙片組成的。扇骨上刻了原來是由九種不同的字體所寫成的三百首唐詩，字數超過一萬四千字。這樣的象牙扇，除了當作工藝品來欣賞，是沒有實用價值的。

## 五、檀香木扇

所謂檀香（Santalum album），大體上，是對紫檀木與白檀木的總稱。在中國境內，紫檀雖然產於雲南，可是白檀的產地，卻是更偏遠的海南島（此外，南洋羣島所產的白檀，不但在數量上，比海南島的產量更多，而且品質也更好）。大概正因爲白檀木的主要產地不在中國大陸，所以國人對於這種木材的使用，似乎并不像紫檀木那麼普遍。不過在時間上，紫檀與白檀的使用，都是在明代開始的。由於紫檀木的質地堅硬，色澤深厚，不僅在明、清兩代，紫檀是製作傢俱的貴重木材，一直到現在，這個傳統，仍然沒變。至於白檀，由於質地鬆軟，既然不適於製作傢俱，所以從明代開始，是常用這種木料來製做在文人書房裏使用的擺設，或者用來製作扇骨的。

紫檀與白檀都具有一種天然的木質香味。不過在濃度上，白檀木的香味要比紫檀木的香味強烈得多。特別是由於以下兩種原因，用白檀木來製作扇子，是很適合的。第一，在使用的過程中，白檀木的香味可以四處飄散，使所有聞到檀香味的人，都覺得心曠神怡。第二，白檀木的香味可以長期保存而不消失。當夏天過去，把檀香扇與夏天的衣服一齊收藏，扇上的香氣，就對衣服產生防止蟲蛀的功能。

明、清時代的檀香扇，現在已經不易再見，可是在目前，中國東南沿海的幾個重要城市，卻已逐漸形成製作檀香扇的中心。一般而言，在江蘇吳縣（蘇州）製作的檀香扇，常在扇骨上，另裱一層素絹，然後再在絹面上寫作書畫。這種檀香扇的裝飾，是絹面的書畫而不是白檀扇骨的本身。可是在浙江杭州與廣東廣州製作的檀香扇，不但不在扇骨上另裱絹面，扇骨還是精心鏤空的（「在術語上，鏤空稱爲「拉花」）。用這種方法完成的檀香扇的本身，已經是一種藝術拉花的檀香扇是不需要借重書畫作品來做裝飾的。

一般而言，一九五○年代以前的檀香扇上的拉花，常限於簡單的幾何圖案，可是以近年中國大陸新產的檀香扇爲例（圖五○，甲），扇骨上的拉花，除了傳統的幾何圖案，又增加了蘇州的風景（圖四九，右下）與造型優美的「飛天」（圖五○，乙）。所謂飛天（Apsara），就是可以在

圖五〇（甲）：現代的拉花檀香扇

圖五〇（乙）：初唐時代（七世紀上半期）敦煌第三二〇窟壁畫裏的飛天（摹本）

（杭州檀香摺扇面上的拉花飛天，就取材於這類佛教壁畫）

空中飛行的佛教天使。在敦煌，在繪於唐與唐以前的壁畫裏，飛天的形象是屢見不鮮的）。由於幾何圖形與風景和人物的組合，使得近年的檀香扇的製作，進入一個新的境界。不但如此，在杭州方面，除了用檀香木製作鏤空的拉花扇，也用樟木和楠木製作了另一批拉花的鏤空木扇。看來在檀香扇上製作新圖案或新主題的趨勢，可能已漸進入方興未艾的新階段。

## 附注

㈠ 譬如在新石器時代，在以山西芮城西王村爲中心而發展的史前陶器，就印有籃紋。西王村的陶器屬於仰韶時期，根據碳一四測驗所得的數據，這些印有籃紋陶器的製成時代，不晚於公元前二七〇〇年。詳見中國社會科學院考古研究所：《新中國的考古發現和研究》（一九八四，北京），頁四六。

㈡ 竹篾厚度的資料來源，根據張正明：《楚文化史》（一九八七，上海，上海人民出版社出版），頁二〇一。

㈢ 馬山楚墓的時代，見荆州地區博物館：「湖北江陵馬山磚廠一號墓出土大批戰國時期絲織品」一文的第四節，全文載於一九八二年出版的《文物》，第十期，頁一——七。

㈣ 殷墟婦好墓的時代，見中國社會科學院考古研究所：《殷墟婦好墓》（一九八〇年，北京，文物出版社），頁二二八〇。

㈤ 馬王堆第一至第三號漢墓的時代，見中國社會科學院考古研究所：《新中國的考古發現和研究》（一九八四，北京，文物出版社出版），第四章（秦漢時代），第三節（漢代陵墓的發掘），第六段（長沙漢墓的發掘與研究），頁四三〇。

㈥ 據唐歐陽詢所編《藝文類聚》，卷六九，所引三國時曹植的「九華扇賦序」，曹植之父曹操曾由漢桓帝（一四七——一六七）賜以「上方竹扇」。據說此扇之形，「不方不圓」。不知這種不方也不圓的竹扇，是否應該定爲下文所述之六角形竹扇。到南北朝時，竹扇已有方形，如《北史》，卷四一（又見《北齊書》，卷三四），在「楊愔傳」的傳文裏，皆有「卿以方麴障面」之語。所謂「方麴」，據清初高士奇的解釋，就是竹織方扇。參見高氏《天祿識餘》（著於康熙二十九年，一六九〇年），卷上，「方麴」條。

㈦ 見《晉書》，卷八〇，「王羲之傳」，頁二一〇〇。

㈧ 按梁楷畫「王羲之書扇圖」，今藏北京故宮博物院。影本見《中國名畫集》，第一本，第五十五圖。又見原田謹次郎編《支那名畫寶鑑》（據一九五九年，三版本，東京大塚巧藝社出版）及日本美術研究所修《梁楷》（一九五七年，東京出版）插圖一。除梁楷外，日本時代畫家如拙亦繪有「王羲之書扇圖」，影本見《梁楷》插圖二。按王羲之所書之扇，據《晉書》所載爲六角形。梁楷所圖者爲方形，與史實不符。如拙所圖作六角形，則正確無誤。梁圖既未參考史書，線條亦感軟弱，疑是僞蹟。

㈨ 見屠隆（一五四二——一六〇五）《考槃餘事》，卷四，「起居器服箋」，頁七四。

㈩ 見前揭《杖扇新錄》，頁二四一。

(十一) 按「韓熙載夜宴圖」是顧閎中僅傳的畫蹟。此圖原爲清宮所有，後被竊出，約一九四八年頃爲畫家張大千所得。並由他印入其《大風堂名蹟》（一九五四年，在東京自印出版），第一集，第五圖。此圖後經香港，重回北京，現藏故宮博物院。部分之彩色影本及熙載持扇之一段文見《世界美術大系》，第十卷，《中國美術》，第五卷（一九六五年，日本東京講談社出版）。

(十二) 見福建省博物館編：《福州南宋黃昇墓》（一九八二年，北京，文物出版社出版），頁三。

(十三) 見同上，頁二四〇。

(十四) 見前揭《杖扇新錄》，頁二五〇。

(十五) 據元代李衎的《竹譜詳錄》（著成於大德三年，即一二九九年），卷五，溫州一帶的木篁竹，其竹幹之直徑，近於一尺。但據清末王廷鼎的《杖扇新錄》，括蒼山的巨竹，直徑要比兩尺還多，不知王廷鼎所記的巨竹與李衎所記的木篁竹是否相同。

如果王、李兩家所記之巨竹確爲同種，可見在十九世紀的木篁竹，要比十三世紀的同種竹子，更加優秀。

㈠六 見同上，頁二四一。

㈠七 見同上，頁二四一。

㈠八 見《杖扇新錄》所引《語林》，此書的作者是晉代的裴啟。其書雖已不傳，不過清末孔廣陶在廣東所刊行的《北堂書鈔》，卷一一八，亦曾引用。

㈠九 據《晉書》，卷六八，頁一八一三，「顧榮傳」：「榮麾以羽扇，其（陳敏）衆潰散。」只說顧榮手持羽扇，而沒明白指出他手持的羽扇，是鶴毛羽扇、鵝毛羽扇、鷲毛羽扇，還是用其他鳥羽製成的羽扇。不過《晉書》，卷一〇〇，在「陳敏傳」裏卻說顧榮的羽扇是白羽扇。一般而言，白羽扇是指用鶴的白羽製成的扇。

㈡〇 見《北齊書》，卷三二，「陸法和傳」，頁四二八。

㈡一 見《南史》，卷一一，「明恭王皇后傳」，頁三二五。

㈡二 此句見蘇軾的「水調歌頭」。在這首詞裏，與諸葛亮有關的句子是：「遙想公瑾當年，小喬初嫁了，雄姿英發，羽扇綸巾，談笑間，檣櫓灰飛煙滅」。

㈡三 譬如在《三國演義》裏，第九十三回描寫諸葛亮計擒姜維，與罵死王朗，都是「綸巾羽扇」。

㈡四 譬如在「羣英會」、「借東風」、「失街亭」、「空城計」、與「斬馬謖」等五齣平劇裏，諸葛亮的服裝都是羽扇綸巾。

㈡五 晉代的文學家嵇含嘗寫「羽扇賦」。其序文云：「吳、楚之士，多執鶴翼以爲扇。」所謂楚，指長江流域的中游，而吳則指長江的下游。在嵇含的「羽扇賦」之外，晉代的張載也寫過「扇賦」。在此賦中他曾寫過「連王子之白鶴，裁輕翼以爲扇」的句子。此外，到了南北朝時代的梁朝，周興又寫過一篇「白鶴羽扇賦」（其賦收入唐初的類書《藝文類聚》，卷六九）。可見從晉至梁、吳、楚之間的文士對於以白鶴翎毛編製的白羽扇，是頗爲喜愛的。

㈡六 最能代表南北朝時代對鶴的看法的文獻是著名的「瘞鶴銘」。此銘刻於長江江內焦山島的懸崖上（島在江蘇省的鎮江附近）。其銘因爲不著撰者之名，其作者姓名歷代頗有異說。根據其中一說，「瘞鶴銘」或者是梁朝文人陶弘景（四五二——五三六）的手筆。在此銘中，第一句就說：「鶴壽不知其紀也。」委婉的意思就是說，鶴是長壽之禽。

(27) 參考賈祖璋，《鳥與文學》（據一九四七年，上海，開明書店再版本），頁一〇〇。

(28) 見屠隆，《考槃餘事》，卷二「琴箋篇」，頁五〇，「琴壇十友」條。

(29) 清乾隆三十五年（庚辰，一七七〇），張燕昌（一七三四——一八一四）編《羽扇譜》（其書收於《昭代叢書》第一九七册）。據其自序，其友莘芹圃曾經贈以白鶴扇一柄。在當時，以鶴翎編成的白羽扇已頗少見了。

(30) 按《南史》，卷三二，張融傳云：「同郡道士陸修靜，以白鷺羽麈尾扇遺之曰：此既異物，以奉異人。」又按《南齊書》，卷四一，「張融傳」所記文字，與前引《南史》傳文無異。

(31) 見晉傅玄「羽扇賦」的序文。

(32) 見《張曲江集》（一九三四年，上海，中華書局《四部備要》本），卷一，頁六——七。

(33) 見前揭《杖扇新錄》，頁二四四。

(34) 見彭信威：《中國貨幣史》（一九五八年，上海，上海人民出版社出版），第八章（清代的貨幣），頁六〇二，「清代米價表」。

(35) 見前揭張燕昌，《羽扇譜》，頁五。

(36) 見前《周禮》，卷一六，「地官司徒」下之「羽人」條。

(37) 見前揭《杖扇新錄》，頁二四四。

(38) 見前揭《羽扇譜》，頁五。

(39) 見前揭《杖扇新錄》，頁二四三至二四四。

(40) 同上。

(41) 「鵜鶘」之名，雖或首見於晉人張華（二三二——三〇〇）的「禽經注」，而「鶖胡」則見於《山海經》。據袁行霈「山海經初探」（載《中華文史論叢》，第三輯，一九七九年，上海古籍出版社出版），《山海經》的寫作時間並不一致，因爲山經雖然寫成於戰國時代的中期至晚期（西元前四至三世紀），但海經卻寫成於秦或西漢初年（西元前三世紀中期或西元前二世紀末期）。所以「鵞胡」應比「鵜鶘」更具歷史性。

㊷ 見唐人劉恂所著《嶺表錄異》及唐人李肇所著《國史補》，卷下。

㊸ 剛生的小牛叫「犢」、兩歲的牛叫「㸬」、三歲的叫「犙」、四歲的叫「牭」。

㊹ 見前揭《羽扇譜》，頁八至九。

㊺ 見前揭《羽扇譜》，頁八。

㊻ 見姚沙：「岳陽扇飲譽海外」一文，載於一九七七年六月三十日，在香港出版的大公報。

㊼ 班婕妤是漢代左曹越騎教尉班況的女兒，詳見《漢書》，卷九九，「外戚傳」。

㊽ 見丁福保所編《全漢三國晉南北朝詩》的「全漢詩」部分，卷三。又見梁蕭統《文選》，卷二七。

㊾ 據《文選》，班婕妤之「怨歌行」的首句，有唐人周翰所加的一段注解。其文云：「紈素，細絹。出於齊國。」則紈扇是用山東細絹所做成的團扇，似無可疑。所謂齊，本是在春秋戰國時代建立於山東半島的一個國家，漢代統一之後的齊，成為一個地理名詞，泛指山東。

㊿ 一九〇八年，英人斯坦因（Aurel Stein 1862—1943）在我國敦煌附近之廢墟中，獲得漢代木簡一大批。一九一三年，法國學者沙畹（Edouard Chavannes 1861—1918）將各簡釋文與考證，以「斯坦因自東土耳其斯坦所獲之中國史料木簡」（Des Documents Chinois, decouverts Par Aurel Stein Dans les Sables du Turke-stan Oriental）為名，由英國之牛津大學出版。書中第五三九號（539, T. xv. a. i. 3）木簡之簡文云：「任城國亢父縑一匹，幅廣二尺二寸、長四丈、重二十五兩，直錢六百一十八。」沙畹把此簡簡文中的亢釋為古，以及把縑釋為絹的錯誤，在一九一四年，當王國維（一八七七——一九二七）著《流沙墜簡》，已在該書之「器物類」第五十五條的考釋之中，明白指出。今依王說改正。所謂任城，在東漢時代，屬陳留郡，而亢父又屬任城（見《後漢書》，卷二一，「地理志」三，頁三四五

一）。根據這條木簡的簡文，證明山東的黃縑，是銷到西北地區的。

㊿一 據前揭元李衎《竹譜詳錄》，卷六，湘妃竹，亦稱「淚竹」。相傳舜死於蒼梧之後，其妻娥皇、女英淚下沾竹，所以竹幹的表皮，現在還帶著淚狀的斑紋。同書卷七，又記椶櫚竹，主要的產地是兩廣與安南（卽今越南）。此外，浙江與福建兩省，偶然亦可發現。至於棕竹，也許就是李衎所記的椶櫚竹。

五二 見新疆維吾爾自治區博物館編：《新疆出土文物》（一九七五年，北京，文物出版社出版），第一九二圖。

五三 杜牧此詩見標點本《全唐詩》，卷五二四，頁六〇〇二。

五四 據前揭《杖扇新錄》，頁二四五所引「壽陽記」，在南北朝時代，紗、綾、羅、絹，都是可以做紈扇的材料。

五五 見《杖扇新錄》，頁二四五。

五六 按孔尚任的《桃花扇》寫於清康熙三十八年（一六九九）。侯方域與李香君之定情，則見於此劇之第六齣。楊文驄畫扇事，見於同劇第二十三齣。

五七 見《杖扇新錄》，頁二四七。

五八 在南宋初年，詩人陸游（一一二五——一二一〇）的詩裏，對他自己所培養的菖蒲，屢加詠誦。如其《劍南詩藳》卷一二，有「堂中以大盆漬白蓮花，石菖蒲，翛然無復暑意。睡起戲書」詩，同書卷二〇有「采藥詩」，詩中有「絡石菖蒲蒙綠髮」之句，同書同卷又有「采藥詩」，其末句云：「自尋白石養菖蒲。」到南宋末年，愛國詩人謝枋得（一二二六——一二八九）除曾養植菖蒲，也曾以古詩形式的詩篇來描述這種植物。他那首詩題是「菖蒲歌」的詩，見《疊山集》，卷三，頁一七。在詩篇之外，據夏文彥《圖繪寶鑑》，卷五，活動於十四世紀中期的元末浙江畫家柏子庭，曾畫枯木菖蒲。今日本京都博物館藏有柏氏水墨畫一幀，所畫的主題正是菖蒲，圖見東京博物館監修之《宋元の繪畫》（一九六二年，東京，便利堂出版），圖版八十二。在此圖上，柏子庭自己有一首題詩。其詩末聯云：「雁宕龍湫山水窟。喜分清致到山房」。前引陸游《劍南詩藳》卷五八，有「菖蒲」詩。其詩末句亦云：「雁山菖蒲崑山石」。陸詩所謂雁山，當是柏詩所述雁蕩山之簡稱。其山在今浙江樂清、平陽二縣境內，爲中國東南名勝。至於陸游詩中所說的崑山，在今江蘇省上海市之西側。故由陸、柏兩詩所言地望，亦可略見宋元時代菖蒲之產地。明代初年，籍貫是江蘇長洲的畫家沈貞吉（一四〇〇——一四八二頃）亦曾畫有「菖蒲圖」一幅，現藏臺灣故宮博物院。圖見故宮博物院編《故宮藏畫精選》（一九八一，香港，讀者文摘社出版），頁一八三。如從陸游的時代開始計算，到柏子庭的時代爲止，南宋人愛好菖蒲的風氣，似曾影響到元、明兩代文人的生活情趣。這種愛好菖蒲的風氣，前後歷時百餘年。

(五九) 清初的廣東文人屈大均（一六三〇——一六九六）曾著《廣東新語》（著於康熙十七年，一六七八），其書卷一六「蒲葵扇」一條，對於新會的葵田，有所記述，這條引文，就引自《廣東新語》。

(六〇) 據黃奇川：「新會葵鄉見聞」一文，載於一九七七年七月十一日，在香港出版的大公報。

(六一) 見前揭《廣東新語》，卷一六，「蒲葵扇」條。

(六二) 關於戰國時代的漆器的學術研究，最早的一種，大概是商承祚在一九三九年出版的《長沙古物聞見記》（一九五五年，此書重版。到一九五七年，此書已經再版）。此書初版本五十八頁，收漆器二十八種，再版本六十八頁，收三十一種。

(六三) 據山西省大同市博物館與山西文物工作委員會合寫的「山西大同石家寨北魏司馬金龍墓」（見《文物》，一九七二年，第三期，頁二〇至二九）；較完整的木板漆畫共五塊。同期圖版拾貳，有在此墓所發現的木板漆畫之彩圖一頁。

(六四) 見前揭《杖扇新錄》，頁二四九——二五〇。

(六五) 所謂「鐵畫」，是用燒紅的鐵條，在其他的質料上燒出山水、人物、或者花鳥的形狀，一如用筆作畫。能夠從事這種民間工藝的藝人，在過去，似以湯天池與梁應達最爲擅名。在二十世紀，則有儲炎慶、郭武珊等人。詳見姚翁望：「湯天池和梁應達的鐵畫」一文，載於一九五七年出版的《文物參考資料》，第三期，頁二二至二四。

(六六) 商代的一件形如筆筒的蟬文象牙容器，是在河南安陽出土的，圖見貝塚茂樹等人編

(六七) 《世界美術全集》第一二卷，中國(I)(一九六二年，東京，角川書店出版)彩色圖版二七。

(六八) 見顧鐵符「象牙造像說明」，載於一九五五年出版的《文物參考資料》第十期，頁八〇。象牙造像的圖版，見該期封裏。

(六九) 關於翁伍章的象牙球的圖版，見一九八〇年出版的《人民畫報》，第八期。

(七〇) 見一九五九年出版的《文物》，第四期。

# 第四章

# 中國的摺扇

就扇的起源而言，上一章所提到的竹扇、羽扇、與紈扇都是中國傳統的手搖取涼扇。再就這幾種扇子的使用時期而言，在北宋中期以前，卽在十一世紀之前，這幾種手搖扇都已各具相當長遠的歷史。可是摺扇的歷史，卻是相形見絀的。

## （一）歷　史

現在提到摺扇，幾乎沒有人會懷疑它的起源不在中國。事實上，摺扇並不是中國人自己的發明。從文獻上看，在十一世紀的前半期以前，中國人沒見過摺扇。到十一世紀的後半期，它才以一種異域風物的姿態，出現於中國的北方。據鄧椿在一〇七四年寫成的一部中國畫史㊀，在當時的北方，曾經出現一種用鴉青紙所做的高麗扇。那時的高麗，就是現在的北韓。高麗扇的特點大概是：甲，可以摺疊。乙，畫着不少的新題材：譬如高麗國的豪門富女，或者「雲氣月色」，都是比較特殊的畫題（此外，畫在扇上的荷蓮與水禽，當然是比較普通的題材）。在那時，這些高麗摺扇上的繪畫，在中國畫史家的心目中，認爲是「精巧可愛」的。一〇七四年的畫史記錄，也許是與高麗摺扇有關的第一種記錄。

五十年以後（宣和二年，一一二四），徐兢奉宋徽宗之命，擔任出使高麗的特使。他在回國以後，寫成一部與高麗的歷史、地理、風土、人情，乃至建築都有關係的通俗性的著作。根據他的記載，在十二世紀初期的高麗摺扇共有四種。除了一種叫做「畫摺扇」的扇子，附有裝飾，其他三種（詳見下文），是都沒有裝飾的。在畫摺扇的扇面上，由於遍塗金或銀色爲底，所有的裝飾畫，當然都畫在扇的金底或銀底上。至於裝飾畫的畫題，則與高麗的「山林、人馬、女子」有關。一一二四年的這項記載與一〇七四年的畫史資料，大致是相同的。也卽是由鄧椿在十一世紀後期在中國見到的，高麗摺扇上的畫題，與由徐兢在十二世紀初期在高麗本土所見到的，當地的摺扇上的畫題，是十分相近的。

可是從扇史的立場上分析，徐兢的記錄重要性，並不是他對十二世紀初期的高麗扇之畫題的記載，而是他自己觀察所得的結論。徐兢在高麗時，不但聽到所謂的高麗摺扇，其實應是日本摺扇之誤的說法，他更見到一些旅居在高麗的日本人。徐兢在把高麗扇上的人物的衣飾，與高麗人和日本人互相比較之後，得到一個結論：也就是所謂的高麗摺扇，其實應該是日本摺扇。

在十一世紀之末葉，由高麗傳入中國北方的，在金底或銀底上畫着日本人物的摺扇，現在雖然不復可見，可是從藝術史上看，在十一與十二世紀的高麗，並沒有任何摺扇畫蹟流傳於今。至於在日本，雖然十一世紀的摺扇畫蹟，已經蕩然無存，但是，在由十二世紀的平安朝所遺留於今的日本美術品之中，的確是包括若干摺扇畫蹟的（圖五一，甲、乙）。這些十二世紀的日本摺扇，大部份集中於下述兩個收藏：第一個是大阪的四天王寺㊁，據第二次世界大戰期間的統計，該寺一共藏有寫了佛經與畫了該經之插圖的摺扇五十一把㊂；第二個是京都的國立博物館，該館藏有寫了一卷佛經（卷八）與畫了該經之插圖的摺扇一册㊃，此外，還有些摺扇，零星的分藏於法隆寺、西教寺、久原文庫、藤田家族、與嚴島神社㊄。以平安朝的摺扇畫蹟做爲證據，徐兢在一一二四年所得到的，所謂的高麗摺扇應是日本摺扇之誤的那一結論，應當是正確的。

徐兢除在高麗見到在金底或銀底上描畫着日本人物、以及月色、與水禽等題材的摺扇，他還見到一些用植物纖維做成，但在扇的本身並沒有裝飾畫的摺扇。這些摺扇共有三種：甲種扇是「杉扇」（圖五〇，丙）㊅。所謂杉，是生於寒帶與亞寒帶的一種長青樹。其幹直挺，其質堅勁，通常是建築營造的好材料。把杉木削成薄片，再用彩繩加以連貫，大致上就可以做成一把與現在的檀香扇類型相近的杉扇。據徐兢的記載，高麗的杉料並不很好。如果能夠用日本的白杉木來作摺扇，品質似乎比較好一點。

徐兢見到的乙種扇是「白摺扇」㊆。這是一種基本上用竹子編成，但在竹骨面上，再貼以高

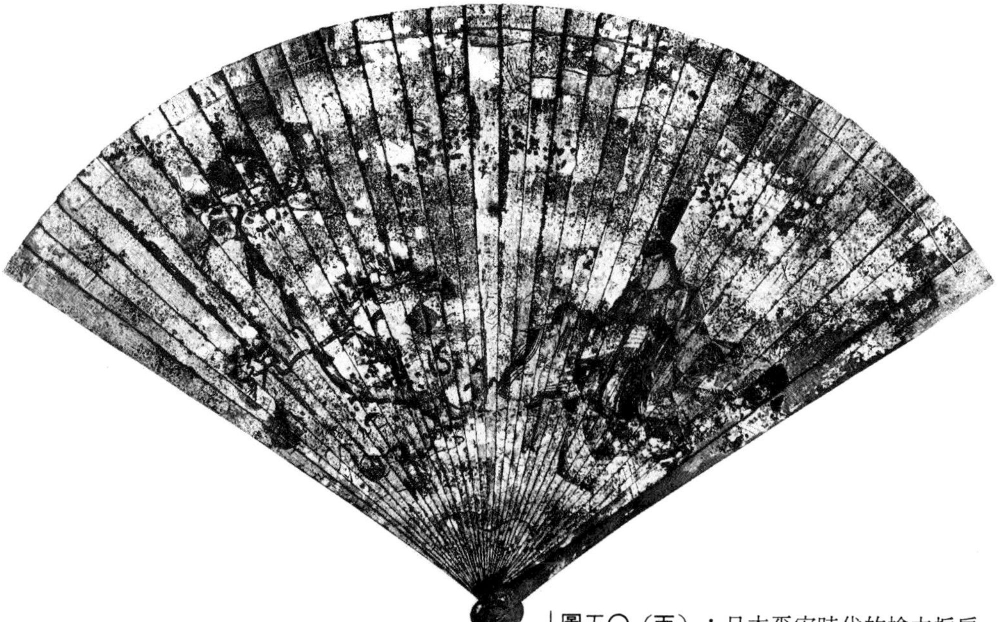

圖五〇（丙）：日本平安時代的檜木搧扇
（高三〇公分，寬四九・一公分）

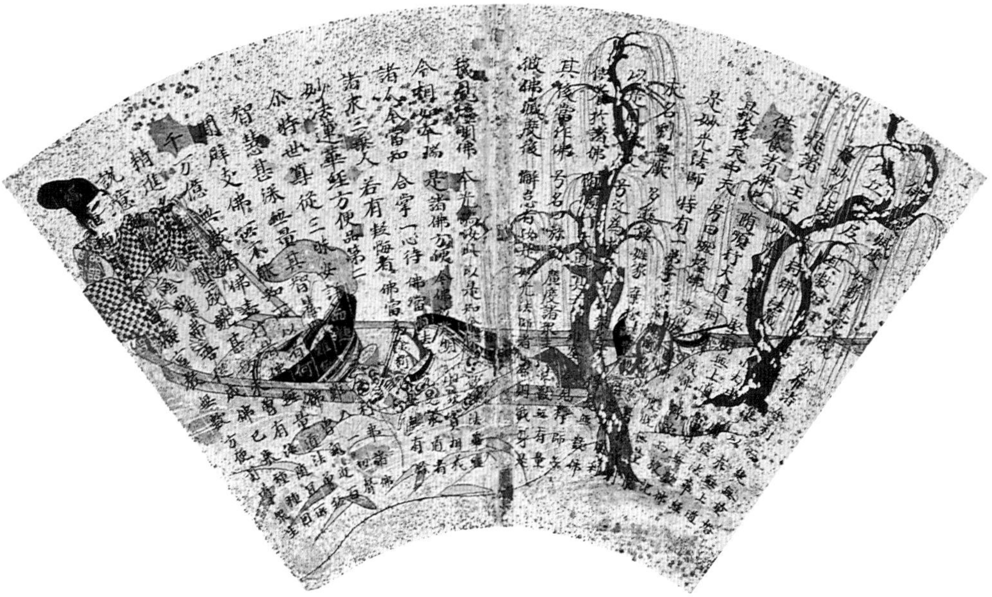

圖五一（甲）：日本平安時代的紙本摺扇面
（大阪四天王寺藏）

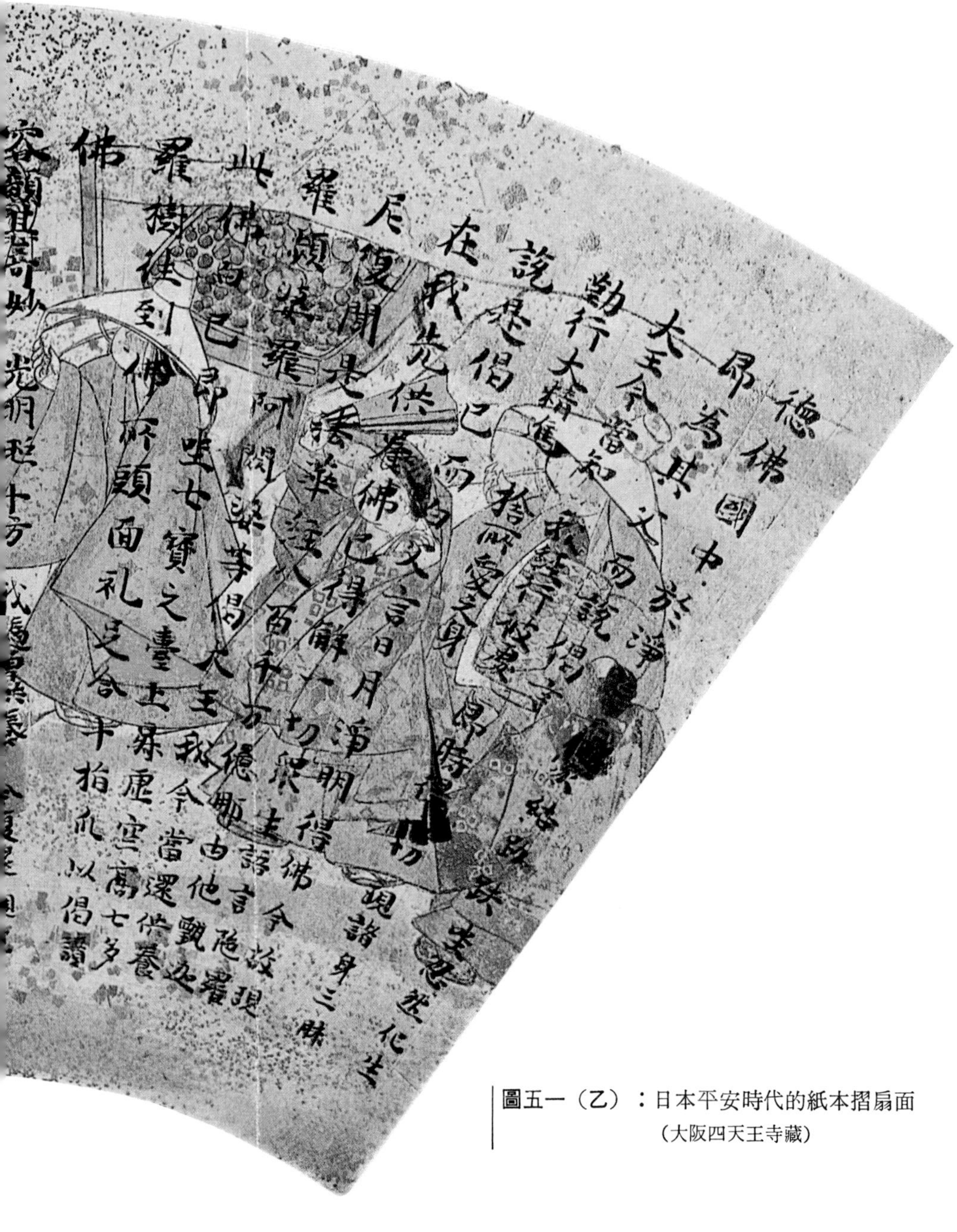

圖五一（乙）：日本平安時代的紙本摺扇面
（大阪四天王寺藏）

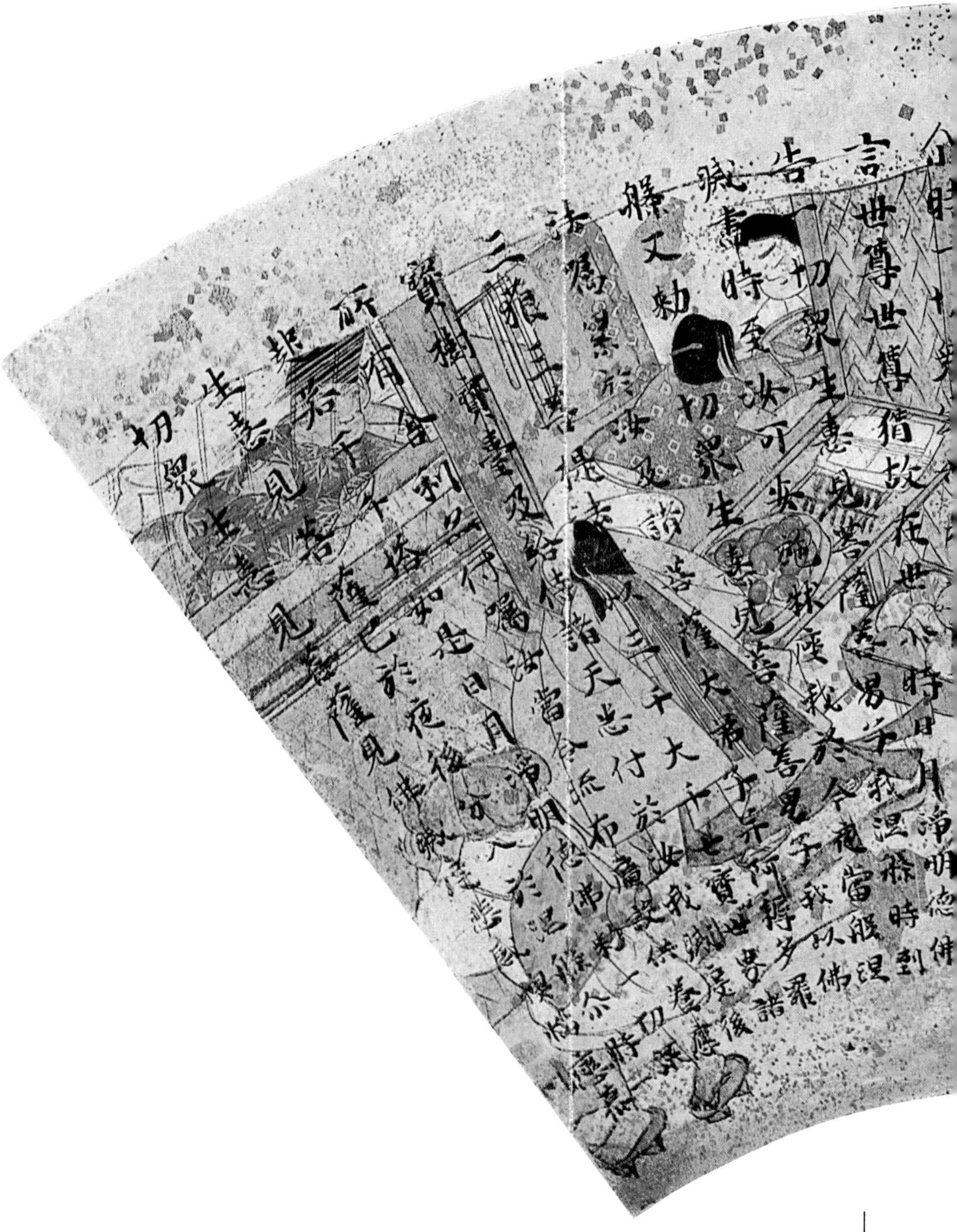

麗特產之藤紙的摺扇。根據徐兢的記載，在「白摺扇」的竹骨上，附有銀釘或銅釘。這項記載雖然有用，可是含義不很清楚；所以白摺扇的結構是需要重新推測的。在明、清時代，中國摺扇竹骨的尾端，各有小孔。諸孔皆由銅環貫穿，以爲開闔之樞紐。用中國的摺扇爲例以作反證，高麗白摺扇竹骨上的銀釘或銅釘，也許就是貫穿竹骨末端小孔之銅環的代替物。根據徐兢的記載，在高麗，這種白摺扇的使用者是政府的公務人員。當他們把這種扇子隨身攜帶的時候；扇子不是放在衣袖裏，就是藏在衣襟間，是相當便於攜帶的。可是這種摺扇既然稱「白摺扇」，足見扇上是沒有任何裝飾的。

丙種扇是「松扇」。所謂松扇，是先把松枝的柔嫩部分，編成一條條的繩子，再把松繩搥壓成線，最後才用這些松線編織成附有圖案的手搖扇。據徐兢說㈧，在當時的高麗，松線扇的使用，大概很普遍。不過最好的技工，都是從高麗王府裏所派出來的。

其實，在徐兢出使高麗的四十年前，卽一〇八三年（宋神宗元豐七年），錢勰亦曾代表北宋政府冊封高麗新王的卽位而出使高麗㈨。當他回國以後，曾以高麗的松扇爲禮物而送給北宋時代的另一位詩人黃庭堅（一〇四五——一一〇五）。而黃庭堅也曾對這種異域風物加以吟詠㈩。

綜合以上所提到的幾種資料，從十一到十二世紀，日本與高麗的摺扇，都曾流傳到中國來。日本的摺扇，是在金底或銀底之上畫着山水或人物的。這種摺扇，現在還可以用由日本平安朝時代所遺留下來的摺扇做爲根據，而看出一個大概。至於高麗朝的畫摺扇，就是根據日本的畫扇而發展起來的摺扇。眞正的高麗摺扇，是附有圖案而沒有圖畫的。這種手搖扇，或用杉片做成、或用松線編成、或用竹骨編成。畫摺扇與松扇雖然都曾一度傳入中國，可是由於數量太少，當時的一般人民，可能根本沒有機會見到。至於以竹骨編成的白摺扇，看來雖與中國的摺扇頗爲類似，可是明、清時代的摺扇，似乎並不是以高麗的白摺扇爲基礎而發展起來的，在中國的扇史上，這種關係是需要注意的。

高麗與日本的幾種摺扇，雖在十一與十二世紀，數度見於當時的文獻記載，不過到底是舶來品。能夠使用，甚至能夠見到這種外國異物的中國人，當時爲數必甚有限。所以到十三世紀的末年，亦卽在元代的初年，當所謂的「東南夷」的使者，在中國的公眾場合使用他們的摺扇的時候，這些摺扇不但並未引起中國人的喜愛，反而受到中國人的譏笑(十一)。既然在十一世紀，當時的日本摺扇已被誤認爲高麗扇(十二)，而在中國史書之中，日本人又曾被誤爲「東南夷」(十三)，那麼，在十三世紀遭受中國人譏笑的東南夷的摺扇，很可能是日本扇。

總之，到十三世紀末葉爲止，宋代少數的文人與外交使節雖已使用過日本的與韓國的摺扇，可是至少到元代爲止，當時的文人卻還沒想到如何接受外來的摺扇，再把它加以適當的改變，從而形成中國文化傳統的一部分。所以，從現在僅存的南宋摺扇外形看來，此扇的外形比較接近方形，所以開展後的幅度，也遠較明、清兩代摺扇的幅度爲小㈣。再用日本的平安時代之摺扇的外形來比較，十二世紀的日本摺扇之扇形，也是近於方形的。南宋的摺扇外形比較接近於方形，大概正是比較接近於日本摺扇外形的表現。

一般說來，大概要到十五世紀的初葉，亦卽明代的永樂時代（一四〇三——一四二四），這種發源於日本，但從韓國間接傳入中國的摺扇，才在中國的社會之中，逐漸的流行起來。

摺扇雖在十五世紀初年開始使用於中國㈤，可是摺扇的普遍流行，卻在十六世紀以後。據一部寫於一六〇六年(卽萬曆三十四年)的著作，當時的宮女與太監，每人身上都有一個扇囊。不需要使用摺扇的時候，先把摺扇放進扇囊中，再把扇囊掛在衣服上㈥。可惜當時的扇囊未見流傳，現在已經無法見到。

臺灣故宮博物院雖然藏有若干扇囊，不過這些扇囊的製成時代，都在清代。清代既然也有專門用來裝盛摺扇的扇囊，可見在清宮裏，摺扇的使用還是相當流行的。據第三章所介紹的李鳳墓葬裏的壁畫，在唐代，長柄的紈扇，如果不再使用，是要裝進扇套裏去的。在明、清時代，不需使用的摺扇，也同樣要裝進條狀的扇囊裏去。扇囊在明、清兩代的使用，也許可以說是唐代文化傳統的延續吧？

最先傳到中國來的東亞摺扇，雖以松、杉、與竹製成，但當摺扇在中國流行以後，卻並未倣照日本與韓國舊傳統，而用松或杉的木片做扇。中國的摺扇，除了在近代才使用的檀香木與象牙以外，完全用竹製做。在明代，除了兩塊面積較大的邊骨，扇心的竹骨（或稱竹股）的數目，大致都是十四股（間或也有十六股的，可是爲數極少）。到十七世紀的初年（也就是要晚到明代萬曆時代的末期），扇心的竹骨，才由十六股增到十七股。到清代初年（卽由十七世紀的末葉開始），中國摺扇的竹骨數目，又有更大的變化。

首先，清代的摺扇的竹骨數目，曾經大量減少；稍多的是九股，更少的只有七股。香港藝術館藏有十九世紀末期之粵籍職業畫師關聯昌的作品九十九幅。關聯昌的畫風雖然得自英國畫家錢納利 (George Chinnery，一八五二年卒於澳門），但其畫題卻以中國風物居多㈦。在此九十九幅作品之中，有一幅「清宮祭神圖」。在此圖中，有身着官服的清代官吏一名，其手中所持摺扇，正是九股扇。

香港藝術館又藏有一幅未裱以紙面的竹質扇

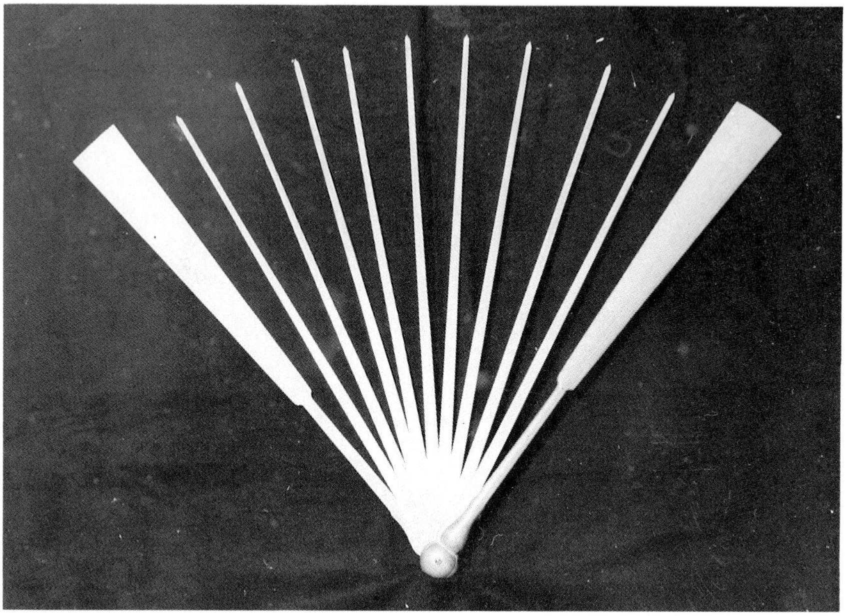

圖五二：民國初年的廣東九股竹扇骨
（香港藝術館藏）

圖五三：日本平安時代的九股摺扇
（見於嚴島神社所藏之「平家納經」）

骨，其骨數亦爲九股（圖五二）。可是在日本，以嚴島神社所藏的「平家納經」爲例（圖五三），最早的摺扇之扇骨數目，卻正是九股。香港藝術館所藏之民初九股摺扇骨，與日本最古的九股摺扇無關，是無可疑的。不過，這兩種摺扇扇股骨數目的巧合卻相當有趣。藏於香港藝術館的九股扇骨，大概是二十世紀初年的，或者時代更晚一點的，廣東的民間工藝品。以關聯昌的畫蹟，與未曾使用過的粵製扇骨爲例，似乎可以說明在十九世紀的廣東，當時的摺扇是習用九股竹骨的，大概直到二十世紀的初期，這個風氣還沒有變。

其次，清代摺扇的扇骨數目，又曾大量增加。稍爲多一點的，是二十四股，再多一點，可以增到三十四股。數目最多的時候，可以高達四十股。竹骨在二十四股以上的摺扇，通稱「秋扇」㊇。據說秋扇是爲婦女而特別設計的。在十八世紀的末年，葉小鸞是一位在十七歲便夭折而逝的女畫家㊈。在傳世的葉小鸞的畫蹟之中，有一幅畫成於一七九七年（清嘉慶二年）的山水扇面㊉。這把摺扇的竹骨就是二十四股。

## (二) 面積

首先要討論的，是摺扇的面積。在中國，時代最早的摺扇畫家究竟是甚麼時代的甚麼人，因爲文獻的貧乏，現在已經不能詳考。但在一九六三年，北京方面複製了一幅畫題是「柳橋歸騎圖」的摺扇山水小品（圖五四）㊀，此圖雖無畫家的名款，但在風格上，似乎與南宋中期之畫院作家馬遠的畫法相當接近。馬遠的活動時期，雖然不能完全確定，卻大致可以視爲活躍於十二世紀末期與十三世紀前期之間的宮廷畫家㊁。「柳橋歸騎圖」的畫風既與馬遠相近，顯然是一位在時間上，活動於十二世紀末期至十三世紀前期之間，而在風格上，又曾受到馬遠之影響的，宮廷畫家的作品。據北京方面的學者的意見，摺扇的流行，是在明代。在宋代，是還沒有人在摺扇上作畫的。不過，在宋代的宮燈上，曾經附有摺扇形的燈片畫。所以這幅「柳橋歸騎圖」應該不是在當時使用的摺扇，而是宋代宮燈上的燈片畫㊂。這一看法固然新穎有趣，但在學術研究的立場上，似乎還有重新討論的必要。

首先，北宋平定天下以後，在中央政府之內，設有畫院。院中有若干等級不同的宮廷畫家㊃，職責是專爲皇帝作畫。南宋遷都杭州以後，以李唐爲畫院院長，畫院畫家的職責，仍不例外㊄。譬如前述的馬遠，就是南宋畫院裏的一位重要畫家。宮燈如果確爲南宋宮廷在夜間所需要的照明設備，附在宮燈上的燈片畫，出自當時畫院裏的宮廷畫家之手筆，是毋庸置疑的。這些南宋

**圖五四：**南宋時代的摺扇
（扇面上的畫是南宋無名畫家所作的「柳橋歸騎圖」）

的院畫家既能把摺扇形的燈片畫附在宮燈上，怎麼不會利用摺扇形的新形狀，而另作其他畫蹟？同時這些摺扇形的畫蹟，又何以不能由當時的畫院或內廷加以保存，以致流傳於今？根據這個推斷，把「柳橋歸騎圖」斷爲南宋的燈片畫，似乎不是定論。更不要說在有關於宮燈沿革的討論之中[26]，是從沒有人提過宮燈上之燈片畫的。

其次，在北宋時代，摺扇雖是從日本傳入中國的異域方物，但在南宋初期的紹興時期，當時的詞人朱翌（一〇九七——一一六七）已曾利用當時流行的文學——詞，來描寫摺扇[27]。由朱翌對摺扇的吟詠，可以反證在十二世紀的中期，摺扇應在民間曾有相當程度的使用。不過，宋代的宮廷內府成爲收藏這些舶來物品的最終地點，大致是可以肯定的。南宋時代的畫院作家，可能正因爲身在畫院，能够優先的看到由日本傳來的摺扇，引起了摹倣的興趣，從而採用摺扇形的紙質來作畫。現存北京的「柳橋歸騎圖」的時代背景，大概正是如此。

此外，要證明「柳橋歸騎圖」應是摺扇畫而不是宮燈畫，這幅畫的本身的證據，也卽這幅畫的尺度，更是絕對不可忽視的一個因素。日本最古的摺扇，大都製於平安時代（七九四——八六六）之後期，亦卽相當於我國唐代之末葉。如以現藏於日本大阪四天王寺的寫經摺扇爲例，日本平安時代後期的摺扇高度是二三至二五・六公分之間，而其長度則在四七・五至四九・一公分之間㉘。易言之，其高度與長度的關係，是一：二的正比例。現在中國大陸的這幅「柳橋歸騎圖」的尺度，根據北京方面所公佈的資料，其高度是一五・八公分，長度是二九・一公分㉙。這個尺寸雖與日本平安時代古扇的尺寸並不完全相同，不過此圖之高度與長度的比例既是一：一・八，與日本古扇的高與長是一：二的那個比例是非常接近的。在邏輯上，由南宋的院畫家們自己來設計一個摺扇形，並且把它的高與長的關係，設計爲接近一對二的比例，絕非全無可能。可是，摺扇既是從日本傳來的異域方物，那麼，如果假定這幅「柳橋歸騎圖」的尺度的來源，是根據從在十一或十二世紀由日本傳到中國來的，平安古扇的扇身尺度摹倣而來，豈不是更有可能嗎？

最後，由於近年之考古發現而得到的資料，更是絕對不可忽略的證據。從一九七七到一九七八年，大陸考古學家不但在江蘇武進清理了一批南宋時期的墓葬，而且更從這些墓葬裏，發現了大批的南宋漆器㉚。其中最珍貴的一件，是鎗金的黑漆奩（圖五五）。奩蓋上刻着兩位站在大石塊旁邊的女性。女性之一雖然拿着一把腰形的紈扇，另一位女性卻拿着一把打開的摺扇。就在扇面上所畫的花卉圖，也是約略可見的。不過最重要的，卻是那疏疏落落的三股扇心骨。

中國的文人既然遠在北宋時代已經從高麗帶回日本摺扇，南宋的文學家又在詞裏描寫過摺扇，還有，南宋的工藝家又在當時的漆器上畫出摺扇的形狀，可見根據以上三方面的考察，具有摺扇扇面形狀的「柳橋歸騎圖」，可能並不是殘存的南宋宮燈片，而是一幅在中國摺扇史上尚可得見的，時代最早的摺扇。北京的專家們雖然注意到燈片畫之爲物，卻忽視了成爲中國摺扇之來源的日本古扇；從而造成他們的理論的偏差。這幅「柳橋歸騎圖」既然不是燈片，而應該是曾經南宋詞人朱翌吟詠過的摺扇，那麼，這幅南宋時代小品畫蹟的價值，也應用新的眼光重新衡量，才能得到它在中國摺扇史上的（甚至是整個中國繪畫史上的），應有的地位。

活躍於明代初期，亦卽十四世紀之後期與十五世紀之初期的王紱（一三六二——一四一六），是明代最早的摺扇畫家。可惜在近人討論王紱之繪畫的文字中，並沒提到他的摺扇畫㉛。此後，在從成化（一四六五——一四八七）到嘉靖（一五二二——一五六六）時期之中，卽從十五世紀到十六世紀的這一百年內，就明代的繪畫發展史而論，正是沈周（一四二七——一五〇九）、文徵明（一四七〇——一五五九）、唐寅（一四七〇——一五二三），與仇英等四大畫家的活動時期。一九七五年，臺灣的故宮博物院舉辦「吳派畫九十年展」，並出版了爲此展覽會而編印的目錄㉜。見於這本目錄的沈周摺扇畫蹟；共有五

圖五五：南宋中期的摺扇
（見於1978年在江蘇武進之南宋墓葬中出土的黑漆奩）

幅。現將各扇之尺度，並其高度與長度之比例，分列如下：

a.

| 摺扇名稱 | 扇之高度 | 扇之長度 | 高與長之比例 |
|---|---|---|---|
| 秋葵圖 | 一八·〇公分 | 五三·六公分 | 一：二·九 |
| 秋景 | 一九·七公分 | 五七·二公分 | 一：二·九 |
| 蕉蔭琴思 | 一六·六公分 | 五〇·四公分 | 一：三·〇 |
| 樹陰垂釣 | 一八·六公分 | 五〇·〇公分 | 一：二·六 |
| 疏林亭子 | 二一·八公分 | 五七·〇公分 | 一：二·六 |

在此五幅摺扇畫蹟之中，高度與長度的比例是一：三，或者接近一：三的，有三幅。其他兩扇的高與長的比例，則皆為一：二·六。以沈周的這五幅摺扇畫蹟與南宋時代的摺扇畫蹟──「柳橋歸騎圖」相較，它們的高與長的比例，是明顯不同的。同時，也正因為它們的高與長的比例不同，說明南宋與明代中期的，也即十二世紀與十五世紀中期的摺扇，在面積上的主要差異，是由於長度的變化。更清楚的說，在長度方面，明代的摺扇的尺度，要比南宋時代的摺扇的尺度，增加了百分之三〇。這個事實是明顯可見的。

但在另一方面，就摺扇的尺度變化而言，並不是時代愈晚，摺扇的幅度也就愈寬。這個看法似乎可用時代比沈周要晚的，文徵明與唐寅的摺扇之尺度來作證明。在「吳派畫九十年展」的目錄裏，刊印了文徵明與唐寅的摺扇，各十五幅。一九七六年，美國的密西根大學又舉辦了文徵明畫展，同時也出版了為此展覽所編輯的目錄。根據這本目錄，該展曾經展出文徵明的摺扇十幅㈢。如對以上所述的這四十幅十六世紀的摺扇的尺度，逐一細加注意，可以看出在高度與長度的關係上，比例是一：三的，或者超過一：三的，祇有七幅，在百分比率上，它們佔那四十幅的百分之一七·五。高度與長度的關係，在比例上介於一：二·九到一：二·六的，一共有三十一幅，在四十幅摺扇中間，佔總數的百分之七七·五。其他的兩幅，其高與長的比例，則各為一：二·五與一：一·八。在四十幅摺扇之中，這兩幅所佔的百分比率，都是二·五。事實上，高與長的比例是一：二·五的那一幅摺扇，與在尺度上，而高與長的比例是一：二·六的那些摺扇，可以視為同一類型。祇有高與長的比例是一：一·八的那一幅，在尺度上，與南宋時代的摺扇的面積，才是十分相似的。

根據以上的觀察，可見在從十五世紀中期到十六世紀中期的這一百年之間，百分之九七·五的摺扇，在尺度上，都已採用一：二·六（或一：三），為其高與長之比例的標準。比例是一：一·八，亦即接近十二世紀的摺扇之尺度的那種摺扇，在當時，祇佔百分之二·五，易言之，在明代，具有這種比例的摺扇，已經十分接近將受淘汰的情況了。

從十七世紀以後，在中國，摺扇的使用，較前更加普遍。而現所見到的，完成於十七到十九世紀之間的摺扇畫蹟與書法，也就多到幾乎不可計算的程度。然而，這些摺扇的收藏處所，無論是公是私，對於扇的面積，往往未加紀錄。因為缺少這項記錄，對於摺扇的尺度之變化的調查，是殊多不便的。目前祇能根據曾由美國波士頓美術館㉔、臺灣故宮博物院㉕、日本國立東京博物館㉖、與京都橋本末吉先生所發表，而且有尺寸記錄的三十一幅摺扇㉗，以及在一九七七年之春，曾在香港美術館展出過的那一百四十四幅摺扇，共同加以調查。根據這一百七十五幅畫蹟，明、清摺扇的尺度的變化，可以利用下面這幅統計表，來加以說明：

b.

| 高度與長度的比例 | 藏品的所在地 波士頓 | 東京 | 京都 | 臺灣 | 香港 | 此類摺扇的總數 |
|---|---|---|---|---|---|---|
| 一：二・六 | | | | | 二 | 二 |
| 一：二・九——一：二・六 | 二 | 一 | 二 | 二 | 一二三 | 一二九 |
| 一：三或以上 | 七 | | 一四 | 三 | 二〇 | 四四 |

在此表中，高度與長度的比例是一：二・六的，祇有兩幅；佔總數——即一百七十五幅的百分之一・一。高度與長度的比例是一：三的（甚至在比例比一：三還要大的），有四十四幅；佔總數的百分之二十五・一。至於高與長的比例在一：二・九到一：二・六之間的，則有一百二十九幅；佔總數的百分比率上，佔七十三・七。

綜合列在這個統計表裏的，以及前已述及的若干零碎的統計數字，暫時可以得到以下幾項結論：

第一，摺扇雖在十一世紀由日本傳入中國，但在十二世紀，南宋的院畫家似乎曾經根據日本的摺扇的尺度，而開始在完成於中國的摺扇上作畫。當時的摺扇之高度與長度的比例是一：一・八；與日本摺扇的一：二的比例是十分接近的。

第二，在從十六世紀中期開始，直至十九世紀末葉為止的這三百餘年之中，高度與長度具有一：二之舊比例摺扇，雖然也還偶然可見，大致上，可說已經受到淘汰。

第三，從十五世紀中期開始，中國的摺扇開始發展出一種高度與長度具有一：三之比例的新形式。但在此後的三百餘年之間，高度與長度的比例處於一：二九到一：二六的尺度卻成為最受歡迎的尺度。大體說來，在二十世紀，多數的中國摺扇仍然採用高度與長度的比例是一：二・九到一：二・六的那個尺度。

## (三) 紙質

南宋時代的摺扇，目前祇有一幅可見，元代的摺扇畫蹟，目前連一幅也不可見。宋、元時代的摺扇既然如此稀少，對於它們的紙質，看來沒有討論的必要，因此，由本書加以考察的摺扇的紙質，在時代上，祇限於明、清二代，也卽由十五世紀以迄於二十世紀之初葉的那五百年。

概括的說，明、清時代的書畫用紙，大致不外金紙、白紙，與入口紙等三大類。其實就摺扇之用紙而言，此一情況，仍不例外。現卽按照金紙、白紙，與入口紙的分類，而把這三大類的摺扇用紙的一般概況，分別簡論如下：

### 一、金紙

明、清時代的金紙，按照傳統的術語，向稱「金箋」。但是綜合實物與文獻，這些金箋，又應細分爲下列三種：

#### 甲、泥金箋

所謂「泥金箋」，就是整個紙面都是金色的純金箋。在記載方面，中國最早的「泥金箋」，遠在北宋末年初的十二世紀初期，已經有所使用。在當時，這種「泥金箋」雖然可供書寫，不過大體上，它只是與裝裱有關的標籤紙[38]，而不是眞正的書畫用紙。到南宋末葉，卽十三世紀之中期，泥金紙的使用似乎仍然限於書畫裝裱方面[39]，大概要遲到明代初期，亦卽在十五世紀的初期，當時的藝術家才開始把以前是當作標籤紙來使用的泥金箋，轉用於書畫本身的用紙[40]。再後一點，到了明末，也卽十六世紀之末期與十七世紀之初期，使用整幅的泥金箋來創作書畫，特別是書法[41]，就更加屢見不鮮了。

所謂十五世紀初期的泥金箋摺扇畫蹟，是指明初的王紱的「樹石圖」而言。王紱既在一四一六年去世，可見至少在十五世紀的初期，泥金箋已經成爲摺扇的用紙。此外，如就實物而論，沈周的摺扇畫蹟，大概在現存而可信的明代摺扇之中，時代是很早的。如前述，一九七四年，臺灣的故宮博物院在「吳派畫九十年展」的特別展覽之中，展出了沈周的摺扇畫蹟五幅。由臺灣故宮博物院所編輯的《吳派畫九十年展》的目錄，對於這些摺扇的紙質，雖然語焉不詳，至少記錄了沈周的「秋葵圖」，是一幅「泥金箋」的摺扇[42]。

時代再晚一點，到了明代的末期卽十六世紀的後期與十七世紀的前半期，泥金箋的摺扇，就更見流行。以下就利用北京故宮博物院所收藏的

圖五六：明代中期的泥金箋摺扇面
（扇面的畫蹟是周臣所作的「明皇遊月宮圖」）

明清摺扇，列舉幾個例子：第一件是周臣的「明皇遊月宮圖」（圖五六）。根據柳宗元（七七五——八一九）的《龍城錄》，通稱唐明皇的唐玄宗，有一次，曾由兩位道士把他帶到月亮裏去玩。明皇不但見到一座樓名是「廣寒清虛之府」的大建築，而且還看見十幾個穿着白衣衫又騎着白鸞鳥的人，往來起舞。此外，他又聽到一些音樂。等他回到人間，他就把他的見聞，編成了著名的「霓裳羽衣舞曲」。在這幅扇中，左下角的樓房，象徵廣寒清虛之府，在樓前舞蹈的人，雖沒騎在鸞上，卻都穿着白衣。圖中所畫的，大致還是柳宗元所記載的那個傳說裏的情節。特別值得注意的是，周臣還在這把泥金箋摺扇面上，畫了唐代的障扇。這與五代時的周文矩，在屏風裏畫屏風的類型（見第六章）是一樣的。周臣的籍貫是江蘇蘇州，可是他的生卒年代一向不明。不過他最晚的作品是在明世宗嘉靖三十五年（一五三五）畫成的「長江萬里圖」卷。所以大體上，他是在十六世紀上半期活動於蘇州地區的畫家。這把泥金摺扇面上的「明皇遊月宮圖」，大致也應該視爲十六世紀上半期的作品。

第二件是文徵明的「竹石幽蘭圖」（圖五七）。在近代與現代，蘭花是中國畫家常加表現的題材。可是從中國繪畫的歷史上看，這個題材的出現，並不很早。在目前的中國繪畫之中，最早把蘭花當做一個獨立主題的作品，可能是藏於日本東京國立博物館的「無根蘭圖」。這件作品的作者就是《心史》的作者鄭思肖（一二四一——一三一八）。據圖上丙午年的款字，此圖應作於元成宗大德十年（一三〇八）。以後，在元代初期，著名的書畫家趙孟頫（一二五四——一三二二）也畫過「幽蘭竹石」（現藏美國克利夫蘭美術館）。時間再晚一點，畫僧雪窗（約卒於一三四九，即元順帝至正九年左右）也曾在元代末期畫過幾幅以蘭花爲主題的作品，目前不但都藏在日本，還都是日本皇室的御藏。不過一直到元代末年，在中國繪畫裏，蘭花還不是一個常用的題材。大體上，要到明代中期（十六世紀上末期），由於文徵明喜歡把蘭、竹互相搭配，這個題材才慢慢受到文人畫家的注意。在這把泥金摺扇面上完成的「竹石幽蘭圖」，正是說明這個題材在明代中期逐漸流行的好例子。在這幅作品裏，雖然祇有文徵明的名款而沒有年款，所以不知道究竟是那一年的作品，不過就風格而言，表示蘭葉的線條不太穩定，筆觸也稍嫌淩亂。看來這幅畫也許是文徵明比較早年的作品。易言之，這把摺扇面上的「竹石幽蘭圖」，可能與周臣的「明皇遊月宮圖」一樣，都是十六世紀初期的作品。

第三件是陸治（一四九六——一五七六）的「具區春曉」（圖五八）。太湖是位於江蘇中部的一個大湖。所謂具區，根據《爾雅》，就是太

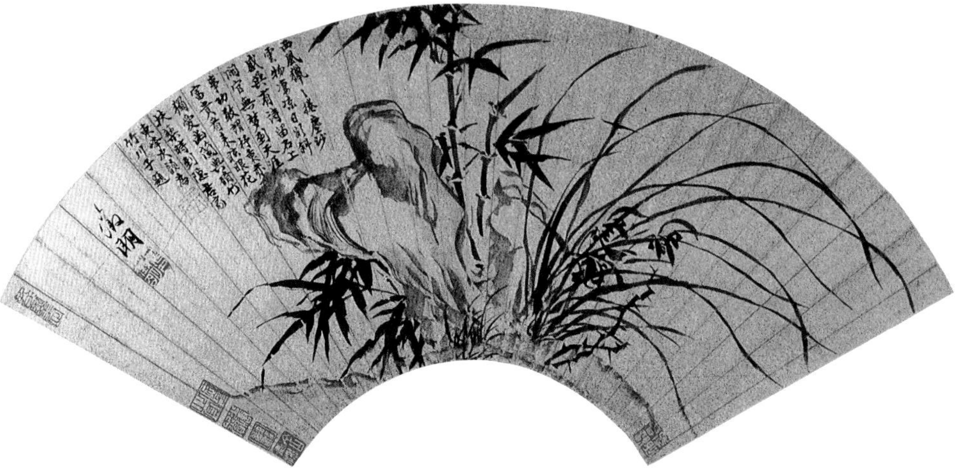

圖五七：明代中期的泥金摺扇面

（扇面上的畫蹟是文徵明（1470-1559）所作的「竹石幽蘭圖」。在清代後期，此件曾爲孔廣陶之舊藏）

圖五八：明代中期的泥金摺扇面
（扇面上的畫蹟是陸治（1496-1576）所作的「具區春曉圖」。在清代之中期與後期，此件曾爲孔廣陶之舊藏）

湖的古名。因此在這把泥金摺扇面上，陸治所表現的是太湖在春季裏的晨景。在構圖上，高山集中在左方，湖水佔據右方，幾列島嶼一面前後平行，一面又把視線由右前方向左後方逐漸推遠。所以在畫面上，太湖就由於山的高聳與水的平靜而顯得深邃與寧靜。用平與高的對照而顯示深度的畫法，叫做平遠法。這種畫法，是從北宋後期或十一世紀下半期以來，已經有所使用的。不過把這種傳統的畫法在泥金摺扇上加以表現，也許還是第一次。陸治雖是文徵明的門下弟子，可是，他的作品，幾乎完全是景物簡單的山水。像文徵明所畫的「竹石幽蘭圖」那樣的類型，在陸治的作品中，幾乎是完全沒有的。總之，用陸治的「具區春曉」爲例，可以看出來，在十六世紀，無論是像周臣那種職業畫家，還是像文徵明和陸治這些非職業性畫家，是都喜歡在泥金摺扇上揮毫作畫的。

第四件是劉世儒的「墨梅圖」（圖五九）。從唐代開始，經過五代，再到宋代，梅花一直是職業畫家經常採用的畫題。要到南宋末年，當趙孟堅（一一九九——？）把梅與松、竹畫在一齊（圖六〇），而且給予新的象徵意義，梅花才成爲文人畫家作品裏的重要題材。可是在元代，常畫梅花的畫家，大概祇有王冕（一二八七——一三五九）和鄒復雷。臺灣的故宮博物院和美國華盛頓的佛利爾美術館就藏有他們的幾幅梅畫。到了明代，在明初的王謙和陳憲章（一四二八——一五〇〇），以及在明代中期劉世儒與陸復等人的時代，專門以墨畫梅的風氣才比較普及。劉世儒的籍貫是浙江紹興。他畫梅，是以王冕的風格爲基礎而逐漸發展的。譬如在他這幅扇面裏，用快速完成的梅花花瓣，就不是王冕的畫法。劉世儒的生卒年代雖然不詳，不過由他所編寫的《雪湖梅譜》是在世宗嘉靖三十四年（一五五五）完成的。所以用這部書的編成時代爲證據，他也是明代中期的作家。在劉世儒的時代之前，王謙、陳憲章、與陸復的梅花，經常都畫在大幅的絹或紙上；小品之作是罕有的。可是劉世儒不但編寫了梅譜，又把單獨的梅枝畫在摺扇面上。隨着摺扇的流行，墨梅這個題材，也就日漸普及了。

**圖五九：**明代中期的金箋摺扇面
（扇面上所畫的是劉世儒（生卒年不詳）所作的「墨梅圖」）

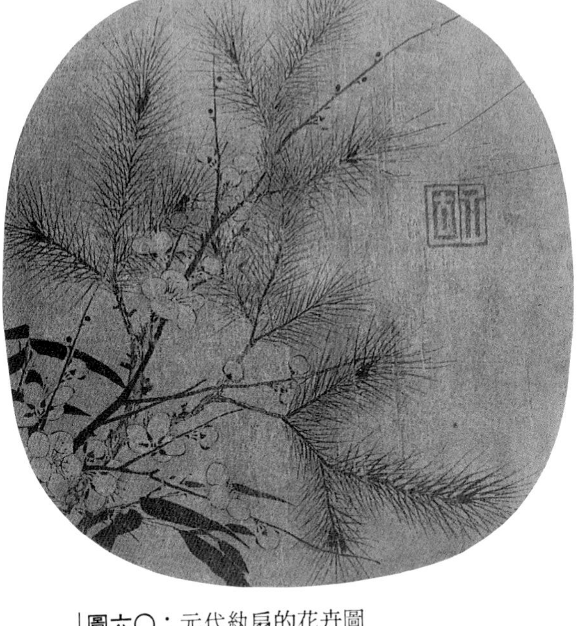

**圖六〇：**元代紈扇的花卉圖
（扇面上的畫蹟是趙孟堅（1199-？）所作的「歲寒三友圖」）

圖六一：明代中期的泥金紙本摺扇面
（扇面上的畫蹟是陳嘉言（1539-?）所作的「梅雀圖」）

圖六二：明代末期的泥金紙本摺扇面
（扇面上的畫蹟是邵彌所作的「秋林遠眺圖」）

除了這件墨梅摺扇，第五件是陳嘉言（一五五九——？）的「梅雀圖」（圖六一）。這幅畫也值得注意。因爲在畫面的梅枝上，是停着一隻小鳥的。由於梅與鳥的組合，更使得文人畫家對墨梅的表現，不但不再是一種用來代表文人之氣節的嚴肅的畫題，而且更使整個畫面，顯得輕鬆與活潑。

第六件是邵彌（一五九三——一六四一）的「秋林遠眺圖」（圖六二）。這幅畫的構圖很簡單；前景是一片長了短竹的山坡，中景是一塊長了樹木的石頭和這塊石頭後面的石臺。遠眺的高士就坐在石臺上。遠景是分佈在中景之兩側而隱約起伏的小山。把畫面裏唯一的人物安排在一個再也沒有其他去路的平靜的空間，是明代繪畫的特徵。根據明代繪畫的發展，這樣的構圖似乎是在明代前期，由江南地區的畫家首先使用的。藏於臺灣故宮博物院的沈周的「蕉蔭琴思」（圖六三）、與「疏林亭子」（圖六八），就都表現了代表這種構圖的雛型。把沈周的「蕉蔭琴思」與邵彌的「秋林遠眺」同置並觀，正可看出在江南的蘇州地區，相同的構圖類型，從十五世紀延續到十七世紀的痕跡。

第七件是劉振南的「太白醉罵祿山圖」（圖六四）。這位畫家雖然大致活動於明代末期，可是他的生卒年代是毫無記錄的。不過寫在畫面右方的題記，是在壬寅年寫的。如果這個壬寅年應該是明神宗萬曆三十年（一六〇二），這件作品應是在十七世紀的第三年完成的。在主題上，太白就是盛唐時代著名的詩人李白，至於祿山，當然就是既先與唐玄宗的愛妃楊玉環發生了曖昧之情，跟着又起兵叛亂的蕃將安祿山。據畫家的題記，他這幅畫是看戲以後的乘興之作。在目前的平劇裏，雖有表演專門擊鼓功夫的「打鼓罵曹」

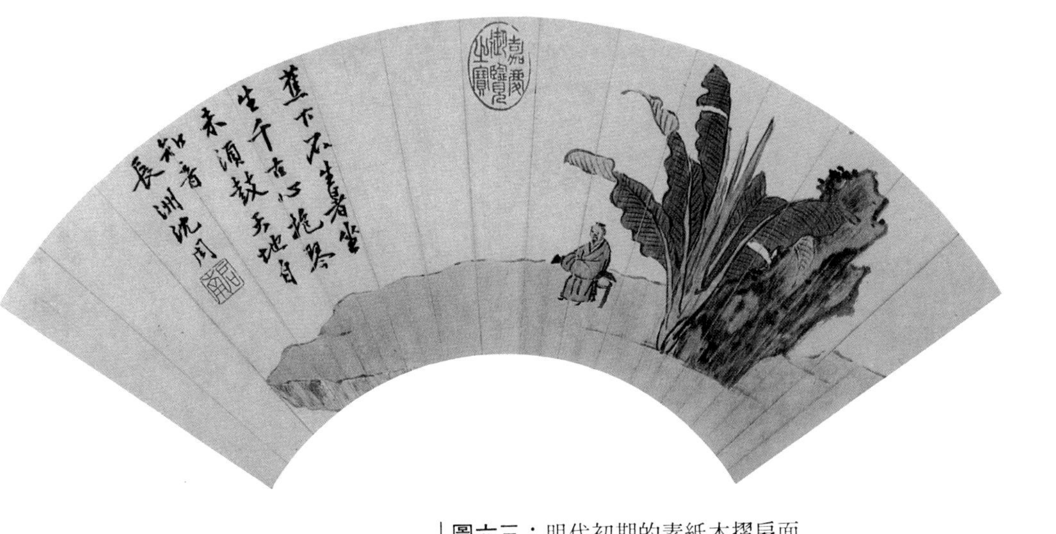


圖六三：明代初期的素紙本摺扇面
（扇面的畫蹟是明初畫家沈周（1427-1509）所作的「蕉蔭琴思圖」）

（彌衡責罵曹操），卻從沒有太白罵祿山的戲碼。根據以上的理解，在明代末期，劉振南雖然不是一位重要的畫家，然而以他這件泥金摺扇畫蹟爲證，他的繪畫主題，獨出心裁，不但相當別緻，而且也很有創造性。這幅扇畫應該算是很有價值的作品。

**圖六四：**明代後期的泥金紙本摺扇面
（扇面上的畫蹟是晚明畫家劉振南所作的「太白醉罵祿山圖」）

最後兩件泥金摺扇與兩位十七世紀女畫家的作品有關。畫在第一件摺扇面上的作品是明末的李因的「月季圖」（圖六五，甲）。籍貫是浙江杭州的李因（一六一六——一六八五），是另一位浙江畫家葛徵奇（？——一六四五）之妾。她的畫，專用水墨，從不設色。在畫風方面，由於墨筆蒼勁，頗不像出自一女性畫家的手筆。

**圖六五（甲）：**清代初年的泥金紙本摺扇面
（扇面上的畫蹟是女畫家李因（1616-1685）所作的「月季圖」）

圖六五（乙）：清代初期的泥金箋摺扇面
（摺扇面上的畫蹟是黃媛介作「柳溪游艇圖」）

畫在第二件摺扇面上的作品是清初黃媛介的「柳溪游艇圖」（圖六五，乙）。黃媛介的籍貫雖然也是杭州，她的境遇，似乎卻比李因要艱苦得多。她在明代亡國（一六四五）以後，獨居蘇州西湖斷橋，賣畫爲生。在中國的藝術史上，黃媛介也許是第一位職業性的女畫家。可是這幅「柳溪游艇圖」，筆力清新，構圖精鍊，沒有絲毫職業畫家的習氣。

劉振南的時代雖在十七世紀初期，但到李因與黃媛介的時代，已經進入十七世紀的下半期。但從清初——十七世紀的中期開始，泥金箋的使用，似乎漸漸衰退[43]。取而代之的是白紙摺扇在此時期的逐漸普及。

可是到了清代的末期——也即十九世紀的末期，泥金摺扇又曾再度受人喜愛。現由實物與文獻上各舉一例，以證此說。在實物方面，香港的香港藝術館，曾在一九七七年之春，展出十九世紀末期的摺扇一百四十四幅。但在這一百四十四幅之中，有六十四幅摺扇的扇紙都是泥金箋。在百分比上，這個數目幾乎佔了一百四十四幅的百分之五〇。至於在文獻上，在清末民初，安徽籍的裴伯謙（一八五四——一九三二），不但是一位鑑賞家[44]，而且在書畫收藏方面，也十分富有。根據他的藏品目錄，裴伯謙曾經一度藏有自十七至十九世紀的摺扇八十三幅[45]。此書雖於其中的二十七幅摺扇的紙質，未作記錄，但對其他五十六幅的紙質，是逐一記錄的。在這五十六幅摺扇之中，泥金箋的數目，高達二十七幅。這個數目在有紙質記錄的摺扇之中，佔了總數的百分之五〇。根據這兩個實例，可見泥金箋在十九世紀的末期是曾經重新流行的。

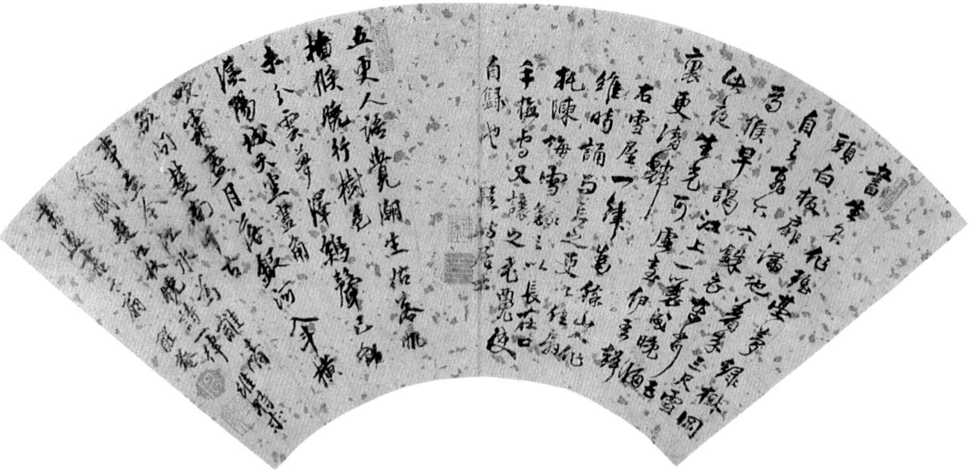

圖六六：明初期的冷金紙本摺扇面
（扇面上的書蹟是由周鼎（1401-1487）與陳寬分書的「七言律詩」）

## 乙、冷金紙

所謂「冷金紙」，是指在原來的紙面上，黏附若干面積比較大的金箔碎屑。用比較類似的比喻來形容，這些黏附在原紙紙面上的碎金屑，與在空中飄蕩的雪花，是有幾分相似的，而有雪的天氣；必是寒冷的。所以，在紙面上黏附了大塊的金箔之碎屑的紙，便稱為「冷金紙」。

「冷金紙」何時開始使用，現在不易確定。不過，至少在十二世紀初期的北宋末年，冷金紙也曾被當作一種標籤紙來使用[46]。這種使用方式與前面所討論的「泥金箋」的最初的使用方式，可說是完全相同的。

在明代，「冷金紙」的使用雖不如「泥金箋」普遍，但以北京故宮博物院的藏品為例，陳寬與周鼎（一四〇一——一四八七）的七言律詩是合寫在一把冷金紙的摺扇面上的（圖六六）。張弼（一四二五——一四八七）的一首七言絕句也是寫在一把冷金紙的摺扇面上的（圖六七）。如果再以臺灣故宮博物院的藏品為例，沈周的「疏林亭子圖」（圖六八），也是在一把冷金紙的摺扇面上完成的。

但在清末，就一般的使用情況而論，「冷金」紙的使用似比「泥金」紙更受歡迎。特別是具有

圖六七：明代初期的冷金紙本摺扇面
（扇面上的書蹟是張弼（1425-1487）所書的「七言絕句」）

圖六八：明代初期的冷金紙本摺扇面
（扇面上的畫蹟是沈周（1427-1509）所作的「疏林亭子圖」）

裝飾或紀念之功能的，紅底的，或黃底的中堂與對聯，更常常是「冷金紙」。不過在摺扇之中，「冷金紙」的使用，好像並不普遍。用前舉的裴伯謙的記錄來統計，在他的五十六幅有紙質記錄的摺扇之中，冷金紙的摺扇祇有兩幅。在百分率上，兩幅不過是五十六幅的百分之二一。由此一例，大致可以看出「冷金紙」在摺扇方面的使用，是不如「泥金箋」的。

### 丙、灑金紙

所謂「灑金紙」，在性質上，與前述之「泥金」及「冷金」，都有若干相似[47]。不過灑金紙的主要特徵是黏在原紙紙面上的金，不是金箔的碎屑，而是金粉。在直覺的觀感上，這些金粉的存在，比「冷金紙」上的碎金箔，固然要細密得多，可是整個紙面上的金粉的濃度，卻要比「泥金箋」的濃度淡得多。

在紙史上，灑金紙雖不曾像「泥金紙」與「冷金紙」一樣，早在十二世紀卽被用爲書畫裝裱的用紙，但它在十五世紀的中期，已經成爲當時摺扇扇面的一種普通用紙，一如前述之泥金箋，則無可疑。譬如，在臺灣故宮博物院的藏品之中，沈周的一首七言絕句，就由他自己寫在一把灑金紙的摺扇面上(圖六九)。還有，明代中期職業畫家蔣嵩（南京人，號三松，生卒年不詳）

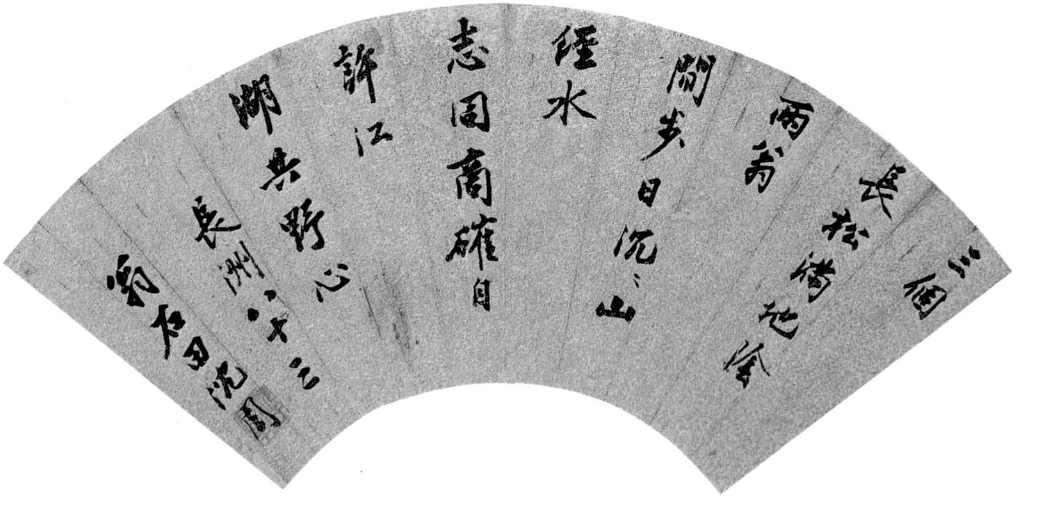

**圖六九：**明代初期的灑金紙本摺扇面
（扇面上的書蹟是沈周（1427-1509）所書的「七言絕句」）

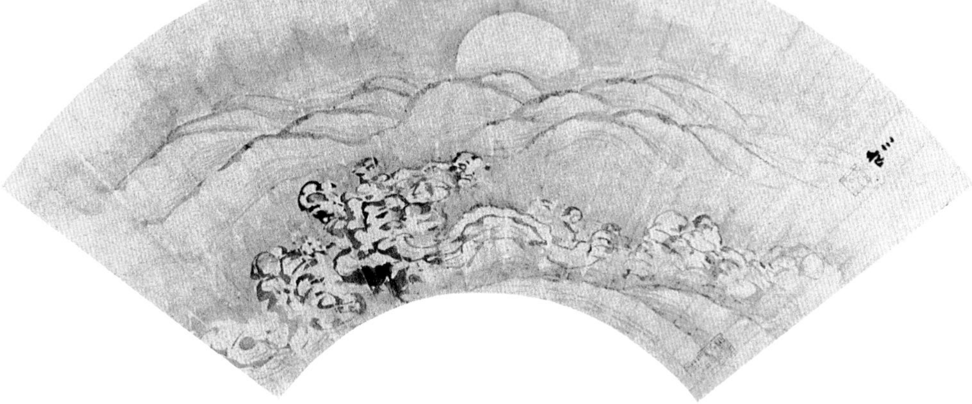

圖七〇：明代中期灑金紙本摺扇面
（扇面上的畫蹟是蔣嵩所作的「海月圖」）

的「海月圖」（圖七〇），也同樣是在冷金紙的摺扇面上畫成的。除了北京故宮博物院的藏品，一九七三年的三月，南京博物院在江蘇省吳縣之洞庭山，清理了明代許裕甫的墓葬。墓中出土了文徵明（一四七〇——一五五九）的書畫摺扇。據考訂，扇面上的倣米芾式的山水可能是文徵明在嘉靖五年（一五二六年）完成的作品[48]。值得注意的是，這件出土摺扇的扇面紙也是灑金紙。稍後，大幅的灑金紙，在十七世紀，也曾一再供給當時的藝術家，成爲揮毫寄興的書畫用紙[49]。譬如，張宏（一五七七——？）作於明熹宗天啟六年（一六二六），而現藏臺北故宮博物院的「琳宮晴雪圖」（圖七一），就畫在一張整幅的灑金箋上(紙長一三三五．四，橫四六．一公分)。

可是在清代，儘管灑金紙曾在清朝末期，卽十九世紀之末期，再度流行，但大體上，這種紙張的黃金時代已經成爲過去。怎麼知道灑金紙曾在清末一度流行呢？

譬如在爲香港藝術館所曾展出的，那一百四十四幅十九世紀末期的摺扇裏，就有四幅是灑金紙的摺扇。但在這一百四十四幅之中，泥金扇的總數是六十四幅。把這些數字相提並述的意義，是在說明泥金紙與灑金紙雖在十九世紀之末，都曾重受當時藝術家的喜愛，然而如以這兩種紙的普及程度來互相比較，泥金紙仍是比灑金紙更受歡迎的書畫用紙。

根據以上的討論，如果再配合時間的因素來觀察，在明代，「泥金」的出現最早，「灑金」稍次，「冷金」的出現最晚。易言之，金色愈濃的，出現的時間也愈早。相反的，金色愈淡的，出現的時間也愈晚，到了清代，「泥金」與「灑金」的使用，都曾在清末一度重新流行。然二者之中，又以「泥金」的普及性較大。

## 丁、附論——金花紙

事實上，在「泥金」、「灑金」與「冷金」之外，在清代，還有一種「金花紙」。所謂「金花紙」，就是在具有其他色底的紙上，用金色的白描線條，來表現龍、鳳一類之吉祥圖案的描金紙。其實，從文獻上看，遠在唐代，已有金花紙。譬如唐代的李肇就記載過唐代的「紙之妙者」，共有七種，其中一種就是金花紙[50]。李肇雖沒記載金花紙使用的時間，不過李肇的著作的著成時代，大致是在中唐憲宗的長慶時代（八二一——八二四）或者甚至更遲。所以金花紙在唐代的使用，應該不會遲於九世紀之初年。再據宋人錢易的記載，唐德宗建中二年（七八一），長安的宮女曾在金花紙上書寫佛經[51]。根據這個明確的年代，金花紙在唐代的使用，也許還可以提前到八世紀的後半期。可惜唐代的金花紙既未保存到現在，而文獻上也沒有對於所謂的「金花紙」

圖七一：明代晚期的灑金紙本繪畫（紙上的畫蹟是張宏（1577-?）在天啓六年，1626年完成的「琳宮晴雪圖」）

的說明。因此唐代金花紙上的花，究竟採用什麼圖案，現已難於明瞭。

此外，再據明代的文獻，至少在明代的萬曆時代之初期，也卽十六世紀的末期，當時的文人又曾使用過一種可以在五種不同的色紙上，描以山水的「金花紙」。這種「金花紙」上的「花」，究竟應該特指某一種花紋，還是泛指紙上的一般性的花紋，甚至連山水也可包括在內，現在由於缺乏實物作證，似乎難有明確的答案。不過，在十六世紀，除了產於江蘇的「金花紙」可以供給一部分的市場需要，金花紙的來源，似乎還要仰仗當時的高昌國[52]，亦卽現在新疆省之吐魯番的貢品。在明代的金花紙與清代的描金紙之間，究竟在製作技術上,有什麼關係,現在不能確悉。不過明代的摺扇，既未使用過由高昌國入貢的「金花紙」，而清代的摺扇，也沒用過「描金紙」。那麼，「金花紙」與「描金紙」的歷史關係，似乎可以不必在此深論。

## 二、素　紙

明、清時代的白紙，一般說來，以產於安徽的宣紙的品質最好，也最普及。但從紙質上着眼，明、清時代摺扇的用紙，至少曾有下列五種：

### 甲、素面紙

所謂「素面紙」，指在紙面上未經加工的眞正白紙。在紙面上，紙紋間隱約可見的空隙，既然不會遭受任何物質的阻擋，因此可以承受大量的墨汁，或者豐富的水墨混合體。想要在摺扇上創作水墨淋漓的潑墨畫，或者墨氣十足的隸書與楷書，不用說，素面的白紙，是最理想的紙張。藏於北京故宮博物院的，由明宣宗（本名是朱瞻基，一四二六——一四三五年在位）在宣德二年（一四二七）所畫的「松下讀書圖」（圖七二），就是在一把摺扇面上完成的作品。這把帶有明代御畫的扇面，不但在目前所知的摺扇畫蹟之中，是畫成年代最早的一件，而且扇面還是用素紙做成的。

可能由謝縉所作的「汀樹釣船圖」（圖七三，甲），現藏北京故宮博物院。此圖雖無畫家完成該作之年代的直接證據，不過畫面上有周鼎（字伯器，一四一〇——一四八七）在明憲宗成化二年（丙戌，一四六六）所題的詩。就慣例言，畫面上的題詩，常與畫家完成該作的時間，相差不遠。周鼎的題詩既在一四六六年，謝縉完成「汀樹釣船圖」的時間，應該就在這年或者稍前。所以就完成作品的年代而言，此圖可能是在時間上,僅次於明宣宗在宣德二年所畫成的「松下讀書圖」

圖七二：明代初年的素紙本摺扇面
（扇面上的畫蹟是明初宣宗朱瞻基（1399-1435）作於宣德二年（1427）的「松下讀書圖」）

圖七三（甲）：明代早期的素紙本摺扇面
（扇面上的畫蹟是謝縉在成化二年（丙戌，1466）所作的「汀樹釣船圖」。在清末民初，此件曾是龐元濟的舊藏。在構圖上，謝縉的「汀樹釣船圖」與見於圖七三（乙）的沈周「山水」非常類似）

之畫蹟。籍貫是江蘇蘇州的謝縉，字孔昭，號蘭庭生，所以他的著作就以《蘭庭集》爲名。他既有著作，又能作畫，是一位典型的文人畫家。現藏於浙江省博物館的「少陵詩意圖」，是謝縉在明成祖永樂十六年（戊戌，一四一八）爲杜瓊（一三九六——一四七四）所畫的山水畫。杜瓊不但是蘇州籍的一位文人畫家，而且與謝縉的年齡也十分接近，所以他們的交往可能很密切。用謝縉的「少陵詩意」與「汀樹釣船」這兩幅畫來比較，「少陵詩意圖」的構圖嚴謹，筆觸繁密，在風格上，與活躍於元末明初的王蒙的畫風很相近。但是由周鼎題了詩句的「汀樹釣船圖」，不但構圖輕簡，筆觸蒼勁，而且在構圖上，與沈周所作的一幅「平湖夜泛圖」（圖七三，乙），就非常類似。以此二圖爲例，可見從十五世紀的初期到十五世紀的中期，謝縉的，或者明初畫家在風格上的轉變是相當明顯的。

由陳淳畫了「牡丹」的素紙摺扇（圖七四），也是北京故宮博物院的藏品。活躍於十六世紀上半期的陳淳（一四八三——一五四四），雖然在繪畫方面，曾受文徵明的指導，不過關於他在花卉畫方面的表現，他的「鈎花點葉法」，卻是一種新技巧。可是在第七十四圖裏，牡丹與綠葉的畫法都接近傳統的沒骨畫法。這就說明這把摺扇上的畫蹟，可能是陳淳在開創了鈎花點葉畫法之前的作品，易言之，或者是他早年的，也卽十五世

**圖七三（乙）：明代早期的灑金紙本摺扇面**

（扇面上的畫蹟是沈周（1427—1509）所作的「平湖夜泛」。在清末民初，此件曾是龐元濟的舊藏。在構圖上，沈周的這幅山水畫，與見於圖七三（甲）的謝縉「汀樹釣船圖」非常類似。）

**圖七四：明代中期的素紙本摺扇面**
（扇面上的畫蹟是陳淳（1483-1544）所作的「牡丹圖」）

紀末年(或十六世紀的早年)的作品。根據這個推論,由明宣宗畫「松下讀書」到陳淳畫「牡丹」,或許說,在從十五世紀初年到十六世紀初年的這將近一百年的時間之中,用素紙來做摺扇的扇面,是相當普遍的事。

明、清時代的書畫家對於素面紙的需要,既不限於任何時期,因此在從明初到清末的這五百餘年之間,素面摺扇的使用,是從來不曾中斷過的。特別是在從康熙(一六六二——一七二一)到光緒(一八七五——一九〇八)的,即從十七世紀之後期到十九世紀末期的這兩百五十年內,更是素面紙的流行時期。以下將用現藏於北京故宮博物院的幾把摺扇爲實例,而對上述的現象,稍作解釋。第一把素紙摺扇面上的畫蹟,是髡殘(一六一二——約一六七五)的「溪閣讀書圖」(圖七五)。髡殘的生平,一向是不甚清楚的。據這把扇面上的題記,畫家不但在戊申年完成這幅畫,而且他還在這年到過武昌。用髡殘的出生之年爲定點而在長曆上檢查,他生年的前五年(一六〇八),就是戊申。這幅扇面畫既不可能完成於一六〇八年,所以唯一可能的時間就是一六〇八年以後的第一個戊申年。這一年,就是明代亡國之後的第七年,也就是清代的康熙七年(一六六八)。對於摺扇的歷史而言,完成於一六六八年的這幅畫,既可以說明素紙本摺扇的流行,而且再對髡殘個人的生平而言,也可從他在這把

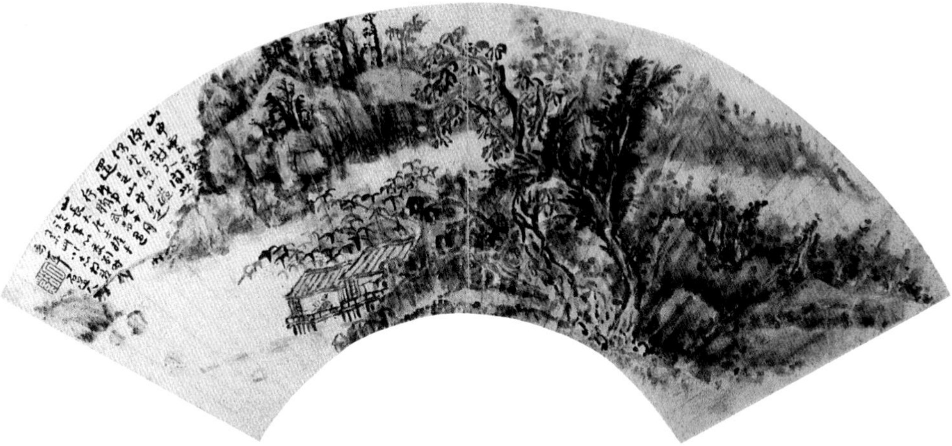

圖七五：清代初期的素紙本摺扇面
（扇面上的畫蹟是髡殘（1612-?）在康熙七年（戊申，1668）所作的「溪閣讀書圖」）

圖七六：清代初期的素紙本摺扇面
（扇面上的畫蹟是蕭晨（1633-1697?）所作的「東坡博古圖」）

摺扇面上的題記，而知道他的生活的地理，並不只限於一般人都知道的江南；至少他是曾經一度離開江南，溯江西行，而到過湖廣地區的。

第二件是蕭晨在辛亥年所畫的「東坡博古圖」（圖七六）。籍貫是江蘇揚州的蕭晨，是一位職業畫家。在文獻上，他的生卒年，一向是缺乏紀錄的。可是據蕭晨在這幅「東坡博古圖」上的題語，他不但說出這幅畫是在辛亥年畫的，而且更說他在辛亥年的年齡是「古稀有四」。所謂古稀就是七十歲，所以古稀有四就是七十四歲。在明末清初之際，祇有清初的康熙十年（一六七一）是辛亥年。畫款所說的辛亥年，應該就是康熙十年。如果蕭晨在辛亥年的年齡是七十四歲，他應該是在明神宗萬曆三十六年（一五九六）出生的。從這幅畫既可看出蕭晨在人物繪畫方面的造詣，又可獲得與蕭晨的年齡有關的資料，對清代初期的繪畫史而言，這把素紙摺扇是頗具參考價值的。

第三件是禹之鼎（一六四七——一七一六）的「早朝圖」（圖七七）。禹之鼎雖然先在康熙十九年（一六八〇）到北京去擔任中央政府的九品小官，並在次年，改任宮廷畫家，可是在他的畫蹟裏，卻從不曾透露過他在北京時期的生活情形。「早朝圖」對他在這一段時間之內的生活情形的瞭解，是頗有參考價值的資料。在畫面上，一位穿了紅衣的官員，帶著拿著燈籠的書童，在天色

圖七七：清代初期的素紙本摺扇面
（扇面上的畫蹟是禹之鼎（1647-?）所作的「早朝圖」）

未明的晨曦之中緩步前進。黃色的屋頂與高聳的樓閣，代表紅衣官員要去上朝的宮廷。根據這幅畫的內容，那位紅衣官員似乎正是他自己的寫照。易言之，禹之鼎在北京擔任政府官員的時候，恐怕是要在每一個清晨去參加早朝的。

第四件是惲壽平（一六三三——一六九〇）的「罌粟花圖」（圖七八）。這幅畫雖然只有畫家的名款而沒有完成此畫的年款，但從畫風上看，大致是他中年的作品，也即是十七世紀下半期的作品。在此時期，惲壽平的繪畫興趣剛由山水畫轉到花卉畫；特別是沒有墨筆之使用的「沒骨」花卉畫。由於罌粟花的花色艷麗，很適合用沒骨的畫法來描畫，所以這幅「罌粟花圖」正是以沒骨的方式畫成的。大約在兩百年之後，發生於中國與英國之間的「鴉片戰爭」（一八四〇——一八四二），就是由於英國在我國廣東強行推銷鴉片，受到兩廣總督林則徐的禁止而引起的。所謂鴉片（opium）就是利用罌粟花花莖之流汁提鍊而成的毒品。不過根據中國的醫書《本草》，只要不多吃，罌粟非但無害，還是具有安神止痛之功效的一種醫材。在十七世紀的中期，國人既然還沒染上吸食鴉片的惡習，所以惲壽平就因爲罌粟花的花色艷麗而把它選作寫生的對象。

第五件是高其佩（一六七二——一七三四）的「春柳煙靄圖」（圖七九）。明代末年，滿人先後設立正黃、正白、正紅、正藍與鑲黃、鑲白、鑲紅、與鑲藍等八旗，每旗除可各自統領軍隊，也兼管行政與生產。滿人立國，建立清代，把鑲黃、正白、與正黃等三旗，劃分爲上三旗，成爲由天子直接統領的直屬親軍。其他五旗，劃爲下五旗，地位稍差。後來清代政府又按照滿人制度而成立漢人八旗兵與蒙古八旗兵。高其佩的原籍雖是山東，不過高家是在明代末年就從山東移

**圖七八：**清初初期的素紙本摺扇面

（扇面上的畫蹟是惲壽平（1633-1690）所作的「罌粟花圖」。在清代後期，此圖曾是孔廣陶的舊藏）

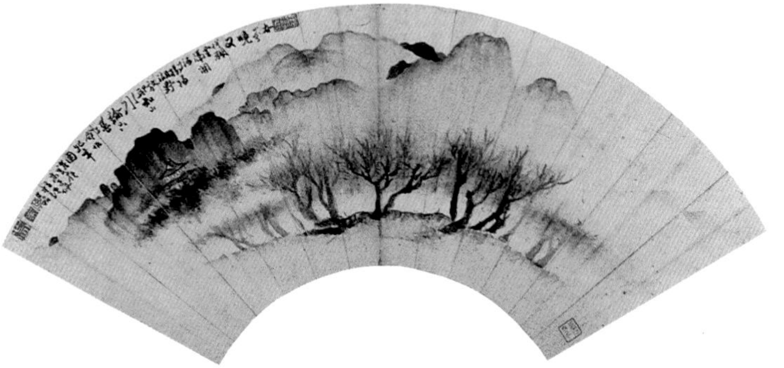

圖七九：清代初期的素紙本摺扇面
（扇面上的畫蹟是高其佩（1672-1734）用手指所作的「春柳煙靄圖」）

民到遼寧鐵嶺去的。到高其佩的時代，高家在鐵嶺，已經過了好幾代，因此高其佩的籍貫不但已經從山東的高密改成遼寧的鐵嶺，而且由於他的祖父已被編入漢軍的鑲黃旗，所以高其佩的社會地位，是一位鑲黃旗人的畫家。這樣的身份，與一般漢族畫家的身份，是有分別的。在繪畫方面，高其佩的畫完全用手指蘸墨而完成，與一般畫家用筆做畫的方式不同。據他的題記，這幅「春柳煙靄圖」就是用手指在一幅素紙摺扇面上畫成的。

根據以上所舉這五個實例，可見從十七世紀下半期到十八世紀前半期，當時的畫家，不論是漢族、還是滿族，是職業畫家、還是非職業畫家，都常在素紙的摺扇面上做畫。在這段時間之內，素紙摺扇似乎比金紙摺扇的使用更普遍。從十八世紀前半期到十九世紀末期，素紙摺扇的使用情形，大致仍未改變。要說明這一點，可用下舉的七件摺扇畫蹟爲實例加以說明。

第一件是金農（一六八七——一七六三）的「叢蘭圖」（圖八〇）。在清代中期的乾隆時代，有不少文人畫家，因爲揚州富商的購買力高，於是不約而同的集中在揚州，成爲當地的職業畫家。當時因爲這些畫家的畫風與主題，甚至在畫上的題識，都比較新奇，所以把他們統稱爲「揚州八怪」。金農就是這八怪裏的一個成員。在「叢蘭圖」裏，他的蘭花是用雙鈎的方法畫出來的。在術語上，這種畫法，叫做白描。在中國畫史上，白描畫法一向是很少有人使用的。此外，他所寫的方方正正的，術語是漆書的字，以及表現在題記中的文句，也都經常與眾不同。譬如在這幅畫裏，他所題的文句：「蘭，香祖也。在幽林綿谷中不出也。既不出也，卽三徵、六聘，亦不出也。其眞肥遯之高士乎？」一共只有四句，除了

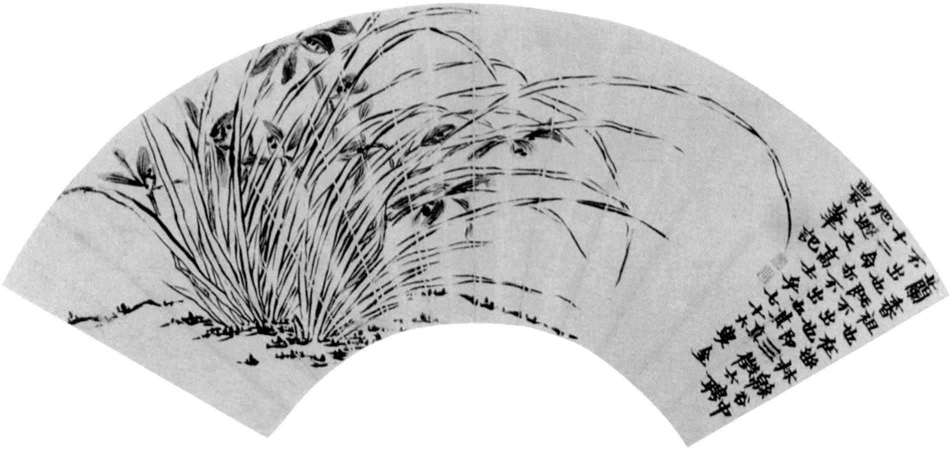

圖八〇：清代中期的素紙本摺扇面
（摺扇面上的畫蹟是金農在乾隆二十七年（1761）所作的「叢蘭圖」）

最後一句的一個字，用了乎字，其他三句的最後一字，都用了也字。在感覺上，這樣的文體就很怪。在這幅畫上，金農自稱七十六叟，用他的出生年代來推算，「叢蘭圖」應該是他在乾隆二十七年（一七六二）的作品。由這幅扇面上的白描畫法、漆書、與文體奇特的題記，正可以說明金農何以會在他的生前，是曾被稱爲怪的。

第二件是現藏於四川省重慶博物館的羅聘

圖八一：清代中期的素紙摺扇面
（扇面上的畫蹟，是羅聘（1733-1797）在乾隆五十五年（1790）所作的「蘭竹圖」）

（一七三三——一七九七）的「蘭竹圖」（圖八一）。籍貫是安徽歙縣的這位畫家，雖然是金農的學生，不過由於他的成就高，所以居然能與他的老師齊名而同爲「揚州八怪」的成員。這幅「蘭竹圖」是在乾隆五十五年（一七九〇）爲小松畫的。小松就是黃易，下面在討論色紙的時候還會提到他。在這年，金農雖已去世十八年，可是他的白描畫法，在當時，恐怕還是受人喜愛的。所以在這幅「蘭竹圖」裏，羅聘的叢蘭，正與金農在「叢蘭圖」裏所使用的畫法一樣，也是用白描畫法完成的。

第三件是由翁方綱（一七三三——一八一八）寫在素紙摺扇面上的「題畫詩」（圖八二）。籍貫是北京的翁方綱，不但由於考中進士，官至大學士，而且後來又幾次擔任考選進士的考官。在乾隆時代，他是當時的名士。在這首詩的後面，寫有「壬戌仲冬」的年款。壬戌年既是嘉慶七年（一八〇二），可見這把素紙摺扇應該是十九世紀初年的產物。

第四件是趙之謙（一八二九——一八八四）的「菠蘿圖」（圖八三）。這位籍貫是浙江紹興的書畫家，在他前半生的，曾經在他二十二歲（一八五〇）、二十六到二十七歲（一八五四——一八五五）、以及三十一到三十二年（一八五九——一八六〇），三次住在杭州。他的後半生（一八六一——一八八四），因爲不是住在北京

**圖八二：**清代中期的素紙本摺扇面

（摺扇面上的書法是翁方綱在嘉慶七年（1803）所寫的「題畫詩」）

圖八三：清代末期的素紙本摺扇花卉畫
（扇面上的畫蹟是趙之謙（1829–1884）所作的「菠蘿圖」）

就是住在江西，所以再沒到過杭州。據他的題語，這幅「菠蘿圖」，不但是一幅「佳作」，而且還是在杭州畫的。可見這幅畫的畫成時代，應在一八五〇年到一八六〇年之間。如果金農與羅聘的雙鈎叢竹，由於使用了白描畫法而具有古典之美，趙之謙的淡彩菠蘿，雖然着墨不多，卻具有高度的寫實精神。用現代的術語來說，如果要把這樣的作品，稱爲中國繪畫裏的靜物寫生，也是當之無愧的。

第五件是任薰（一八三五——一八九三）的「婕妤擋熊圖」（圖八四）。所謂婕妤，是在漢武帝時爲他的後宮所設立的一種女官。官位相當於政府裏的上卿，爵位相當於列侯。在漢代的建昭時代（公元前三八年——三四年），有一次，漢元帝曾到養獸場去看野獸互鬥。可是有一隻熊突然離開了現場而想爬上漢元帝所坐的地方。元帝的身旁雖有身份比婕妤要高的傅昭儀，可是她已被熊嚇得逃走。這時候，祇有馮婕妤趕緊走過去，站在漢元帝前面；用她自己的身體去擋住來勢兇兇的野熊。熊被格殺以後，漢元帝對馮婕妤就更加敬重了。後來這件事情不但被班固在《漢書》裏加以記載，就在晉代，當張華（二三二——三〇〇）爲宮女們寫《女史箴》，也把這件事重提了一次。跟着，在東晉時代，著名的畫家顧愷之(三四五？——四〇六？)爲《女史箴》作揷圖而完成「女史箴圖」一卷（目前收藏在英國倫敦的大英博物館裏）。在這卷畫裏，顧愷之也表現了馮婕妤以身擋熊的場面。在任薰所畫的素紙本摺扇裏，穿紅衫的中心人物是馮婕妤，穿黃衫伸臂而逃的是傅昭儀。值得注意是，在這個畫面裏，漢元帝已被省略了。

圖八四：清代末期的素紙本摺扇面
（扇面上的畫蹟是任薰（1835-1893）所作的「婕妤擋熊圖」）

圖八五：清代末期的素紙本摺扇面
（摺扇面上的畫蹟是任頤（1839-1895）所作的「仕女圖」）

圖八六：清代末期的絹本紈扇
（扇面上的畫蹟是任伯年作於光緒十五年（己丑，1889）的「高士賞秋圖」）

第六件是任頤（一八三九——一八九五）的「仕女圖」（圖八五）。任頤，字伯年，他與「婕妤擋熊圖」的作者任薰都是浙江蕭山人。任頤小時很窮，他在繪畫方面的造詣，是由於任薰的指導與培養而得到的。他後來成爲以上海爲中心的海派繪畫的領導人，無論是聲名還是財富，都超過了任薰，眞是青出於藍了。大體上，從光緒十五年（一八八九）開始，直到他逝前一、二年，他在人物畫方面，不但經常大量使用石綠，而且也把染了石綠的景物，放在畫面上比較顯著的位置。這幅「紈扇人物圖」（圖八六），就是他在一八八九年己丑完成的作品。在該圖中，染了石綠的樹葉，不但色彩鮮艷，而且樹的位置，正在畫面中央。在這幅「仕女圖」裏，把棕梠樹安排在畫面中央的方式，與在「紈扇人物圖」裏把染了石綠的樹葉，安排在畫面中央的方式，是一樣的。所以這幅「仕女圖」的畫成年代，大概也在從一八八九到一八九二或一八九三年這幾年之間。

第七件是吳穀祥（一八四八——一九〇三）的「桃源圖」（圖八七）。東晉時代的隱士陶潛（三六五——四二七），是《桃花源記》的作者。這篇文章的特徵是不祇文字幽美，而且也強調了隱逸的思想。《桃花源記》描寫一個漁人乘着小船到了一條兩岸都開着桃花的小河。在小河的盡頭，是一個山洞。漁人在捨舟入洞以後，發現了一片豁然開朗的新天地。住在那裏的人，因爲與外界完全隔絕，對於現代的社會與政治是一無所知的。漁人從山洞出來，想與別人再去尋找這個山洞，卻怎麼樣也找不到了。時代較遠的畫蹟暫時不必列舉。從明代開始，文徵明與文嘉父子二人就畫過六件以「桃源別境」、「桃源問津」、或「桃源仙境」爲名的長卷。與文徵明齊名的仇英也畫過「桃源仙境」圖卷。此外，在美

**圖八七：**清代末期的素紙本摺扇面
（扇面上的畫蹟是吳穀祥（1848-1903）所作的「桃源圖」）

國的收藏之中，克利夫蘭美術館既藏有石銳的一幅「武陵桃源圖」，而華盛頓的佛利爾美術館也藏有清初道濟的「桃源圖」小卷。這樣說，在中國文學史上，《桃花源記》固然是一篇相當重要的散文，就從中國藝術史的立場觀察，《桃花源記》也是經常被畫家加以描繪的主題。所以到光緒十八年（壬辰，一八九二），吳穀祥在素紙摺扇面上畫「桃源圖」的時候，這個主題，因爲屢見不鮮，已經沒有創意了。

在以上所舉由金農、羅聘、翁方綱、趙之謙、任薰、任頤、與吳穀祥等七人所作的書畫，都是在素紙本的摺扇面上完成的。由吳穀祥的「桃源圖」上所題的年代（光緒十八年，壬辰，一八九二）來看，他作畫的時間，距離中華民國的成立，相隔不過祇有二十年。由吳穀祥這幅帶有年代的作品，可以說明素紙本的摺扇面，直到清代末年，還是常用的。

其實不祇在清末，就在民國初年，素紙本摺扇，也依然盛行。要證實這一點，以下兩件摺扇畫，是值得注意的。第一件是陳衡恪的「紫茄玉米圖」（圖八八）。籍貫是江西修水的陳衡恪，字師曾（一八七六——一九二三），是近代中國藝術史上一位相當重要的畫家，可惜他英年早逝，病死時祇有四十八歲。他所畫的茄子與玉米，不但能對弧形的扇面空間，作最適當的使用，而且色彩的對比，濃淡得宜。據畫家自己的題語，這

**圖八八：** 近代的素紙本摺扇面
（摺扇面上的畫蹟是陳衡恪（1876-1923） 所作的「蔬果圖」）

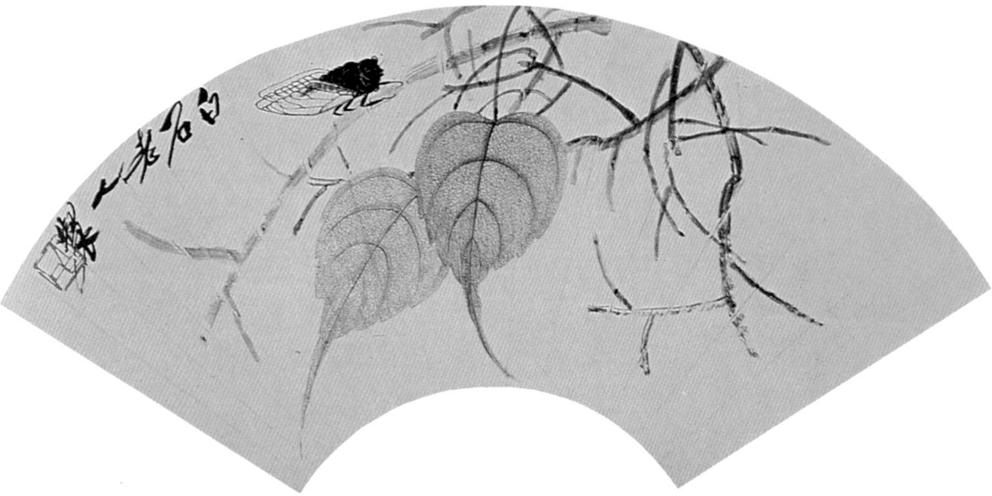

圖八九：近代的素紙本摺扇面
(摺扇面上的畫蹟是齊白石 (1863-1957) 所作的「秋蟬圖」)

幅畫是作於戊午年的(民國八年，一九一九)。此圖作畫的時間雖然稍遲，由於題材的類型相同，它與趙之謙的「菠蘿圖」，是前後輝映的靜物寫生之佳作。

第二件是齊璜，字白石（一八六三——一九五七）的「秋蟬圖」（圖八九）。籍貫是湖南湘潭的齊璜，在清代末年就到了北京，首先住在佛寺裏。他雖想賣畫爲生，可是生活始終潦倒。後來就是由於陳衡恪的携助，齊白石才逐漸成名，終於成爲中國近代繪畫史上最重要的畫家之一。這幅「秋蟬圖」大概是他在民國二十年（一九三一）左右的作品。

## 乙、鏡面箋

所謂「鏡面箋」，顧名思義不難由「鏡面」二字而想見其紙面之光滑晶瑩的特徵。在明代文人的著作裏，還有一種「卵紙」，據說也是「光滑如鏡面」的[33]。從這種紙的光滑的特徵來推想，「卵紙」可能就是「鏡面箋」的別名。不過也許由於「鏡面」二字，特別能够說明紙面的光滑的性能，所以在中國書畫史的專門用語之中，「鏡面箋」雖然是個普通的特有名詞，「卵紙」卻不是十分常見的。

再從中國的紙史上着眼，在第九與第十世紀之際，以現在的南京爲國都的江南小國南唐（九三七——九七五），曾經製造過一種著名的「澄心堂紙」。在文獻上，這種紙張不但「堅潔如玉」，而且也「光潤如箔」[34]。所謂「箔」，應該是銀箔的簡稱。由箔所代表的正是「光滑」與「澤潤」。所以從北宋立國以來，一直到明朝（也卽在從十世紀到十七世紀中期爲止的這七百餘年之間），南唐的澄心堂紙，一直是好古之士欲得之而後快的一種文物。明代的鏡面箋，也許正是爲了迎合這些文人的嗜古的心理，再摹倣南唐的舊紙而特別製造的一種新澄心堂紙。

唐代的書法家，曾經使用過一種黃蠟箋[35]。此紙既以黃蠟爲名，可見不但紙色黃，紙面上還有蠟的加工。這種黃蠟的來源，雖須另考，但中國西南各地，頗產一種白蠟。如把這種白蠟施之於紙，紙面原有的色澤與質地，不但絲毫不變，而且更能增加光潤與晶瑩的外觀[36]。如用明末的文獻來作證明，「鏡面箋」的紙面是非常光滑的。據說筆與紙面一經接觸，筆鋒就會產生倒退的現象。所以，不是眞正能够掌握筆墨之使用的書法家，是不敢在「鏡面箋」上貿然寫作書畫的[37]。南唐的「澄心堂紙」與明代的「鏡面箋」，是否曾以西南的透明白蠟施於紙面，現在還有待更進一步的研究。不過，「鏡面箋」既然光滑得能使筆鋒倒退，紙面上卽使不曾施用白蠟，也必敷有一層性能與白蠟十分相近的其他的物質。易言之，「鏡面箋」的紙面曾經過加工，似乎是可以斷言的。

至於「鏡面箋」的使用，從文獻上考察，可能始用於明初的宣德時期（一四二六——一四三五）[38]，亦卽始用於十五世紀的中期。不過在當時，「鏡面箋」似乎祇是一種裝裱書畫的紙張。大概要到十六世紀中期以後，「鏡面箋」才由裝裱用紙變成書畫用紙。譬如在明代，在喜歡在泥金扇面上寫作書畫的文人圈內，祝允明（一四六〇——一五二六）的草書是頗負時譽的。而祝允明就曾在「鏡面箋」上留下不少的作品。稍後，在明末，卽在十六世紀後半期與十七世紀的前半期，當時的著名書畫家董其昌（一五五五——一六三六），對「鏡面箋」就特別喜愛[39]。可是從實物上觀察，「鏡面箋」很少當作摺扇的扇面紙來使用。可能因爲鏡面箋的紙質太好，用來當做需要不時開合的摺扇之扇面紙，是未免可惜的。不過事實上，用鏡面箋來做摺扇的扇面紙，並非完全沒有實例。譬如在一九二〇年代，曾爲裘伯謙所收藏的一幅清初摺扇面，就是用鏡面箋做成的。寫在扇上的，是廣東詩人梁佩蘭（一六二九——一七〇五）的小楷書法[40]。如果這幅用明代的鏡面箋做成的摺扇，今猶在世，無論在扇史上或在紙史上，都是彌足珍貴的一件樣本。

## 丙、礬面紙

所謂「礬面紙」，顧名思義，是指在紙面上染過礬水的白紙。紙張既施礬水，在紙面上，那些隱現可見的紙紋之間的空隙，就被礬與水的混合體所塡塞。因此，礬紙的紙面就會產生類似於「鏡面箋」的，紙面光滑得能使筆觸倒退的反效果。易言之，如在礬面紙上寫作書畫，其筆的運動的速度，因爲受到乾涸的礬水的阻擋，比在未染礬水之素面紙上的筆的運動速度，要緩慢得多。筆的運動既慢，所以既不能攜帶大量的墨汁，也不能攜帶豐富的水墨混合體。卽使強施大量的濃墨於礬紙，其紙面既不能迅速的吸收墨汁，大量的墨汁祇能堆積在紙面；這些墨汁是要經過一個比較長的時期，才會自乾的。這種自乾的積墨，就墨色言，既不受書畫家的控制，所以一旦發生，就只能視爲一種缺陷了。

基於這個特性，用礬紙來寫作寫意式的潑墨畫，或者寫作需墨較多的隸書與楷書，都不是合適的紙張。另一方面，如果想在白紙上寫作工筆式的人物或花鳥畫，或者需墨量較少的小楷，礬紙卻是十分理想的書畫用紙。

關於礬紙的使用時代，從實物上看，這種在紙面上另行加工的紙張，大致與灑金紙一樣，也是從明代的中期；亦卽十六世紀的中期，才開始出現的。此外，在扇史上，直到十九世紀末葉的清代末期，用礬紙所作的摺扇，既然屢見不鮮，就在目前，它還是很受歡迎的一種書畫用紙。

## 丁、有色素紙

明、清時代的摺扇，就紙張而言，不是金紙，就是白紙。用有金色以外的色紙所製成的摺扇，在數量上，是很少見的。但在文獻上，明末文人楊愼（一四八八——一五五九）曾在一把用淡碧色紙所製成的摺扇上，既畫桃花一枝，又寫了一首「送余學官歸羅江」的詩[六一]。可惜這把摺扇的下落，現已難明了。

其實，如用歷史的眼光來回顧，具有多種顏色的紙張，與中國學者的文人生活，曾經一度是密切相關的。首先，遠在南北朝時代的梁朝（五〇二——五五七），當時的書法家曾在五種顏色不同的紙張上[六二]，寫下自己的詩篇，然後把這五張色紙，裱爲一大幅；再捲起來，成爲一大卷。在唐代立國以前，一個這樣的紙卷，就是一部書。一部書究竟應該用一卷紙或幾卷紙來書寫，是要根據書的內容的長短來決定的[六三]。每一張顏色不同的紙，在性質上，就代表一部書的一個獨立的篇章。一個手卷裏如有五種不同的色紙，那就是一部共有五卷的大書。根據這一瞭解，在第七世紀以前，爲了區別卷數，中國的手寫本的古書，常常是色彩繽紛的。就實際言，目前保存在日本奈良之正倉院裏的，唐人手寫本《王子安集》長卷（圖九〇），就是一部抄寫在白、茶、黃、褐、紅、綠、灰、縹等八種顏色不同之色紙上的初唐詩人王勃的詩集[64]。在臺灣故宮博物院的藏品之中，唐代顏眞卿（七〇九——七八四）的「劉中使帖」（圖九一），也是寫在一幅淺藍色的紙上的名蹟[65]。

此外，再就十七世紀的文獻來觀察，在初唐時期，歐陽詢（五五七——六四一）與虞世南（五五八——六三八）的一些書法，以及中唐時期的顏眞卿的某些書法，其紙都有微紅的色底[66]。時代再遲一點，元初吳全節的書蹟，以及元末倪瓚（一三〇一——一三七四）的書蹟之用紙，又各爲青色與綠色[67]。這幾件書法既與書籍的內容完全無關，可見從第七世紀的前半期開始，當時的文人已把從南北朝時代開始使用的有色紙，從書籍的抄寫方面，轉移到書法方面去，成爲純供藝術創作的一種紙張。這種風氣，一直到十四

**圖九〇：**唐代王勃《王子安集》的唐代手寫本
（寫在由八種色紙連接而成的長卷上）

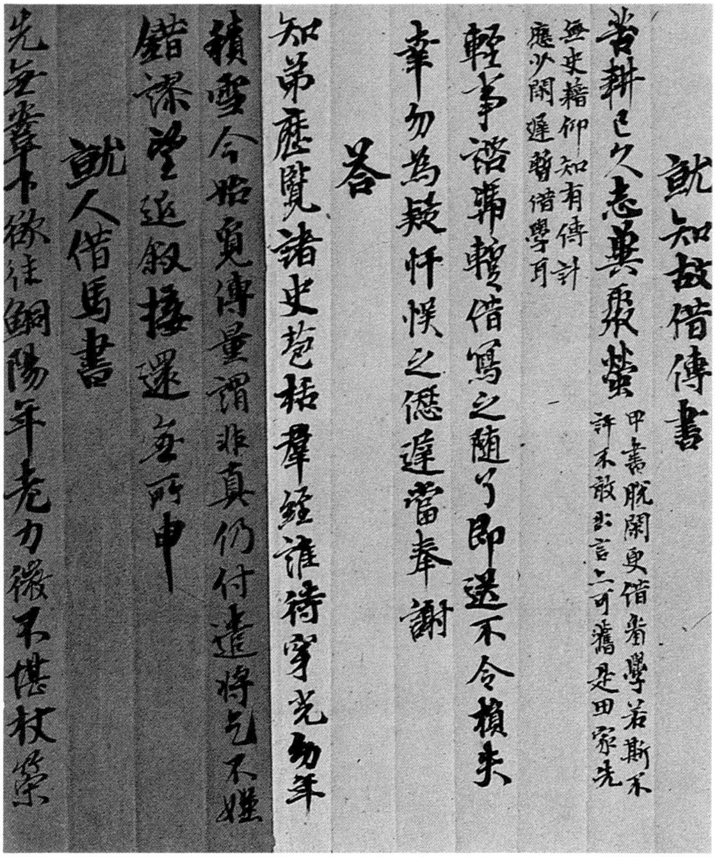

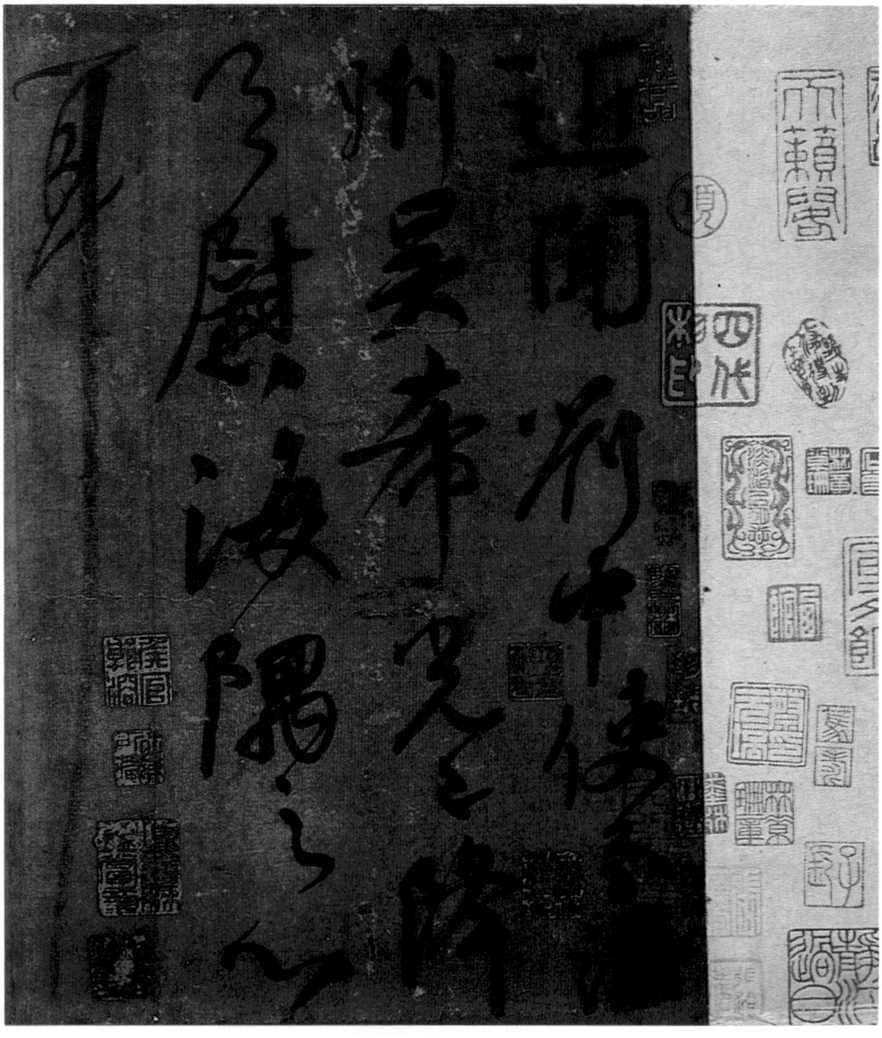

圖九一：唐代顏眞卿的一封信
（因爲信提到劉中使，所以收藏家把此信裏稱爲「劉中使帖」。是寫在藍色紙上的）

世紀的前半期，仍在賡續中。兩百年以後，卽在十六世紀的末期的明代中期，在當時普遍使用泥金摺扇的潮流之下，楊愼能在以淡碧色紙所製成的摺扇之上，加以揮毫，寫作書畫，使得他的作品不但更爲別緻，而且也顯得古意盎然。

色紙既有淡綠色，也可有淺藍色。在淸代中期，由黃易（一七四四——一八○二）用隸書所寫的三首王士禛的詩，就寫在一把淺藍色紙本的摺扇面上（圖九二）。如果色紙裏的淡綠色與初唐時代的紙色有關（奈良正倉院裏的《王子安集》有綠色紙），這種淺藍的有色紙，也許與盛唐時代的紙色有關（故宮博物院的「劉中使帖」用藍色紙）。由楊慎在淡綠色紙本摺扇上所寫的書法既然無法再見，由黃易在淺藍色紙本摺扇上所寫的書法，豈不彌足珍貴嗎？

根據記載，明代的四川，曾經製造過一種「貢扇」㊅。扇子本來是一種民間的手工藝品。各地扇子的不同，大概在材料的異別之外，主要是由於地方色彩的不同。川扇既稱「貢扇」，推想在製造方面，必是另有成就的。前人對於四川的

圖九二：清代中期的色紙本摺扇面
（扇面上的書法是黃易（1744-1802） 書「杜甫南池詩」）

「貢扇」之特徵，雖然沒有詳細的描述，不過，在明末清初的那一階段，當時的文人似乎承認川扇的特徵是「以底著」[69]。這三個字的確義雖然費解，不過，或者可以瞭解為對川扇的紙地之美好的一種讚許。再配合曾經一度擁有楊慎那把綠紙摺扇之收藏家的記載來看，這把扇子不但是紙色淡碧，而且紙面也「光澤如油」[70]。「貢扇」在四川的製作地點，過去雖無記錄，但在近代的史料中，「貢紙」的扇紙之產地是彭縣，其地在四川省之西部。就紙質言，彭縣所產的紙，「輕細柔薄」，當然是供給紙扇製造的上好材料。可惜就連近代的史料對於「貢扇」扇紙的顏色，也沒加以注意[71]。所以，對於四川的紙扇的扇紙顏色，除了淡碧色以外，不知是否尚有其他顏色。所謂碧，常是綠的代稱。在元末，倪瓚的詩經常寫在綠色紙上，已如前述。楊慎的川扇的紙色既是淡綠，看來四川對於有色紙的製造，在色彩的選擇上，是有其歷史背景存在的。

綜合上引，四川「貢扇」的特徵，至少有三點：甲、扇紙有色，乙、紙質「輕細柔薄」，丙、紙面「光澤如油」。第一個特徵既有其歷史性的背景，大致可以視為古風之延續。第二個特徵也許與造紙的原料有關。宋代以前的紙的原料，以麻、藤、樹皮等類為多[72]。大概到北宋中期的第十世紀，竹紙才比較通行[73]。到了明代，竹已取代麻、藤、與樹皮而成為造紙的最重要的原料[74]。川紙的「輕細柔薄」大概與造紙是密切相關的。至於第三個特徵，看來似乎又與明代書法家嗜用「鏡面紙」的風氣，不無關係。此外，如從地域性的觀點來考察，可使紙面光滑的，一為唐人所曾用的黃蠟，一為西南諸省所特有的白蠟。四川既為中國西南區的富庶的省分，「貢扇」扇面的「光澤如油」的特徵，或者正是由於使用了白蠟的效果。

總之，在目前可見的明、清摺扇之中，就其用紙而言，幾乎不是金紙（泥金、灑金、冷金），就是白紙（素面、鏡面、磬面）。採用有色紙製成的摺扇，現在是否尚見流傳，似乎應該是各方亟需深入調查的急務。用有色紙做成的摺扇既然如此稀少，這一事實大概足可說明，在明代，四川的「貢扇」，除了曾經貢入明宮內廷以外，就在當時的民間，已經是十分罕見的。

可以在此附帶一提的，是四川的紙扇的近況。「貢扇」從何時起停止入貢，不得而知，但在二十世紀，四川紙扇的製作水準，大不如前，卻是無可諱言的。目前在四川流行的，是一種粗糙的油紙摺扇。紙面上先印一些民間的木刻畫，繼而施以顏色鮮豔的大紅大綠，與民間的一般木刻版畫，具有同一個格調。施色以後，紙面上還要再塗一層油。紙上加油是增加扇的耐久性，「甚至遇到雨水也不要緊」[75]。在紙面上加油的現代的川扇，雖可視為明代「貢扇」製作的，舊傳統的賡續，然而紙質粗糙，紙的本身也沒有顏色，完全不是「貢扇」的舊有面目了。

## 戊、黑紙

色紙裏的最後一種，是黑紙。在目前常可於市上買到的摺扇之中，有一種扇子的扇面是用黑色厚紙做成的。扇上經常附有以白色或金色完成的書畫。其實這種黑色紙扇的使用，不但用現存的實物為例，而可以追溯到民國初年或一九三〇年代（圖九三），而且根據近年的考古發掘，更可以追溯到明代的中期。一九五五年十二月，考古學家不但在甘肅省的蘭州市發現並發掘了彭澤夫婦的合葬墓，而且還在彭澤妻子的木棺中，發現了八把摺扇。「每四把成一束，外部似原有一盛囊，扇質已朽，不能分開，扇長三十三公分，柄端圓形。扇面黑紙灑金，腐朽已甚，手觸成灰。」[26]據《明史》，彭澤卒於一五二二年（嘉靖元年），亦即十六世紀的初期[27]。在此時期，灑金紙正在開始普及，已如前述。所以，在彭澤之妻的棺內所發現的陪葬摺扇，才能在黑紙上採用灑金的方法，而使普通的黑紙轉變成比較高級的書畫紙。

英國劍橋大學（Cambridge University）的費茲威廉博物館（The Fitzwilliam Museum）藏有一把日本的黑紙摺扇（圖九四），扇面上有十八世紀之狩野派畫家所畫的「蒼鷹圖」。十八世紀的前二十三年（一七〇〇——一七二三）是清代康熙時代的最後二十四年，後面的十三年（一七二三——一七三五）是雍正時代，跟着的六十年（一七三六——一七九五）是清代的盛世——乾隆時代，十八世紀最後的四年（一七九六——一七九九），已進入嘉慶時代的初年。在這幾個時期，黑紙摺扇的使用，雖不能說是流行，至少可說相當普遍。可是在日本的十八世紀，黑紙摺扇的使用卻並不普遍。這把由狩野派畫家畫了海邊蒼鷹的黑紙摺扇，也許與乾隆時代的中國文化，是多少有點關係的。

目前，在大眾化的摺扇裏，黑紙扇的使用，仍然相當普遍。這種紙畫的主要產地是浙江省的杭州。在當地，王星記扇莊是製作這種紙扇的主要來源。浙江省的紹興縣，雖然也有一家王星記扇莊，而且也以製作黑紙摺扇出名，可是在產量上，卻以杭州王星記的產品較多。除了浙江，四川省的遂川，也有黑紙摺扇的製作。然而在產量上，遂川黑紙摺扇的產量就更少了。

## 三、明清時代的入口紙

明、清時代的入口紙，就地域論，除了前面已經提過的高昌國的「金紙」以外，至少還有東

**圖九三：**民國初年的黑紙本摺扇面
（扇面上的畫蹟是溥忻在民國二十八年（己卯1939）所作的「山水圖」）

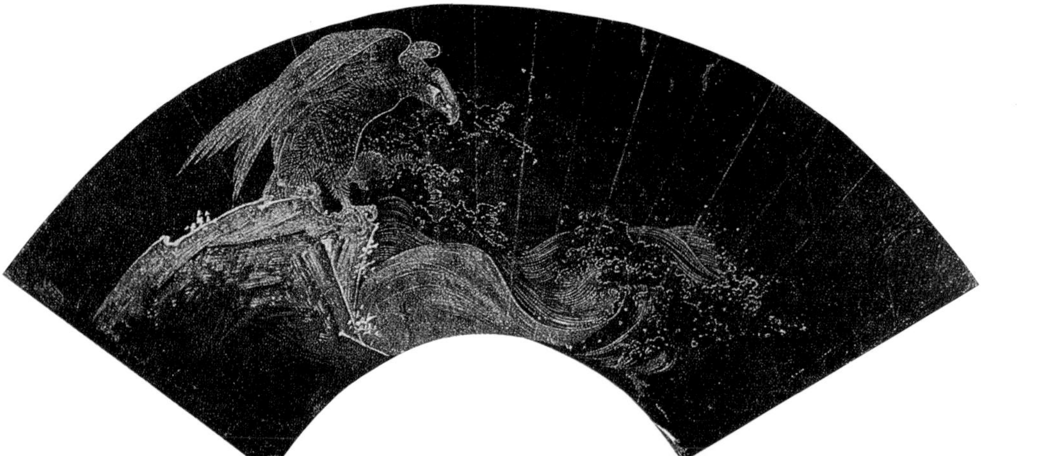

**圖九四：**十八世紀的日本黑紙本摺扇面
（摺扇面上的畫蹟是日本狩野派畫家所作的「蒼鷹圖」）

亞其他三國的舶來品：日本的「松皮紙」，琉球的「圍屏紙」、「護壽紙」與「紫霞紙」[76]，以及朝鮮的「側理紙」、「蠻紙」與「鏡面箋」。

在入口的異域紙張之中，遠在南宋理宗的寶慶時代（一二二五——一二二七），日本的五色紙已經行銷於浙江省沿海的四明（卽今之寧波）一帶[79]。可是在文獻中，除了地方性的方志之外，這種五色紙不見於中國的其他記述。想來，在十三世紀的三〇年代，日本的入口紙，似乎不曾引起中國文人廣泛的注意。到了明代，十七世紀的若干著述雖曾提到日本的「松皮紙」[80]，但從日本史料上觀察，「松皮紙」似乎並不是日本最好的紙張。譬如從十五世紀以來，在日本比較著名的紙，是美濃紙、鳥子紙、山口紙、德地紙、和檀紙[81]，這些可供書畫之用的紙張，都不見於中國的文獻。可見直到明代末年（亦卽直到十七世紀中期爲止），中國的文人們，對於日本的紙張，並沒有正確與完整的觀念。

琉球的「圍屏紙」的原有用途爲何，在中國文獻裏，似乎未有記述。但用中國人的審美觀念去衡量，這種舶來品似乎並不是書畫用紙，而是上等的糊牆紙或糊窗紙。至於琉球的「護壽紙」與「紫霞紙」，其名雖美，但在中國，既亦罕有如何使用的記錄，看來也不是可供摺扇製造的用紙。對於這幾種入口紙，以下都不再述。因此，在日本的、琉球的、與高昌的入口紙以外，在明、淸時代所可見到的異域風物之中，在紙張方面，就祇有由當時稱爲朝鮮和現在稱爲韓國的那方面所入口的幾種書畫用紙。

### 甲、側理紙

所謂「側理」，是指紙面上的橫紋[82]。「側理」本是在晉代（二六四——四一九）由南越入貢的一種古紙，在當時，這種紙是專門供給「硬帖摺本」使用的一種入口紙[83]。側理紙的造紙原料是苔[84]，苔的纖維十分微弱，不像是合適的造紙原料。因此，明人所說的「海苔」，很像是對海中植物的泛稱。可是包括海帶在內的海中植物的纖維很長，應該正是適合造紙的好原料。在明代末葉，當時的書畫大家董其昌雖很欣賞朝鮮的「側理紙」[85]，不過，在明朝，這種入口紙似乎不曾使用到摺扇的扇面紙。

### 乙、鏡面箋

據兩種十七世紀中葉的記載[86]，朝鮮的「鏡面箋」有兩種特徵：第一，這種入口的鏡面箋，和中國自製的鏡面箋一樣，具有光滑如鏡，筆不能留的特徵。第二，紙的厚度大於一個漢代的「五銖錢」。所以明代文人使用這種入口紙，常把每一厚張揭成兩個薄張。自從西漢武帝元狩五年(一一一八)首鑄「五銖錢」以來，這種銅幣的使用，前後歷時數百餘年。所鑄既多，大小也不完全一致。在厚度方面，其尺度更是罕有記錄。所幸現可根據近年的考古發掘報告而得知漢代「五銖錢」的厚度大致在〇・一至〇・〇五公分之間[87]。如果朝鮮的「鏡面箋」的厚度大於〇・一公分，亦卽大於漢代五銖錢的最大的厚度，則由朝鮮「鏡面箋」一分爲二的，每一張較薄的入口紙，其厚度似乎仍在〇・〇五公分左右。就一般情況而論，中國的書畫用紙的厚度大概是在〇・〇一公分左右。所以在未被分揭爲二之前的朝鮮鏡面箋的厚度，相當於十張中國自製的書畫用紙。這麼大的厚度是相當驚人的。

看來，在十六到十七世紀之間，中、韓兩國的「鏡面箋」，除了厚度不同之外，其光澤滑潤的特徵，似無迥異。所以在東亞的造紙史上，究竟是明代的中國造紙術滲進了朝鮮的造紙術的影響，還是朝鮮的造紙術應是中國造紙術的別支？對於這一困惑，恐怕還應該是今後科學技術史上加強研究的課題。

在明末，董其昌對於由朝鮮傳來的「側理紙」十分欣賞，已如前述。但就現存的董氏書畫遺蹟看來，他在由朝鮮入口的另一種紙張上所完成的書畫作品，似乎爲數更多[88]。此外，比董其昌的活動時期早出不祇一百年的書法家祝允明，也在這種入口紙上留下不少墨蹟。不過在與中國書畫著錄有關的若干資料中，卻常把由祝允明與董其昌所使用過的朝鮮入口紙，稱爲「高麗紙」[89]。如從現在尙存的「高麗紙」來觀察，其紙固然厚度甚大，可是紙面大都散佈著一些細微如髮的海苔。所以在中國書畫史的慣用語中，這種高麗紙也常稱爲「高麗髮箋」。這種紙的紙面上既有若干髮狀的海苔，紙面是絕難光滑如鏡的。看來由朝鮮傳入中國的書畫用紙至少有兩種：紙面光滑的是「鏡面箋」，這種入口紙，在明代，曾經一度是摺扇的用紙。至於在紙面散佈著苔髮的「高麗紙」，雖然可供書畫寫作之用，但與摺扇的製造，卻是毫無關連的。此外，朝鮮的「側理紙」之造紙原料既爲海苔，而在「高麗髮箋」的紙面上，也常有零亂的苔髮，也許朝鮮的「側理紙」與「髮箋」，就是同一種紙。它們只是由於記載的不同，以致名稱也各自迥異而已。

## 丙、鷄林紙與蠻紙

除了上述的「側理紙」、「鏡面箋」，以及「高麗髮箋」，在明代以前，在由韓國傳來的異域風物之中，還有兩種常見的入口紙。一種是「鷄林紙」，一種是「蠻紙」。在地理上，韓國與中國東北區的吉林省接鄰。而「鷄林」卻曾是吉林的古名[90]。由於從韓國入口的紙張，在輸入中國的路途上，需要經過吉林，所以竟把這種入口紙訛稱爲「鶏林紙」。根據這個觀察，把韓國紙視爲國產紙，是由於這種入口紙的名稱的改變。至於「蠻紙」，顧名思義，當然不是國產紙。

在使用的功用上，「鶏林紙」雖曾偶被宋代的文人直接用來作爲印刷書籍的印書紙(九一)，可是，也許由於「蠻紙」的質料稍差，所以常常用來當作夾在印書紙中間的襯頁紙(九二)。到了明代，「蠻紙」雖然照常入口，不過在當時，卻又改稱爲「一蠻紙」(九三)。想來宋人所記載的「蠻紙」與明人所記載的「一蠻紙」，大概就是同一種紙。「蠻」與「一蠻」之間的一字之別，或許祇是由於在把韓國的名詞翻譯成中國名詞的過程之中，由於語音的訛誤，所產生的區別。

從明人的記載裏考察，朝鮮的「一蠻紙」與日本的「松皮紙」的原料，都是蠶繭(九四)。日、韓兩地的造紙術雖然皆自中國傳去，但是利用蠶繭來造紙，卻顯然不是中國的本色(九五)。繭紙的特性是堅靱而有彈力，這一特性與堅靱而厚的「鏡面箋」是十分相近的。在明代，由韓國入口的「鏡面箋」，雖曾被使用爲摺扇的扇面紙，不過「鶏林紙」與「蠻紙」，卻從來不曾使用到摺扇上去。大概這兩種韓國紙既在宋代已被使用到書籍印刷方面去，所以，在明代也並不把它們作爲摺扇的用紙。

## (四) 扇骨與扇墜

就一般情況而論，摺扇的扇骨雖然常以厚竹片做成，可是比較講究的摺扇，大多是在扇骨的表面上附有雕刻的。扇紙的兩面既可分別創作書畫、與鈐蓋印章，而在扇骨上又有雕刻，所以摺扇實在可以視爲一件綜合中國的詩文、書法、繪畫、篆刻、與雕刻於一體的綜合性袖珍藝術品。

### 一、扇骨

在摺扇的發展史上，它既從十五世紀的中期開始流行於當時的社會，扇骨上的雕刻，也就在十五世紀的中期開始出現。因爲扇骨上的雕刻，固然是由於某些竹刻家的興趣之所在，但從經濟的眼光來分析，也未嘗不可說是爲了迎合一般文人的需要才應時而生的。可惜在過去，像附在摺扇的竹骨上的這種「迷你」雕刻，並不很受重視，因此，不但在文獻上，這些竹刻家的姓名和生平，往往缺乏記錄，就是他們的作品，也常常沒能保存下來。目前想對摺扇竹骨的各種雕刻重作精密的研究，無論是就實物還是就文獻而言，都不是十分容易進行的。

不過，根據一些零碎的資料，最早的扇骨雕刻家，似乎是活躍於由成化（一四六五——一四八七）到弘治（一四八八——一四九五）之間，亦即是十五世紀之後半期的三十年內[96]。在這段時期之內，江蘇的南京與蘇州，先後發展成兩個竹刻藝術的中心。在南京方面活動的竹刻家兼製扇家，至少有李昭、李贊、與蔣誠等三人[97]。在蘇州方面活動的製扇家，似乎出自當地的方家。可惜這位竹刻家的名字是沒有記載的[98]。此外，還有馬勳，也是一位製扇的名手。他的姓名雖然倖得保存，可是他的籍貫，卻又是沒有記錄的[99]。可見這些竹刻家的姓名與籍貫，在過去，是很少有人眞正留心的。否則，在文獻上，與這幾位竹刻家有關的資料，應該詳細得多。

就製作而言，據說由李昭完成的摺扇扇骨的末端是尖的，但由馬勳完成的摺扇，其扇骨的末端是圓的。此外，本名已經失傳的蘇州方家所製作的扇骨的末端，卻又是方的。活動於十六世紀中期的重要畫家文徵明，在籍貫上，是離蘇州不遠的長洲人。他是除了方家的方底竹骨扇以外，絕對不在尖底的，或圓底的竹骨扇上寫作書畫的[100]。從製作的眼光來回顧，李昭的尖底、馬勳的圓底、以及方家的方底，不用說，是三個不同的類型，易言之，也就是這三位竹刻家在摺扇的製作方面，具有不同的風格。現在如果能够重新發現這三家的摺扇竹骨，對於明代中期的扇骨製作，甚至扇骨雕刻的瞭解，一定是極有幫助的。可是誰知道什麼時候才能發現李昭的、馬勳的、或者蘇州方家的摺扇竹骨呢？

時間稍後，到明代的正德時代（一五〇六——一五二一），亦即十六世紀的早期，另一位蘇州籍的竹刻家——劉永暉，在摺扇的竹骨製造方面，是以他的濶板竹骨而稱著的。根據後人對他的竹骨的兩種不同的評語——「渾堅」、「精緻」與「瑣細」來推測，他的扇骨可能是附有雕刻的。「渾堅」是形容他的扇骨的質地之樸實，而「精緻」與「瑣細」必然是形容濶板竹骨上的雕刻的微妙。如果劉永暉的竹骨上沒有雕刻，只用「渾堅」兩字，意思已經很清楚，是用不着用「精緻」與「瑣細」和「渾堅」相提並述的。可惜劉永暉的竹扇製作法，早在十七世紀的早期，已經失傳了[101]。

在十七世紀的前半期，劉永暉的時代已成爲過去。所幸在當時，原來複姓濮陽，以後卻改姓爲濮的濮陽仲謙，又已接踵而起，成爲另一位著名的竹刻家。從文獻上看，濮陽仲謙的籍貫，是相當混亂的。據第一種，他是江蘇的南京人[102]。據第二種，他是江蘇的蘇州人[103]。據第三種，他是安徽的當塗人。當塗與南京相距不遠，也許當塗就是南京的訛誤。雖然蘇州與南京都在江蘇，而且相距不足百里，不過畢竟並非一地。值得注意的是，蘇州與南京同爲江蘇省的兩大城市。用一個廣義的地理性的眼光來觀察，濮陽仲謙仍然是一位江蘇省籍的竹刻家。

他製作竹器的特徵是，一切被刻的器物（包括扇骨在內），一定要用水來磨平。濮陽仲謙的水磨竹刻，向來極少傳世。天津市藝術博物館在近年所得到的兩件摺扇扇股竹刻，在目前，可能是他僅存的作品。第一件扇骨邊寬二公分，股長三十一公分，圓腳的扇骨共十六股。一根邊骨刻了「雪滿山中高士臥，月明林下美人來」的七言詩句，另一根邊骨除刻梅花一枝，還刻有用行書完成的「壬戌仲秋月制　仲謙」的邊款，和用篆書完成的，印文是「可登」二字的陰文方印。第二件扇骨的邊寬也是二公分，股長卻是三二．三公分。扇骨方腳，共十六股。邊骨之一上刻盛開的水仙花一簇，下刻「月明階下窗紗薄，多少清香透入來」的七言詩句。邊骨之二除用行書刻成「壬戌秋八月製　仲謙」的邊款，和用篆書刻成的「可登」陰文方印，又刻有蘭花一叢（見圖九五）。用清初的資料來推算，濮陽仲謙應該生於明神宗萬曆十年（一五八二）(二四)。摺扇扇股竹刻的壬戌年，應該相當於明熹宗天啟二年（一六二二）。在壬戌年，濮陽仲謙的年齡是四十一歲，當時正是他從事藝術創作的黃金時代。

在與濮陽仲謙大約同時的，比較著名的製扇家或扇骨雕刻家，是李耀(字文甫)。在籍貫上他與百餘年前的李昭和李贇一樣，也是南京人(二五)。在藝術主題方面，他的扇骨作品是以竹刻花草出名的。在李耀以外，還有蔣誠（號蘇臺，俗稱蔣三）和沈少樓，他們在明代末年，也都以扇骨雕刻著名(二六)。沈少樓所刻的扇骨，每把能賣到白銀一兩，蔣誠所刻的，更要賣到白銀三兩或四兩。在明代，一位職位是正九品的官員的每一個月的薪水，不過是白銀三兩四錢六分(二七)。而由蔣誠所刻的摺扇扇骨之市價，幾乎能與一位正九品官員的月薪相等，難怪就在當時，他已有「扇妖」的外號。可惜李耀、蔣誠、與沈少樓的作品，似乎也未能流傳至今。大概到目前爲止，在明代的扇史上曾經留有姓名的製扇家，就只有以上所提到的這十幾人了。就籍貫、姓名、與大致的活動時代都已可知的幾位竹刻家而言，大致從十五世紀的後期開始，一直到十七世紀的前期，在這一百多年之中，著名的製扇家兼扇骨雕刻家，如果不是南京人，就是蘇州人。易言之，在從明代中期到晚期的這個階段之內，南京與蘇州，似乎曾經形成兩個重要的製扇之手工藝中心。

事實上，在明代，除了南京籍的與蘇州籍的江蘇竹刻家之外，還有另一批相當重要的竹刻家，活躍於浙江省的嘉定區域(二八)。可是就實物而論，嘉定竹刻家的興趣似乎與江蘇的竹刻家的興趣，是頗不相同的。大體上，嘉定的竹刻家的雕刻對象，是筆筒、竹根、印章一類具有立體感的材料，對於像扇骨之類的平面雕刻，他們是

（甲）

（乙）

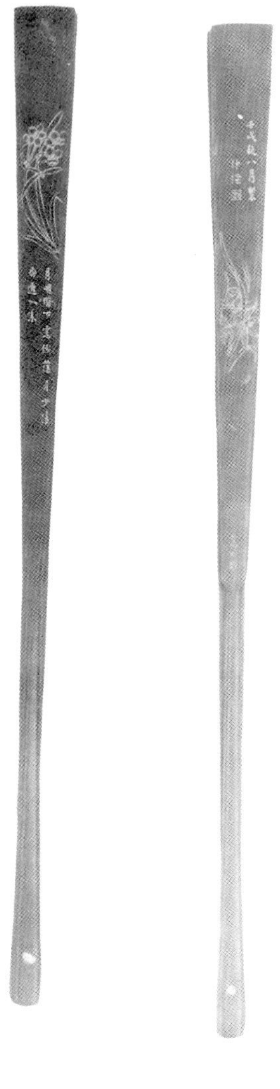

（丙）

圖九五（甲）：明代後期濮仲謙所刻摺扇骨竹刻之一
圖九五（乙）：明代後期濮仲謙所刻摺扇骨竹刻之二
圖九五（丙）：這是圖九五（甲）與（乙）竹骨上濮仲謙所刻印文是「可登」的印章

極少注意的。也正因爲如此，懸在扇柄上的扇墜——一塊面積雖小，卻完全是立體性的物體，就很自然的成爲浙江籍竹刻家願意加以雕鑿的對象㉙。相反的，江蘇籍的竹刻家的注意力既然祇在平面性的扇邊竹骨，對於扇墜上的立體雕刻，他們似乎是不加揷手的。

除了江蘇與浙江，明代的其他各省，對於無論是扇骨上的，或者是扇墜上的，細微的雕刻，幾乎是從不問津的。看來，從明代中期開始，以迄明末，也卽從十五世紀中期開始，以迄十七世紀之中期，在這兩百年間，當時的扇骨雕刻，一直是一項由江蘇竹刻家所囊括的小品藝術。浙江的竹刻家的興趣，則偏重在扇墜方面。

清代雖與現處之二十世紀距離較近，但是在文獻上，似乎與竹刻家有關的記載，比明代更爲貧乏。大致說來，在從清初到清代中期的這一百多年之間，在文獻上，扇骨的雕刻，似乎是沒有記錄的。要到乾隆時期（一七三六——一七九五），曾經中斷的扇骨雕刻才又逐漸發展起來。在乾隆初期與嘉慶時代（一七九六——一八二〇），也卽在十八世紀之末期與十九世紀之初期，浙江新昌籍的潘西鳳，是比較突出的竹刻家。在當時，以江蘇的揚州作爲活動中心的，是一批大半都不是揚州籍的，不熱中於名利，卻各有抱負的藝術家。這些藝術家普通是以「揚州八怪」的總稱來代表的。八怪的中堅分子是一般都稱爲鄭板橋的鄭燮（一六九三——一七六五）。據說鄭燮不但曾經與潘西鳳合作，而且也在摺扇的扇骨上創作花卉。再就鄭燮自己的詩集裏來觀察，他有一首詩是爲潘西鳳而作的㉚。在此詩題的小序裏，鄭燮認爲潘西鳳是濮陽仲謙之後第一位了不起的竹刻家㉛。可見鄭燮對於潘西鳳的評價的確是相當高的。濮陽仲謙在萬曆十年所刻的扇骨雖尚存於天津，可惜潘西鳳在乾隆時期所刻的扇骨，現在卻難見了。

到道光時代（一八二一——一八五〇），亦卽十九世紀之中期，比較著名的竹刻家是文鼎（一七六六——一八五二）。文鼎的籍貫是浙江秀水㉜。既然潘西鳳與文鼎都是浙江籍的竹刻家，可見至少到十九世紀，當時的浙江竹刻家，已經打破十六與十七世紀之浙江竹刻家不在扇骨上從事雕刻的那個慣例。相反的現象是，在十六與十七世紀以製扇或扇骨雕刻著名的江蘇籍的竹刻家，到十九世紀，反而顯得人才凋零。

再晚一點，到了咸豐（一八五一——一八六一）與同治（一八六二——一八七四）時代，卽十九世紀之後期，浙江籍的蔡照是最出色的竹刻家。在此時期，任熊（字渭長，一八二〇——一八五七）是當代最重要的畫家。籍貫上，任熊與蔡照都是浙江的蕭山人。任熊雖曾遠遊上海，而且英年早逝，但他生前大都定居蕭山。在故鄉，他與蔡照是私交頗篤的。所以由一八五三年起，直到任熊因病而死，蔡照不但曾把任熊的四種人物畫蹟，逐一刻成畫譜㉓，同時又把任熊的其他小品之作一百幅，分刻在一百把摺扇的邊骨之上。據說這些扇骨畫的畫題十分廣泛；花卉、山水、仕女、佛像等等，無所不具㉔。這一批竹骨雕刻雖然散佚已久，不過蔡照的時代距今不遠，也許他的扇骨竹刻，是仍舊可以尋訪的。

比任熊的活動時代稍晚一點的，是晚清時代的全能藝術家趙之謙（一八二九——一八八四）。這位籍出浙江紹興的文人，不但兼工書法、繪畫與印章篆刻，而且在金石研究方面，也頗有成就。此外，就竹刻藝術而論，趙之謙也是能手。他自己既然如此多才多藝，所以刻在他的摺扇邊骨上的平面竹刻，如果不是他自己的書法（圖九六），就是他自己的小品畫蹟。在扇竹雕刻史上，趙之謙恐怕是第一個能夠在扇骨上，把自己的詩文或繪畫加以雕刻的藝術家㉕。比趙之謙的活動時代還要晚的浙江竹刻家，是天台籍的方絜。據說附在他的扇骨上的種種竹刻，也完全是根據他自己的畫稿，或自己的書法而完成的㉖。看來，趙之謙在扇骨上自畫自刻的創作態度，對他的同鄉是曾產生若干影響的。方絜的自畫自刻，豈不可以視為趙之謙的創作精神之擴張嗎？

最後，活動於十九世紀之後期的廣東竹刻家，也應該約略一提。在清末，潮州籍的韓潮，可以算為廣東竹刻家的一個代表。據說韓潮不但能在

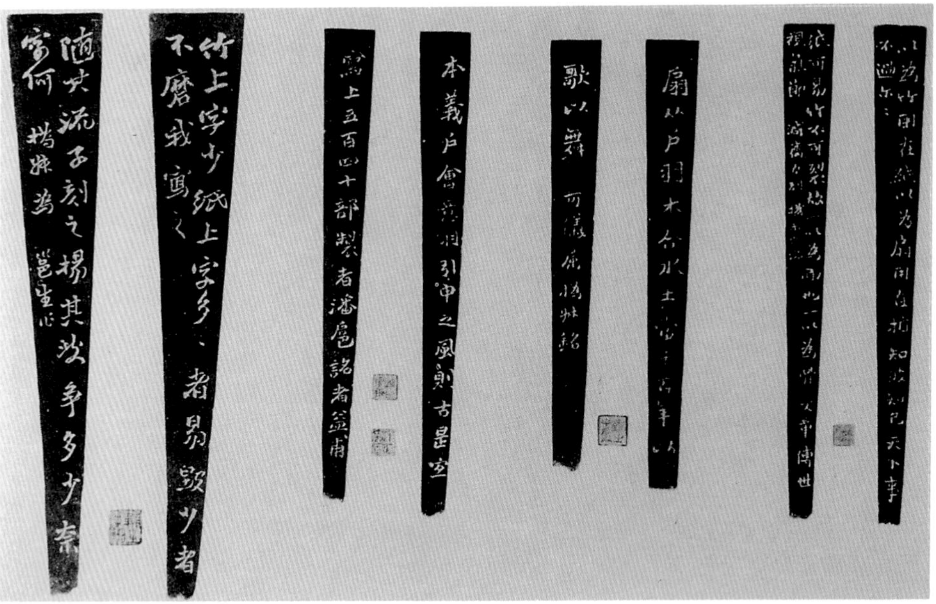

**圖九六：** 清末趙之謙（1829—1884）在摺扇竹骨上的竹刻

竹扇的扇骨上，使用不同的書法；通常是楷書或行書（雖然他摹倣古代銅器上的銘刻的金文，是更著名的），刻出幾百個小字，而且每個字也都是「圓轉自如」的㊂。韓潮的時代,距今不遠,而且在香港的華人社會裏，潮州人士也不在少數。香港藝術館如果願意苦心搜求，相信韓潮的扇骨竹刻，應該是可以找得到的。

到二十世紀，江蘇與浙江的竹刻藝術已經衰退，廣東的潮州也始終未能將扇骨的竹刻藝術發揚光大。從實物與文獻上看，在二十世紀的三〇年代，當時的北京，既在無形之中，薈萃了全國各方面的傳統藝術，而成爲當時的文化與藝術的中心，就連摺扇邊骨的雕刻，似乎也不例外。從技法上觀察，當時的北京扇骨雕刻，大致有兩個不同的派別：

第一派是「陽文皮雕」。所謂「陽文」，本來是印章篆刻方面的一個術語；凡是突起於平底之上的線條，都稱爲「陽文」。在印章上，陽文是凸起的書法線條。在扇骨雕刻方面，除了凸起的線條之外，在竹骨上高起的平面，也是陽文。不過這些陽文，完全利用竹的表皮來完成。不需要的竹的表皮因被竹刀刻去，所以要利用竹肉，做爲高起部份的平底。這種刻法，遠在明代，已經開始（圖三一，乙）。在第二次世界大戰之前的北平，當時從事於「陽文皮雕」的重要竹刻家是高心泉與張志愚，較年輕的是王竹歷。技法上，王竹歷是張志愚的傳人。他也是相當成功的陽文皮雕竹刻家（圖九七，甲）㊅。

與高心泉和張志愚同時的白鐸齋，在刻法上，卻又另有蹊徑。他的竹刻雖然大體上採用「陽文皮雕」法，可是以他的作品來觀察，他經常把整個扇骨的竹皮刻去，應該突起的竹皮部分，他是用竹肉來表示的。也正因爲如此，在他的作品之中，竹皮固然要完全被鏟除，就是竹肉也要刻成高低不平的兩部分。高起的竹肉表示凸出的陽文部分，平的竹肉才代表原來應有的平底。如果把張志愚與白鐸齋的「陽文皮雕」竹刻互相比較，張志愚的作品應該算是眞正的「陽文皮雕」，在竹肉上留下一部分突起的竹皮,工作比較簡單。在技術上，白鐸齋的作品本來是沒有專稱的，不過爲了敍述的方便，他的刻法也許可以稱爲「陽文肉雕」，竹皮盡去，在平底的竹肉上，又突現若干陽文的竹肉。這樣的工作是比較繁重的（圖九七，乙）。

第二派是「雙刀深刻」。這也是從印章篆刻裏蛻變而成的一種竹刻法。所謂「雙刀深刻」，是指扇骨上的雕刻，無論是字的，還是畫的輪廓與線條，形象的每一部分，不但都要深刻到竹肉裏去，而且在刻的過程中，每一線條的完成，只能用刀兩次。所以「雙刀深刻」是一種非常需要決定性的刻竹法。如果「陽文皮雕」可以當作繪畫裏的工筆畫來看待，「雙刀深刻」就應該與繪畫

（丙）

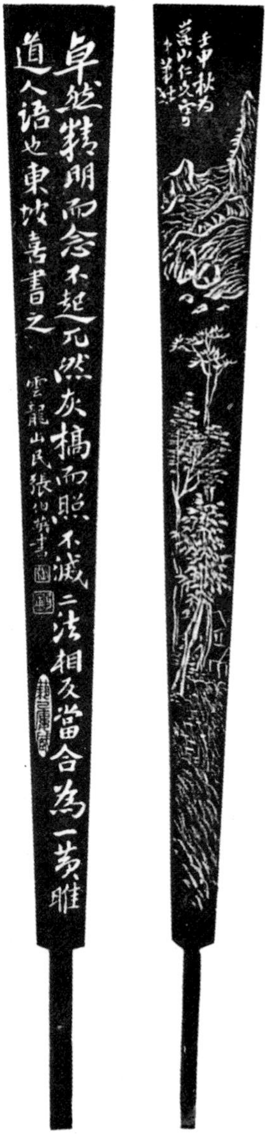

（乙）

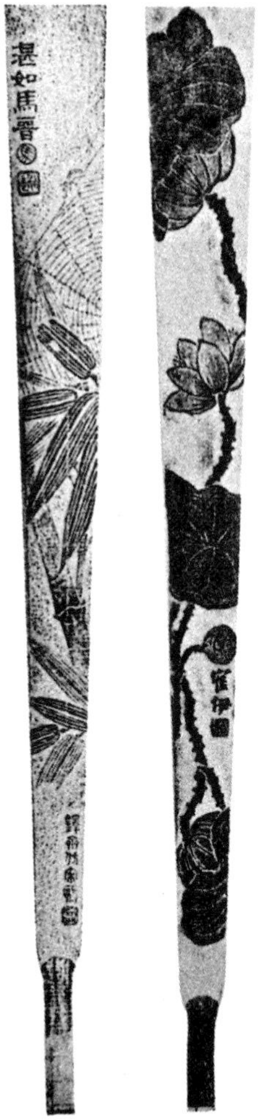

（甲）

圖九七（甲）：近代張志恩作陽文皮雕沙地扇骨
圖九七（乙）：近代白鐸齋作陽文皮雕沙地扇骨
圖九七（丙）：近代張志恩雙刀深刻扇骨

裏的寫意派相當。在一九三〇年代的北京，張志愚的「雙刀深刻」是最享聲名的(圖九七，丙)。除此以外，據說白鐸齋也能在一柄扇竹骨上刻一篇《波羅蜜心經》，這種精巧的雕刻與十九世紀末期的韓潮的竹刻藝術，可說不相上下。可惜現在也難求實物做證了。

綜合以上所論，扇骨雕刻是從十五世紀開始發展起來的，摺扇竹骨的一項附屬藝術。它的發展的時代背景，是由於摺扇的逐漸普及。到十七世紀爲止，扇骨雕刻的中心，似乎一直是江蘇，特別是南京與蘇州兩地。到十九世紀，江蘇的扇骨竹刻漸衰，但在浙江，這一類的雕刻家反而人才輩出。到十九世紀之末期，這種竹刻藝術，曾經傳播到廣東。到了二十世紀的三〇年代，江蘇、浙江與廣東的竹刻藝術都已衰退。只有在當時的北京，還有不少以扇骨雕刻而著稱的藝術家。可是他們的作品，現在也已逐漸稀少難見了。

## 二、扇　墜

扇墜，大致是指附在扇柄上的小型裝飾物。從文獻上看，扇柄上附以飾物的歷史是相當早的。《禮記》卷九在「明堂」篇曾說：

「夏后氏之龍簨虡，殷之崇牙，周之璧翣。」

所謂「翣」，據唐人孔穎達的解釋，就是扇。關於「周之璧翣」這句話，漢代的儒學家、鄭玄在爲《禮記》所寫的注解裏說：「畫繒爲翣，戴以璧，垂五彩羽其下。」根據鄭玄、與孔穎達的解釋，在周代，可以把畫了畫的絹來做一把扇子。扇子下面附帶一塊璧（圓而中空的玉），璧上再附帶一點色彩繽紛的羽毛。這樣看，周代的扇子不但有扇墜，而且還有兩種扇墜，比較重要的是用玉做的璧，比較次要的是附在璧上的各色羽毛。可是後代的扇墜，卻既不用璧，也不用彩羽。不過用玉刻成其他圖案的扇墜，從宋到清，還是有所使用的。

明代以前的紈扇扇面現在雖尙可見，可是在扇柄上懸掛扇墜，究竟起源於何時，由於缺乏實物爲證，似乎難以決定。如果從文獻上看，至少在南宋初期的宋高宗時代，已有扇墜的使用。要說明這一點，田汝成在明朝嘉靖二十六年（一五四七）以後所寫的一段記錄是頗有參考價值的。根據田汝成的記錄，有一次，宋高宗宴請大臣，看見張俊的扇子懸有一隻圖案是一個小孩子的扇墜。高宗辨認出來，這個扇墜是懸在他十年前因爲落水而遺失的那把扇子上面的扇墜，於是他就問張俊，這個扇墜是從那裏來的。張俊說「是從一家鋪子裏買來的。」再派人去問那家鋪子的老闆，老闆說是跟一個提着籃子賣東西的人買來的。再把這個人找來問訊，他說「扇墜是跟陳家的廚師太太買來的。」最後再問廚師太太，她說，

「有一天，我殺了一條黃花魚，就在魚肚子裏發現了這隻刻成小孩子的玉扇墜。」宋高宗因爲失物復得，非常高興，除把舖子老闆與提籃賣貨的那個人都封了一個小官，又對廚師太太也封了一個名號。對於張俊，更賞賜了不少東西㉙。

根據這段記錄，在南宋高宗時代（一一二八——一一六二），當時的扇子是有扇墜的。田汝成雖然記錄了宋高宗的扇墜的圖案是個小孩、扇墜的質料是一塊玉、也記錄了這件扇墜的失而復得的複雜的經過，可是他卻忘了記載時間。不過根據《宋史》裏的記載，紹興十三年（一一四三），宋高宗曾在張俊的住宅裏「就第賜宴」。紹興二十一年（一一五一），宋高宗又曾再到張俊的住宅去過一次，不過這一次，高宗并未再賜宴㉚。看來由田汝成所記載的，由於宋高宗宴請大臣而發現了他已失的扇墜的這件事，可能就發生在一一四三年。這樣，在時間上，高宗失扇的年代，應在一一三三年。如果張俊參加御宴的時間早於一一三三年，高宗失扇的時間也就早於一一三三年。無論如何，以田汝成的這段記載爲證，使用扇墜的時間，可以上推到南宋之初期，也卽十二世紀的前半期，應該是無可疑的。

明、清兩代的扇墜，大體上，都採用比較名貴的質料，例如在動物方面的，既有犀牛的角，也有大象的牙。而在植物方面，既有中國自產的紫檀木，也有由其他地域入口的香料木材。明末的浙江雕刻家們，最喜歡在這些材料上施展他們細膩的刻工。在動物與植物方面的材料以外，在礦物方面，水晶也是常用的材料，譬如在明代初年，籍貫是浙江錢塘的小說家瞿佑（一三四一——一四二七），寫成《剪燈新話》四卷。在收於此書卷二的「渭塘奇遇記」裏，瞿佑記述了一位姿狀甚美的王生，因爲收租路過渭塘，而與一位酒家的女兒相愛的故事。當那位多情的女郎把她的紫金碧甸戒指送給了王生，王生也從他的扇柄上，解下水晶雙魚扇墜作爲回禮㉛。這個故事雖然發生在元代末年順帝的至順時代（一三三〇——一三三二），可是《剪燈新話》卻是在明代初年太祖的洪武十一年（一三七八）才寫成的。看來用水晶來做扇墜，如果不是在元代末年開始的，至少應該是在明代初年開始的㉜。

一九八四年八月，江蘇省無錫市的三個考古單位，在無錫縣甘露鄉彩橋村的東蕭塘聯合發掘了明代華師伊夫婦的合葬墓。據從該墓中所得到的墓志來推算，華師伊生於明世宗嘉靖四十五年，卒於明神宗萬曆四十七年（一五六六——一六一九）。他死時，正是明代的晚年。在華師伊的墓裏，一共發現了七把殘破的，用灑金紙製成的摺扇。其中一把附有長方形的玉扇墜一塊。扇墜的一面刻了瞪目豎耳的虎紋。另一面刻了用篆書寫成的「戒」字㉝。綜合《剪燈新話》裏的記載與一九八四年的考古資料，從廿四世紀末年的明初，到十七世紀初年的明末，用玉製做摺扇扇墜的風氣，似乎一直是盛行不衰的。

臺灣故宮博物院藏有原在清宮之內使用的若干宮扇。其中一把，稱爲「彩繡嵌珠寶翠玉花蝶紈扇」（圖九八，甲）。扇面的質料是素絹，形狀是接近橢圓形的十二邊形。扇墜分爲三部份；最上面的是碧玉磬、最下面的是碧玉靈芝，第三部份是用粉色碧璽所做的兩條金魚（圖九八，乙）。用前舉明初瞿佑在「渭塘奇遇記」裏所記述的水晶雙魚扇墜來印證，用雙魚作爲扇墜的圖案，在從明代到清末的這七百年之間，一直是深受喜愛的。可是像宋高宗曾經使用過的玉孩兒扇墜，至少直到明清時代，還是罕見的。

除了水晶，琥珀似乎也是製造扇墜的好材料。不過，在礦物中，最常用的材料還是玉。這個風氣是在明代開始㉓，然後再延長到清代的。用玉作扇墜，有多種不同的原因：

第一，玉的質地，比較堅硬。扇既是取涼的

圖九八（甲）：清代末期的絹本宮用紈扇
（扇身兩面皆有彩繡「花蝶圖」。扇柄爲白玉質，上嵌翠玉及碧璽。扇骨嵌有碧玉、碧璽、綠料、及珍珠）

圖九八（乙）：
清代末期宮用紈扇之扇墜
（扇墜共有三部份，上爲碧玉磬，中爲粉紅色碧璽雙魚，下爲翠玉靈芝）

工具，必是時常揮動的。揮動之中，常會衝撞他物。如果扇墜的質地不堅，可能會因他物的衝撞而受損，甚至破裂。可是玉的硬度較大，如果用玉作扇墜，也就相對的減小了受損的機會。第二，玉是佩玉。在古代，玉是君子的象徵㉕。所以當時的人是常常需要在身上佩玉的。到明、清時代，佩玉的風氣雖已不存，但基於禮教的傳統，一般人對玉的喜愛依然不改。如果用玉作扇墜，在手執紈扇或摺扇之際，在感覺上，多少還帶有一些君子佩玉的古風。在心理上，也就增加幾分快慰。何況玉質扇墜的本身已是一件有玩賞價值的藝術品呢？至於玉扇墜的形像，大致上是無所不備的。譬如在清代末年寫成的蘇州彈詞裏，就有一個「玉蜻蜓」的故事。這故事就是以一位婦女的玉蜻蜓扇墜爲主題而發展起來的趣劇。

可是在清初，在扇墜上加工的風氣，似乎稍改。譬如在康熙末期與雍正初期，蔣廷錫（一六六九——一七三二）不但在政治上地位很重要，就在繪畫方面，他也是著名的人物。他的扇墜是用近似水晶之類的透明物質作成的。扇墜裏面有一棵蘭草，「青翠如生」㉖。在晚清時代的同治六年（一八七〇），有人在某大宅裏看見過一枚水晶扇墜，這塊扇墜的形狀是鷄蛋形，可是在水晶裏面卻有一隻很像是蜜蜂的昆蟲，「蠕蠕欲動」㉗。這樣的水晶雖然少見，卻可反映出從十七與十八世紀之交的清初，直到十九世紀後期的晚清，當時的高官與文人對於扇墜的要求是以自然天生爲主；由人力雕鑿的，價值就低一點了。

除了美玉、水晶、琥珀等等礦物質料，最特殊的扇墜質料，可能是木材。在前面所提到的明末華伊師夫婦的合葬墓裏，在一把已經殘破的灑金紙扇上，是懸有一塊木質扇墜的。扇墜的兩面都有雕刻；一面是豆葉與豆莢，另一面雖然又把豆莢重刻一次，不過卻在豆莢上刻了一隻蚱蜢[36]。這樣的主題不但在性質上，接近自然主義，而且在內容上，是富於田園風味的。清初與清末的水晶扇墜，要求蘭草的「青翠如生」與昆蟲的「蠕蠕欲動」，也許就是對明末之自然主義與田園風味之興趣的延長。如果事實的確如此，從一塊小小的摺扇之扇墜，不也多少可以看出明、清文化一脈相傳的現象嗎？

## 附注

㊀ 見宋人郭若虛著《圖畫見聞志》，卷六，「高麗國」條。據郭氏自序，此書著成於熙寧七年，即一〇七四年。

㊁ 見宋人徐兢所著《宣和奉使高麗圖經》，卷二九，頁一〇三，「畫摺扇」條。

㊂ 見田中塊堂《古寫經綜鑒》（一九四二年，大阪，鵤故鄉舍出版），頁四〇六，一般而言，在四天王寺所藏的平安時代摺扇上，不只在扇上寫有《妙法蓮華經》的部份經文，而且還有表現這段經文內容的插圖。關於這種摺扇的影本之一，見 Yashiro Yukio: "Art Treasures of Japan", Vol. I (1960, Tokyo), pl. 228.

㊃ 亦見田中塊堂《古寫經綜鑒》，頁四〇六。不過這一册寫經，究竟包括多少把摺扇，迄仍不詳。

㊄ 亦見《古寫經綜鑒》，頁四〇六。不過由嚴島神社所藏的平安時代摺扇的特徵是，扇身是由線穿連三十多條柏木薄片而製成。其中一件之影本，見前揭 Yashiro Yukio: "Art Treasures of Japan", Vol. I pl. 229.

㊅ 見徐兢《宣和奉使高麗圖經》，卷二九，頁一〇三，「杉扇」條。

(七) 見同上，卷二九，頁一〇三，「白摺扇」條。

(八) 見同上，卷二九，頁一〇四，「松扇」條。

(九) 見《宋史》，卷三一七，頁一〇三四八，「錢勰傳」。然此傳未記錢勰出使之時間。但據《宋史》卷四八七，「高麗傳」，頁一四〇四七，錢勰出使高麗的時間，是神宗元豐六年。

(一〇) 見黃庭堅著《山谷詩註》，內集，卷八，頁一三六，「次韻錢穆父贈松扇」詩。穆父，是錢勰的字。又「內集」卷八，頁一三八，有「謝鄭閎中惠高麗畫扇」詩二首。

(一一) 見明人陸深（一四七七——一五四四）所著《春風堂隨筆》。

(一二) 見注一所揭書，卷六，「高麗國」條。

(一三) 譬如《新唐書》，卷二〇二，卽將日本列於「東夷傳」。但在清初，高士奇（一六四五——一七〇一）卻認爲在元代入貢的東南夷，是高麗國。詳見第三章注六所揭高氏《天祿條識》。

(一四) 詳見本章「摺扇之面積」一節。

(一五) 在明清時代的，數以萬計的摺扇畫蹟之中，有一把山水摺扇，是商喜在宣德四年（一四二九），爲劉珏（一四一〇——一四七二）所畫的。如果此扇的眞確性完全可靠，商喜的這幅山水畫，也許是傳世畫蹟之中，畫在摺扇上，而年代最早的一件作品。此扇現爲旅居加拿大多倫多市的香港僑民陳耀邦先生之藏品。一九七二年之春，位於美國密西根州羅切斯特之奧克蘭大學（Oakland University）嘗以陳氏所藏之摺扇扇面八十件，展出於該校之大學美術館。商喜的那件山水扇面，則見於此展之目錄——「陳耀邦氏所藏中國扇面畫展」（Chinese Fan Paintings from the Collection of Chan Yiu-pong, 1972, Rochester），第三圖。

(一六) 見明末沈德符（一五七八——一六四二）著《萬曆野獲編》（著成於一六〇六年，卽萬曆三十四年），卷二六，「玩具篇」，頁六六二，「摺扇」條。

(一七) 見 John Warner: "Tingqua: Paintings from His Studio" (1976, Hong Kong), p. 4.

⑱ 見前揭《杖扇新錄》，頁二四八。在注一五所提到的，陳氏收藏的商喜山水扇，根據《陳耀邦氏所藏中國扇面畫展》第三圖，共有五十餘摺。易言之，至少應有二十五股竹骨。二十五股顯然是清代的秋扇上的骨數，而不應是明初摺扇所應具的數目。

⑲ 見謝彬纂輯：《圖繪寶鑑續纂》，卷三，頁六五。又見湯漱玉編《玉臺畫史》，卷三，頁三一。

⑳ 見廉泉、吳芝瑛所合編之《小萬柳堂藏名人書畫扇集》（據一九一七年，上海，文明書局所印第二版），第十集。

㉑ 「柳橋歸騎圖」，紙本，無款；複印本見《兩宋名畫册》（一九六三年，北京文物出版社出版），第二十七圖。

㉒ 馬遠的生卒年，在過去的畫史記錄中，幾乎是一片空白。一九七〇年，陳運耀君撰《馬遠研究》（按此文爲陳君向香港大學所提出之碩士論文）。在此文中，他根據若干資料，推算馬遠的生年，或在宋高宗紹興二十三年（一一五三），而其主要的活動時期，則在光宗紹熙元年至理宗寶慶元年，卽一一九〇至一二二五年之間的三十五年。

㉓ 見注二一所揭《兩宋名畫册》，對於「柳橋歸騎圖」之說明。

㉔ 宋代畫院裏的等級，大致是：一、待詔、二、祇侯、三、藝學、四、畫學正、五、學生、六、供奉。其詳制可參閱滕固.《唐宋繪畫史》（一九三三，上海，神州國光社出版），第七章（宋代翰林圖書院述略），頁八四至九三。

㉕ 關於南宋的畫院，清人厲鶚（一六九二——一七五二）著有《南宋院畫錄》八卷，又補遺一卷（又見《美術叢書》，第四集，第四、第五輯）。前注所揭滕氏《唐宋繪畫史》頁九四至九六所附「宋代院人錄」，於宋畫院能手分朝羅列，雖有遺漏，最便檢閱。

㉖ 有關宮燈之研究的學術文字，現知有下列兩種：甲、見秦嶺雲：《民間畫工史料》（一九五八，中國古典藝術出版社出版），頁五五至五九。乙、見單士元：「宮燈」，刊於《文物參考資料》（一九五九年）第二期，頁二二至二四。

㉗ 朱翌此詞之調名是「生查子」，其下有副題曰：「詠摺疊扇」。詞文見《全宋詞》（一九六五年，北京，中華書局出版），頁二七一。

㉘ 據 H. Minanoto: "An Illustrated History of Japanese Art" (1935, Kyoto), pl. 80. 四天王寺所藏平安朝古扇之尺度是高二三公分，長四七・五公分。但據 Yashiro Yukio: "Art Treasures of Japan" (1960, Tokyo), p. 228. 同寺所藏平安朝古扇的尺度是高二五・六公分，長四九・一公分。可見日本平安朝的摺扇，在尺度方面，似乎未有定規。

㉙ 這是根據本章注二三所揭《兩宋名畫冊》在該圖之「圖片說明」裏所列舉的尺度。

㉚ 見陳晶：「記江蘇武進新出土的南宋珍貴漆器」，載於一九七九年出版之《文物》，第三期，頁四六——四八。

㉛ 一九七四年，宋后楣女士向臺灣大學歷史研究所所提出的碩士論文：《明初畫家王紱——兼論他的山水與墨竹》。但在此文中，她對王紱的摺扇畫蹟，並無所述。可是在由廉泉所編的《扇面萃珍》裏（一九一五年，日本神戶扇面館出版），第一幅畫，就是王紱的山水摺扇面。

㉜ 這本目錄的書名就叫《吳派畫九十年展》。此書是一九七五年，由臺灣的故宮博物院編輯出版的。

㉝ 這本目錄的書名是《文徵明的藝術》(The Art of Wen Cheng-ming, 1470-1559)，編者是密西根大學藝術史系（Department of Art History）現已退休的艾瑞慈教授（Richard Edward）。出版者就是密西根大學。所展出的十幅文徵明之摺扇畫蹟，在展品目錄中，各見於頁一〇三、一〇五、一一八、一二六、一二八、一四三、一六一、一八二、一九一與頁一九二。

㉞ 關於美國波士頓美術館所藏摺扇的資料來源，見 Tomita Kojiro, and Hsien-chi Tseng 所合編的 "Portfolio of Chinese Paintings of the Museum of Fine Arts" (1961, Boston)。其書第一一〇號爲「清七家扇面」合冊。冊中共收以下各家之畫蹟十幅：

㈠王時敏　秋江待渡　㈡吳　歷　野水初平

(三)王　翬　臨安山色　(四)王　翬　倣燕文貴山水

(五)王　翬　山園佳趣　(六)王原祁　山居擁翠

(七)王原祁　倣董源山水　(八)惲壽平　風柳蘆灘

(九)華　嵒　泰岱雲海　(十)華　嵒　秋聲圖

其中第九幅摺扇漏列尺寸。本書僅取附有尺寸的九幅摺扇，列入統計資料之內。

㉕ 關於臺灣故宮博物院所藏摺扇資料來源，除了注三二所提到的《吳派畫九十年展》，還有《故宮冊頁選萃》（一九七一年，臺北故宮博物院出版）。其書第四十六圖（孫克弘花卉）、第四十七圖（李流芳山水）、第四十八圖（藍瑛山水）、第四十九圖（陳洪綬人物）與第五十圖（項德新墨竹），皆爲摺扇。

㉖ 關於日本東京國立博物館所藏摺扇，其資料來源是：《明清的繪畫》（一九六四年，東京便利堂出版）。其書第一一〇圖爲惲壽平牡丹摺扇。

㉗ 關於京都橋本末吉氏所藏摺扇，其資料來源是：橋本收藏《明清畫目錄》（一九七四年，東京角川書局出版）。其書之下列十六圖皆爲明清摺扇畫蹟：

(一)第三一圖（錢賞　太湖漁樂）　(二)第三二圖（李士達　文姬歸漢）

(三)第三三圖（李士達　石湖圖）　(四)第三八圖（李流芳　山水）

(五)第三九圖（趙左　茅舍清談）　(六)第四〇圖（陳煥　山水）

(七)第四一圖（沈士充　山水）　(八)第五七圖（盛茂燁　秋郊策蹇）

(九)第五八圖（盛茂燁　寒林暮鴉）　(十)第五九圖（丁元公　山水）

(十一)第七三圖（龔賢　江樓樹色）　(十二)第七四圖（黃經　山水）

(十三)第七五圖（王式　蘭亭）　(十四)第七六圖（王概　松帛銷夏）

(十五)第一四一圖（項奎　山水）　(十六)第一四二圖（朱倫瀚　聽秋圖）

以上各圖皆爲十七世紀以來之摺扇畫蹟，故列入統計資料。此書尚有摺扇畫蹟五幅，時代皆在十七世紀以前，不予統計。

㉘ 顧復的《平生壯觀》，卷一，頁一五、與頁一七曾記晉代王羲之（三二一——三七九）的「氣力帖」與「奉橘帖」。這兩件書蹟的標籤紙，都是「泥金紙」。標籤是由宋徽宗（一一〇一——一一二五）寫的。周密（一二三二——一三〇八）的《癸

辛雜識集》卷一〇，於「賈廖刊書」條，又曾記載在南京時代由廖羣刻印的《九經》。題著書名的標籤紙，也是泥金紙。可見在從十二世紀初期開始，一直到十三世紀之末期爲止的這兩百年內，把「泥金紙」當作標籤紙使用的風氣，既未改變，也未斷絶。

㊴ 據顧復《平生壯觀》，卷一〇，頁二五，王紱曾在泥金箋的摺扇上，畫過「樹石圖」。

㊵ 清末的李佐賢，在同治十年（一八七一）刊佈《書畫鑑影》二十四卷。其書卷二一所載姚綬（一四二三——一四九五）之「山水軸」，爲金箋本。據李佐賢的記錄，此圖有姚綬的楷書題款一行：「洪武三年夏日，雲東外史公綬畫。」洪武三年爲一三七〇年，其時在姚綬出世之前九十二年。時間既然錯誤，這幅山水定是僞蹟。用它做爲根據而證明金紙在明代初期已經成爲書畫用紙，是不可靠的。

㊶ 前揭李氏《書畫鑑影》，卷二二，曾經著錄過明末書法家董其昌的一幅書法，寫在高逾四尺的「冷金箋」上。

㊷ 見《吳派畫九十年展》（一九七五年；臺灣，故宮博物院出版），第三十三圖。

㊸ 清王士禎（一六三六——一七一一）《香祖筆記》（一九八二年，上海，古籍出版社標點排印本），卷一，頁四：「二十年來，京師士大夫不復用金扇。」據王士禎的自序，《香祖筆記》寫成於壬午（卽康熙四十一年，一七〇二年）。他所說的二十年，由此書的寫成年代向上倒推，應指從壬戌到壬午，也卽從康熙二十一年到四十一年（一六八二——一七〇二）的這段時間。在這二十年之間，用灑金紙所做的摺扇面，的確不多。可見王世禎的記載，與清初灑金摺扇罕見的實況，是可以互相印證的。

㊹ 見外山軍治「明清の賞鑑家」一文（見於同人所編之《中國の書と人》，一九七一年，東京創元社出版），頁二三〇至二七二，此文於清末之鑑賞家僅列端方、李筱恂與景賢等人。惜於裴伯謙，未能及之。

㊺ 見裴伯謙的藏品目錄——《壯陶閣書畫錄》（一九三七年，中華書局），卷二〇。

㊻ 據顧復《平生壯觀》，卷一，頁一五與頁一七，王羲之的「袁生帖」與「遊目帖」的標籤都出自宋徽宗的手筆。而這些標籤紙，都是「冷金紙」。

㊼ 沈從文「金花紙」一文，見《文物參考資料》（一九五九年，北京出版），第二期，頁一〇至一二。對於「泥金」、「冷金」、與「灑金」等三種金底紙的區分，另持一說。簡單的說，本書所說的「泥金」，他稱爲「冷金」。本書的「冷金」，他稱爲「灑金」。而本書所說的「灑金」，他是稱爲「雨金」，或「屑金」的。附引於此，求正大方。

㊽ 見蘇華萍：「吳縣洞庭山明墓出土的文徵明書畫」一文，載於《文物》（一九七七年，第三期），頁六五至六八。

㊾ 譬如在上海博物館的收藏之中，有兩幅沈周的摺扇畫，見《明清扇面畫集》（一九五九年，上海人民美術出版社出版），第一、第二圖。這兩幅扇面都是用灑金紙作的。又據李佐賢的《書畫鑑影》，卷二二，明末的畫家藍瑛（一五八五——一六六四），以及倪元璐（一五九三——一六四四）都曾在一種金箋上創作山水畫。這種金箋，究竟是「泥金」、「冷金」、還是「灑金」，在李佐賢的記載裏，沒有確切的說明。就明代書畫家用紙的風氣而推測，這些金箋，很可能是「灑金紙」。

㊿ 見李肇《國史補》（一九五七年，上海，古典文學出版社出版標點本），卷下，頁六〇。

(五一) 見錢易《南部新書》（一九五八年，上海，中華書局出版標點本），庚集，頁七〇。

(五二) 見高濂《燕閒清賞箋》（見《美術叢書》，第三集，第十輯）之「論紙」條。此書雖無編成時代之記載，但高濂的另一部著作是《玉簪記》。根據傅惜華在《明代傳奇全目》（一九五九，北京出版）裏的考證，陳大來在萬曆二十三年（一五九九年），曾經爲高濂的《玉簪記》另作修訂。根據這項考證，高濂的活動時代，雖還不能完全確定，至少可以定在萬曆二十年以前。高濂的《燕閒清賞箋》既然記錄了高昌的金花紙，可能在萬曆時代的初期，當時的文人已經使用這種金花紙了。

(五三) 見張應文《清秘藏》（見《美術叢書》初集，第八輯），卷上，「論紙」條。

(五四) 見同上。

(五五) 據前揭《平生壯觀》卷一所記；初唐書法家褚遂良（五九六——六五八）的「西昇

經」與「飛鳥帖」所用的紙，都是黃蠟紙。

(五六) 筆者於一九四六年曾在四川巴縣親見此種白蠟。

(五七) 張應文《清秘藏》之「論紙」條云：「非善書者，不敢用。」此外沈德符的《飛鳧語略》，亦有相似的論點。

(五八) 按周二學《賞延素心錄》（此書有雍正十二年，一七三四，厲鶚與丁敬的序），是一部討論裝裱藝術的專書。現有《美術叢書》（初集，九集）的排印本。據此書，明代最早的鏡面箋，產於宣德時代（一四二六——一四三七）。

(五九) 據顧復《平生壯觀》，卷五，董其昌的「臨淳化閣帖」、「黃庭內景經」、「刻鵠不成冊」、「臨官奴玉閣帖」、「臨王略帖」、「臨汝南公主銘冊」、「臨行穰帖」、「古詩二十首」、「金剛經」、「唐古詩卷」、「茶山詩冊」、「茶山詩卷」、「管城子誥」、「吳澹菴墓表」等十餘種都寫在鏡面箋上。再據《石渠寶笈》卷三乾清宮所記，董其昌的「臨蘭亭序」是寫在「鏡光箋」上的。「鏡光」當係「鏡面」之另稱。

(六〇) 見裴伯謙《壯陶閣書畫錄》，卷二〇，頁一一二。

(六一) 見裴伯謙《壯陶閣書畫錄》，卷二〇，頁二。

(六二) 梁朝徐陵（五〇七——五八三），於其著名《玉臺新詠》的序文裏曾有下句：「五色花牋，河北膠東之紙。」

(六三) 參考錢存訓：《中國古代書史》（一九七五年，香港中文大學出版），頁一四八。

(六四) 此卷標題是□詩序一卷。卷內共收八種顏色不同的麻紙三十三張。此卷彩色影印本見《正倉院寶物》（一九六〇年，東京，朝日新聞社出版），中倉，圖版一一。卷末有「慶雲四年七月二十六日用紙二十九張」的墨迹。慶雲四年，卽西元七〇七年。

(六五) 「劉中使帖」的彩色影本，見《故宮法書選萃續集》（一九七三年，臺灣，故宮博物院出版），彩圖一。

(六六) 據顧復《平生壯觀》卷一；頁五九、六三與頁九六。歐陽詢的「仲尼夢奠帖」、虞世南的「汝南公主帖」、與顏眞卿的「祭豪州伯父文」等三件書蹟的紙質，都是「紙帶微紅」。

(六七) 據顧復《平生壯觀》，卷四，頁三七與頁五七，吳全節的「白雲觀詩」與倪瓚的「江南春詞」的紙張，各爲青色與綠色。

(六八) 見近人鄧之誠：《骨董續記》（原書有一九三三年，癸酉，張爾田序）卷三，「川扇」條。

(六九) 見陳貞慧（一六〇四——一六五六），《秋園雜佩》（見《美術叢書》初集，五輯），「摺疊扇」條。

(七〇) 見裴伯謙《壯陶閣書畫錄》，卷二〇，頁二。

(七一) 見鄧之誠：《骨董續記》，卷三，「川扇」條。

(七二) 見錢存訓：《中國古代書史》（一九七五年，香港，香港中文大學出版），第七章「紙卷」，頁一四——一五。

(七三) 見袁翰青：「造紙在我國的起源和發展」一文，載於同人所著《中國化學史論文集》（一九五六年，北京，三聯書店出版），頁一〇三——一三三。

(七四) 見潘吉星：《中國造紙技術史稿》（一九七九年，北京，文物出版社出版），第五章「宋元時期的造紙技術」。

(七五) 見黃蒙田：「扇子古今談」一文，載於同人所著《花燈集》（一九六一年，香港，上海印書館出版），頁七九—九〇。

(七六) 見甘肅省文物管理委員會：「蘭州上西園明彭澤墓清理簡報」，載於《考古通訊》（一九五七年，北京），第一期，頁四六—四八。

(七七) 見《明史》，卷一九八，「彭澤傳」。

(七八) 據陳大端：《雍乾嘉時代的中琉關係》（一九五六年，臺北，學生書局出版），頁三二至四六，琉球在雍正元年（一七二三）與乾隆二年（一七三七），入貢「圍屏紙」各五千張。乾隆五年（一七四〇），與五十七年（一七九二），各入貢「護壽紙」五千張。到嘉慶元年（一七九六），入貢紙數減到三千張。嘉慶四年（一七九八），「護壽紙」的入貢數量，再由三千減到兩千張。此外，琉球在嘉慶元年，亦曾入貢「紫霞紙」兩千張。

(七九) 雍正時代的著名學者厲鶚（一六九二——一七五二），於其《樊榭山房集》，外詞，卷三，「三部樂」中，曾經提過流求紙。厲鶚所記的「流求」應該就是現代的琉球。可惜厲鶚對這種入口紙祇用一首詞來加以描寫。他對於流求紙的紙名與紙質，以及紙的用途，都沒有詳細的記載。所以由厲鶚所記載的流求紙，與曾在雍正時代入貢清廷的「圍屏紙」，究竟有沒有什麼關係，似乎還有待更多的史料加以肯定。

根據藤田豐八教授「宋代輸入之日本貨」一文所考（此文有何健民氏中文譯本，收於何氏《中國南海古代交通叢考》（一九三六年，上海，商務印書館出版），頁四二〇至四二八，日本的五色紙，在南宋理宗的寶慶時代（一二二五——一二二七），曾經一度輸入浙江的寧波一帶。可是，在寧波以外的中國地區，這種日本的五色紙，似乎並無其他的記錄。

(八〇) 關於明代文人對於日本「松皮紙」的記載，可參閱張應文《清秘藏》，卷上，「論紙」條。

(八一) 參閱由奧本正人所編的《和紙談叢》（一九三七年，京都，澄心堂出版），第一冊，頁一至四；新村出：《和紙外聞抄》，頁二七至五四；大澤忍：《檀紙考》等文；又渡部道太郎：《和紙類考》（一九三三年，東京，物外莊出版）。

(八二) 譬如晉人王子華在《拾遺記》之「張華」條（現據一九八一年北京中華書局出版齊治平校注本）卷九，頁二一一，解釋「側理」一名之來源，是由於海苔紋理的「縱橫邪側，因以爲名。」但屠隆在《考槃餘事》裏，卻認爲側理紙是祇有橫紋的厚紙。

(八三) 關於側理紙在碑搨方面的使用，亦見前揭屠隆《考槃餘事》，「帖箋」部分。

(八四) 王子華《拾遺記》卷九，「張華」條首先說：「南人以海苔爲紙，其理縱橫邪側，因以爲名。」到明代，張應文在《清秘藏》，卷上，「論紙」條又說：「晉有子邑紙，側理紙。」其下有注云：「一名水苔紙；以苔爲之。」在植物分類學上，苔的纖維既弱且短，不能直立，所以屬於低等植物。可以造紙的苔，應該不是一般的苔蘚之苔。

(八五) 據董其昌自己的《容臺別集》（一九六八年，臺灣，中央圖書館影印明刻本），頁四二。有下引文：

「高麗側理，隱起界道，因而用之。雖黃素黃庭之織成朱絲，不是過也。」所謂「織成」，就是織錦。董其昌既以韓國的側理紙比喻中國的織錦，可見他對這種入口紙，評價極高。

(八六) 見前揭《清秘藏》，卷上，「論紙」條。又見前揭《飛鳧語略》之「高麗貢紙」條。

(八七) 見中國科學院考古研究所所編：《洛陽燒溝漢墓》（一九五九年，北京，科學出版社出版），頁二一六至二二〇所附載各表。

(八八) 見顧復：《平生壯觀》，卷五，頁三七。又同卷，頁五七至五八。

(八九) 見張應文《清秘藏》，卷上，「論紙」條。

(九〇) 所謂「鷄林」，指今韓國。據《舊唐書》，卷一九九，「新羅國傳」，龍朔三年（六六三），唐高宗在新羅國設鷄林州都督府。此後，「鷄林」成爲中國人對韓國的另一個代名詞。到十七世紀，「鷄林」才被「吉林」所取代。

(九一) 見葉德輝（一八六四——一九二七）：《書林清話》（據一九五七年，北京，古籍出版社出版），卷六，頁一六五，「宋人鈔書之紙」條。

(九二) 見上海涵芬樓排印本《說郛》，卷一八，頁一〇，所引南宋陳槱《負暄野錄》（現行《知不足齋叢書》、《吉金盦叢書》、與《美術叢書》諸本之《負暄野錄》，則無此條）。

(九三) 見張應文：《清秘藏》，卷上，「論紙」條。

(九四) 見同上。

(九五) 參閱前揭錢存訓：《中國古代書史》、袁翰青：《中國化學史論文集》、與李書華：《紙的起源》（一九五五年，臺北，大陸雜誌社出版）等著作。

(九六) 據李放《中國藝術家徵略》（一九六八年，臺灣中華書局重版本），卷二，頁二八，中國最早的扇骨雕刻家活躍於由成化到弘治的這三十年的說法，是由「江寧府志」首先指出的。今檢光緒八年（一八八二）之重刊本，及光緒七年（一八八一）之續纂本《江寧府志》，皆無此說。不知李放的資料來源，究竟何在。

(九七) 見前引《中國藝術家徵略》，卷二，頁二八。關於李昭，又見周暉《續金陵瑣事》上卷，頁三六——三七，「摺扇」條。

(九八) 見陳貞慧《秋園雜佩》內「摺疊扇」條。

(九九) 見同前。

(一〇〇) 見陳貞慧《秋園雜佩》內「摺扇」條。

(一〇一) 見明末文人李日華（一五六五——一六三五）《味水軒日記》（據吳興劉氏《嘉業堂叢書》本），卷二，萬曆三十八年（一六一〇）六月九日條。其文既說劉氏竹骨扇「扇工雖瑣細，然求如此渾堅精緻者，其法絕矣」，可見到十七世紀的初葉，劉永暉的作法恐怕已經不見賡續。關於劉永暉的籍貫，李日華祇說是吳。江蘇的蘇州就是古代的吳國。劉永暉也許應該視爲蘇州籍的竹刻家。

(一〇二) 據明末張岱《陶菴夢憶》(用《粵雅堂叢書》刊本)於「濮陽仲謙雕刻」條，其籍貫爲南京。清嘉慶十二年（丁卯，一八〇七），金元珏編《竹人錄》二卷（收入《美術叢書》，二集，五輯），其書凡例也把濮陽仲謙的籍貫記爲金陵。事實上，金陵正是南京的古名。

(一〇三) 明末劉鑾著《五石瓠》(用《昭代叢書》本)。其書於「濮仲謙、江千里」條，記濮仲謙之籍貫爲蘇州。其說與注一四二所揭張岱之說異。劉鑾與張岱都是明末文人，他們的記載應該各有所本。可是劉、張兩家所記的濮陽仲謙的籍貫，都並不一致。這種文獻上的混亂；雖需澄清，但在目前，資料似尚不足。

(一〇四) 清初詩人錢謙益（一五八二——一六六四）曾經爲濮仲謙寫過一首詩題是「贈濮仲謙」的詩，見《有學集》（康熙初刻，有鄒鎡在康熙三年，甲辰，即一六六四年，所寫的序），卷一，頁一〇至一一。詩文云：

滄海茫茫換刼塵，靈光無恙見遺民。
少將楮葉供游戲，晚向蓮花結淨因。
枝底青山爲老友，窗前翠竹似閑身。
堯年甲子欣相并，何處桃源許卜鄰?

詩中既有「靈光無恙見遺民」文句，可見這首詩應該寫於明代亡國之後的清代初年。所以錢定一就把這首詩的寫成時代定在清初的順治五、六年間（一六四八或一六四九年），詳見《中國民間美術藝人志》，頁二〇〇。錢謙益在這首詩的詩題下，原來是有「君與予同壬午」之注文的。據這條注文，濮仲謙與錢謙益都生於壬午年，所以他們兩人同歲。詩中旣說堯年甲子，所以由順治五年向前推算六十年，所遇見的第一個壬午年，是萬曆十年（一五八二）。濮仲謙生於萬曆十年，就是用以上的資料推算出來的。

㉕ 見李放《中國藝術家徵略》（一九六八年，臺灣中華書局重版本），卷二，頁二八，所引《竹個叢鈔》。據此書，李耀除了善於刻竹，也曾經爲文彭（字三橋，一四九八——一五七三）刻印。可見他的活動時代，應該比濮仲謙稍早。可是李放所引之書，在臺難求，迄今尚未得見。李耀確切的活動時代，目前祗能暫時存疑。

㉖ 見《江南通志》（用乾隆元年，一七三六年，《尊經閣》刊本），卷一七一，頁五。蔣誠之名，初見明代晚期沈德符《野獲編》，卷二六，頁六三三，「摺扇」條。繼見清初陳貞慧《秋園雜佩》內「摺扇」條。該條雖有蔣三之名，但對沈少樓卻是毫無記錄的。

㉗ 見彭信威：《中國貨幣史》（一九八八，上海，人民出版社第三次印刷本），第七章，（明代的貨幣）第二節（貨幣的購買力）萬段（白銀的購買力），頁七二一。

㉘ 金元珏的《竹人錄》便專門記載浙江嘉定地區的竹刻家的藝術活動。對於江蘇籍的竹刻家，他是一字不提的。

㉙ 屠隆：《遵生八牋》：

「又若明朝宣德年間夏白眼所刻諸物，……傳之久遠，人皆寶藏。後有鮑天成、朱小松、王百戶、朱許厓、袁友竹、朱龍川、方古林輩，皆能雕琢。犀象、香料、紫檀、圖匣、香盒、扇墜……之類；種種奇巧，廻邁前人。」

屠隆所記七人：除朱小松外，其名皆不見於《竹人傳》（此條正可視爲補《竹人傳》之遺漏的資料）。但朱小松卻爲浙江竹刻家。可見在明代，浙江竹刻家對於扇墜的雕刻，至少可以朱小松作爲代表。

㉚ 這首詩的詩題是「潘西鳳」。詩見鄭燮自著《鄭板橋集》（用一九六五年，上海，中華書局排印本），「詩鈔」，頁八八。詩文是：

「年年爲恨詩書累，處處逢人勸讀書，

試看潘郎精刻竹，胸無萬卷待何如！」

㉑ 鄭燮在上引詩的詩題之後，還附加了一小段詩序：

「字桐岡，人呼爲老桐，新昌人。精刻竹，濮陽仲謙以後一人。」

㉒ 見李玉棻：《甌鉢羅室書畫過目考》（用宣統三年，卽一九一一年，北京晉華書局石印本），卷四，頁一四。

㉓ 這四種人物畫卽一、「列仙傳」（共四十八圖），二、「於越先賢像傳贊」（共八十圖），三、「劍俠像傳」（共三十三圖），四、「高士傳圖像」（共二十六圖）。最後一種人物畫的總數，本來不止二十六圖。但任熊未及繪畢全傳，卽因病而死。而「高士傳圖像」的版刻，遂亦因之中止。

㉔ 這一百幅扇骨雕刻的原物，早已散佚。據說這些扇骨雕刻曾有拓本。可惜拓本今已難見。參閱汪子豆：「列仙酒牌及其刻者蔡照」一文，收於《藝林叢錄》，第九編（一九七三年，香港，商務印書館出版），頁四二九至四三四。

㉕ 見丁仁、吳隱合編：《悲盦賸墨》（一九一九年，上海，西冷印社出版），第四册。

㉖ 見蔣寶齡：《墨林今話》（用一九二三年，上海，中華書局倣宋本），續編，卷一，頁六。

㉗ 見前書，卷八，頁七。

㉘ 見北平市政府編《舊都文物略》。

㉙ 田汝成的《西湖遊覽志》寫於明嘉靖二十六年（一五四七）。但與宋高宗的扇墜有關的這段記錄，則見於并無寫成年代的田汝成《西湖遊覽志餘》（一九六三年，上海，中華書局標點排印本，第三版），卷二，頁一二。

㉚ 見《宋史》，卷三六九，「張俊傳」，頁一一四七五。

㉛ 見周夷標點校注本《剪燈新話》（一九五七，上海，古典文學出版社出版），頁五九。

㉜ 見前揭阮葵生《茶餘客話》，卷一九，頁五七七，「水晶中嵌物」條。

㉝ 見無錫市博物館、無錫縣文物管理委員會：「江蘇無錫縣明華師伊夫婦墓」，載於一九八九年出版的《文物》第七期，頁四八——五九。

㉔ 見前揭高濂《燕閒清賞錄》，頁一七一，(「論古玉器」條)。那志良《玉器通釋》(一九六四年，臺北，自印本)詳列歷代玉製器物，獨於玉扇墜一項，遺而未錄。

㉕ 《禮記》卷九「玉藻篇」：「古之君子必佩玉……君子無故，玉不去身，君子於玉比德焉。」

㉖ 見阮葵生《茶餘客話》卷一九，頁五七七。

㉗ 見徐珂《清稗類鈔選》之「著述・鑒賞類」(一九八四年，北京，書目文獻出版社出版)，頁三七八。

㉘ 見注一二三所引「江蘇無錫縣明華師伊夫婦墓」，載於一九八九年出版的《文物》第七期，頁四八——五九。

# 第五章

# 扇在我國的收藏史

根據本書第三章，中國的扇雖然爲數不下十種，可是從這些扇的製作方式上著眼，無論是竹扇、羽扇、蒲扇、麥扇、紙扇、絹扇，還是象牙扇、檀香扇、或是檳榔扇，無不都是民間的工藝品。在清代，這些扇的售價，雖然有的可以高達白銀數兩，不過在習俗上，並不是一般收藏家搜集與保存的對象。反之，只有在絹質與紙質上寫作書畫的紈扇與摺扇；即使並非出自名家手筆，至少也都完成於風流雅士，所以特別能够引起收藏家的注意。可以說，過去與現在的收藏家們，是爲了要保存那些完成於紈扇與摺扇之上的書法與畫蹟，才對紈扇與摺扇加以保存的。

## (一) 紈扇的收藏史

在扇的發展史上，紈扇的出現既較摺扇的出現爲早，就在扇的收藏史上，也以紈扇首先成爲收藏家注意的對象，從文獻上觀察，大概在明代晚期萬曆時代（一五七三——一六一五）的初期，亦即從十六世紀的最後二十年之內，江南的一些收藏家，已經開始收藏古代的紈扇。在當時，被搜集的作品，大致都是唐代與明代之間的，亦即宋代與元代的書法與畫蹟。當時收藏的方式是把宋代或元代的紈扇，以一百幅爲單位，集體裝裱到屏風上去，成爲畫屏㈠。這種屏風既可連續收容百幅團扇於其身，屏的體積必定相當龐大。所以這一扇大屏風，當時是稱爲「屏山」的。

在中國書畫形式的發展史上，在隋代（五八九——六一七）以前，屏風和手卷是最流行的形式㈡。到了唐代（六一八——九〇七），幛又逐漸取代了屏的地位。根據盛唐詩人杜甫（七一二——七七〇）的「手提新畫青松障」的詩句㈢以判斷，大概屏是可以寫作書畫但不能隨意移動的，一種陳列性的傢俱。與屏的形式相同，但體積較小，而又可以任意携行的屏，則稱爲障。在唐以後的文字裏，看不到有關於障的描述，但與屏風有關的描述與畫蹟，卻幷不貧乏，可見障的使用，似乎只限於唐代和唐代以前。屏風的使用，則自隋以來，經過唐、宋之交的五代（九〇八——九五九），直到明末與清初的十七世紀之中期，猶未斷絕。譬如在晚唐詞人溫庭筠的作品中，曾經提到畫著鷓鴣或孔雀的金色屏風㈣，而在活躍於南唐時代（九三七——九七五）的畫家顧閎中的「韓熙載夜宴圖」卷之中㈤，也可屢見畫屏（圖九九，甲、乙）。此外，在另一位南唐畫家周文矩的「重屏圖」中，也可看到兩座有畫的畫屏（圖一〇〇）㈥。不過，根據文獻裏的與古畫裏的資料，直到宋代爲止，所謂「畫屏」，大致都是一屏一畫。

到了晚明的萬曆朝，屏風的使用，已經逐漸減少㈦。即使有所使用，也大致保持一屏一畫的

**圖九九（甲）**：五代時代的屏風

（見於南唐畫家顧閎中所畫的「韓熙載夜宴圖」卷。本圖之右端可與圖二〇（「韓熙載夜宴圖」之另一部份）之左端銜接）

**圖九九（乙）**：五代時代的屏風

（這是圖九九（甲）的右側的局部）

舊制。把一百幅宋代的或元代的絹質紈扇一齊裱到屏風上去的豪舉，在當時，固然是史無前例，就到目前爲止，似乎也沒再見賡續。用收藏的眼光回顧，這些裝裱了一百幅古代畫蹟的畫屏，如果能够流傳到現代，足可提供一個特別的小型展覽會了。

從明代末年的天啟七年（一六二七），即十七世紀的前期，圓形的紈扇的收藏方式，開始有所變化。變化的主因是由於在十六世紀的最後二十年內，集體裝裱爲畫屏的那一百幅古代扇面，既然無法與潮濕的，或者是過冷與過熱的空氣隔絕，在經過歷時四十年的長期暴露之後，不但逐漸霉晦，而且也經常由屏上脫落。新的收藏家爲了要把這一批宋、元時代的古扇重新加以保存，於是就把在萬曆時代裝裱在畫屏上的書畫作品，先逐一拆下來，然後再把性質相同的，或時代相近的作品，重新聚合；裱成册頁。崇禎十六年（一六四三），汪砢玉編成《珊瑚網名畫題跋》二十卷。其書卷十九著錄了四本時代與作者都不同的「集册」，每一册各收畫蹟二十幅。在這八十幅古代畫家的小品之作之中，宋、元時代的圓形紈扇的總數是十八幅，佔那四本集册內畫蹟總數的百分之三〇。這十八幅扇面上的作品，在扇的收藏史上，是見於文獻著錄的最早的一批。可惜這十八幅紈扇的下落，目前已經渺茫難求了。

到了淸代，把宋、元時代的，或者比宋、元

圖一〇〇：五代時代的屏風

（見於南唐畫家周文矩的「重屏圖」。所謂重屏，就是在屏風上又畫了一座屏風）

時代更早的紈扇裝裱成册而加以收藏的風氣，就更普遍了，譬如在清初的康熙二十一年（一六八二），卞永譽的《式古堂畫考》初次刊行。此畫卷三著錄了集合各代小品之作的集册「名畫大觀」四册。每一册各收二十五幅畫蹟。但在這四部集册之中，第一册收有紈扇二十幅、第二册收有十五幅、第三册收有十六幅、第四册所收的紈扇雖然較少，仍有十幅。四部集册共收歷代畫蹟一百幅，紈扇的數目卻比百分之六〇還多。

此外，在一六四三年由汪砢玉初加著錄的「霞上寶玩」、「韻齋眞賞」、「六法英華」與「丹青三昧」等四部集册，在一六八二年，又由卞永譽重新著錄⑧。值得玩味的是在一六四三年，收在這四部集册內的紈扇數目，各爲六、四、五、與三幅；其總數爲十八幅。但下及一六八二年，收在這四册內的紈扇的數目，則已變爲六、五、四、與四幅，而其總數也由十八幅增加到十九幅。由這一總數的不同，似乎可以看出來，在由一六四三年到一六八二年的這四十年之間，當時的收藏家對於紈扇的珍惜，已經有所增進。更清楚的說，清初的「丹青三昧」册與明末的同一集册的差異，並不在於收藏者的不同，而是由於在清初時代，這一集册裏的紈扇的總數，比在明末的時代，增多了一幅。在扇的收藏史上，這增多的一幅，與在「名畫大觀」中，紈扇的總數超過全册畫蹟總數百分之六〇的那一現象，可說並無二致。也卽由這一幅紈扇所顯示的，當時的收藏家對古代紈扇的珍愛的態度，是完全可以理解的。

到乾隆七年（一七四二），卽清代中期的前幾年，也卽在汪砢玉的《珊瑚網名畫題跋》編成一百年之後，當時的大鑑賞家兼收藏家安岐，又爲他自己的收藏，編輯了藏品目錄——《墨緣彙觀》。此畫卷四著錄了「唐五代北南宋集册」一種。這一集册的性質與汪砢玉的「霞上寶玩」等四集册的性質完全一樣，是集合歷代畫家的小品之作於一處的一部册頁。此册共收二十幅，但絹本的團扇卻佔十六幅⑨。在比例上，佔全册畫蹟之總數的百分之八〇。安岐此書又著錄了「名畫清賞花鳥集册」與「五代宋元集册」⑩，前册共收畫蹟十二幅，團扇佔九幅。後册亦收畫蹟十二幅，團扇佔其半。這三部集册所收的畫蹟的總數是四十四幅，宋、元的古代畫扇卻佔三十一幅，也卽佔其總數的百分之七〇。

另外可以附述的是，在《墨緣彙觀》之中，安岐又著錄了明代中期的職業畫師仇英的「臨宋人人物界畫册」與「臨宋人花果翎毛册」等畫册兩種⑪。前者共十二幅，團扇只佔兩幅，後者亦十二幅，卻全部是團扇。把明以前的團扇加以收藏的風氣，雖始於明末，卽十七世紀之中期，但把明代的團扇加以收藏的風氣，卻要遲到清代中期，亦卽十八世紀的中期，方見伊始。這一風氣的形成與清代內廷在十八世紀中期開始收集明代的書畫的風氣，恐怕是可以互相呼應的。關於摺扇的收藏史，本章的第二節尙有詳考，此處暫略不論。

在乾隆初期，由安岐所藏有的團扇的總數是三十七幅，這一數目固然遠比在康熙初期，由卞永譽所收藏的紈扇總數爲少，更嚴格的說，安岐的藏扇數似乎比卞永譽的藏扇數的一半還要少。到了十八世紀的中期，在民間流傳的古代紈扇的數量，遠較在十七世紀的中期爲少，是明顯可見的。這一現象的形成，必需由整個書畫收藏史的發展情況上加以觀察，才能獲得合理的解答，同時這樣的解答，似乎也才更有意義。

大致說來，十七世紀在民間流傳的古代書畫（包括被裝裱到集册裏去的，許多明代以前的紈扇），到了十八世紀的中期，已經大多被清代政府用各種方式搜羅而去，成爲宮廷內府的御藏。譬如說，《石渠寶笈》就是在乾隆八年（一七四三）年底開始編輯，而在乾隆九年五月完成的，清宮內廷的第一部御藏書畫目錄。在《石渠寶笈》中，與紈扇有關的集册共有「名畫薈萃」、「歷朝名家集册」、「宋徽宗花鳥寫生册」、「紈扇畫册」、「宋元紈扇集錦」、與「宋元紈扇畫册」等七册。但在這七部集册之中，唐、宋、元各代的紈扇畫蹟之總和不過是一百零三幅㊂。以整個清宮之力，所搜到的明代以前的紈扇，爲數不過稍逾百件，而安岐居然能在十八世紀的上半期，以其個人之力搜得明代以前的畫扇三十七件，這種成績，實在不能算壞。

到一七四三年爲止，清宮內廷對紈扇的收藏，雖然不是十分豐富，但從一七四四年開始，清宮之書畫收藏的數量，卻是與日俱增。所以到乾隆五十六年（一七九二），就不得不爲新得的書畫藏品，再編一種目錄；以爲記錄。在這部新編的清宮御藏書畫目錄《石渠寶笈》續編之中，與紈扇有關的集册，計有「煙雲集繪」（四册）、「唐宋元集繪」、「宋元集繪」、「宋人名流藻集」、「唐宋元畫集錦」、「四朝選藻」（四册）、「名畫薈錦」、「唐宋名蹟」、「藝苑藏眞」、「宋人合璧畫册」、與「宋人名畫集册」等十一種，共十七册。收在這十七册裏的，由唐到元的紈扇的總數是一百一十種㊂。如把收在《石渠寶笈》初編與續編裏的紈扇數目，共同計算，則由十七世紀中期開始，直到十八世紀的晚期，在這歷時將近一百五十年的悠長時間之內，清宮內府一共收藏了二百又十三件古代絹質紈扇。如從藏品的數量與收藏的時間的關係上着眼，大體上，平均每一年祇能收藏一柄。在清代中葉，自唐歷宋而及元代的紈扇的稀少，是明顯可見的。

正因如此，到了十九世紀，唐、宋、或元代的紈扇，就更少見了。譬如在道光十六年（一八三六），江蘇的收藏家陶樑（一七七二——

一八五七），爲他的藏品編輯了《紅豆樹館書畫記》八卷。其書卷六共著錄「唐宋名人畫册」、「宋人畫册」、「歷代名人畫册」、與「明邊景昭花鳥册」等四種㈣。其中團扇僅佔十一幅，比例很小。稍遲一點，到道光二十一年（一八四一），籍出南海的廣東收藏家吳榮光（一七七三——一八四三）告老還鄉。在他的藏品目錄《辛丑銷夏記》之中，著錄了「宋元山水册」、「宋元人物册」、「宋元山水人物册」、與「宋馬氏合册」等四種集册㈤。但收在這四部宋元集册中的紈扇，雖比陶樑所收到的稍多，其總數也祇有十九種。從另一角度來看，吳榮光能够收到十九幅古代扇畫，其數已頗不俗。譬如在與吳榮光同時的收藏家張大鏞的藏品之中，宋與元代的古扇，竟是連一幅也沒有的㈥。

又遲數年，廣東的另一位收藏家潘正煒（一七九一——一八五〇）又爲他的收藏編輯了藏畫目錄。潘正煒的收藏大致可分兩部分。第一部分的建立，歷時四十年，第二部分的建立，則歷時不足十年。在道光二十三年（一八四三）編輯完成的《聽颿樓書畫記》五卷，正是對他的第一部分藏品的一個記錄，而編成於道光二十九年（一八四九）的《聽颿樓書畫續記》兩卷，則爲對其第二部分藏品的記錄。根據《聽颿樓書畫記》，潘正煒曾藏有「宋元團扇山水花卉册」，册內共收團扇畫蹟十二幅㈦。再據《聽颿樓書畫續記》，到一八四九年，他又增收宋元紈扇畫蹟十二幅㈧。在將近五十年的歲月之中，潘正煒所能搜集到的古代紈扇，不過是二十四幅。在比例上，他幾乎要平均每兩年才能收到一幅。可見在十九世紀的中期，在民間流傳的宋、元紈扇的數目，比在十八世紀的中期所可見到的同一類的古代畫扇，已經又要少得多。因爲在由十七到十八世紀的這一百多年之間，平均每一年是可找到一件的。

此後，宋元團扇的搜集，似乎愈來愈見困難。譬如到咸豐元年（一八五一），當時的收藏家韓泰華只能收到九幅㈨。在同治十年（一八七一），山東籍的李佐賢爲他自己的藏品編著了《書畫鑑影》二十四卷。到光緒八年（一八八二），蘇州的收藏家顧文彬（一八一一——一八八九）也爲其藏品編著了《過雲樓書畫記》八卷。但是李、顧兩家都沒有搜集到任何宋、元紈扇。在十九世紀的後半期，在比較重要的收藏之中，紈扇的數目又比較豐富的，似乎有兩家，時代稍早的是廣東的收藏家孔廣陶（一八三二——一八九二），時代稍晚的是江蘇的收藏家陸心源（一八三四——一八九四）。在孔廣陶藏品目錄中，與紈扇有關的集册是「宋畫典型册」、「宋元名流集藻團扇册」、與「宋元寶繪册」等三種㈩。在這三部集册之中，紈扇的數目各爲八幅、十二幅、與五幅。總數是二十五幅。孔廣陶雖曾在同治九年（一八六九）從廣州北上京師，且在其返途中，他先乘海船至香港，然後再從香港折回廣州㊂。但在他自己的記遊文字之中，並沒有任何在北方購買古代紈扇畫蹟的記述。另一方面，根據初步的統計，孔廣陶的書畫藏品，特別是紈扇畫蹟，大多是從比他的活動時期稍早的，廣東收藏家潘正煒的藏品中轉手而來㊂。既然潘、孔兩家的活動地點都在廣州，所以把同一畫蹟由潘家轉讓給孔家，自然是最方便的事。據這兩方面的分析，由孔廣陶所曾收藏的那二十五幅宋、元紈扇，除了曾經由他付出若干代價，卻是得來全不費工夫的。

在紈扇的收藏上，最後值得一提的是活動於清末與民國初年的，江蘇收藏家龐元濟（字萊臣，吳興人）的收藏。從十九世紀中期以後，上海不但成為中國的經濟中心，也逐漸成為一個文化中心。譬如，在繪畫的發展史上，上海的重要性是無可諱言的。龐元濟在十九世紀的最後二十年之內，開始定居上海，到民國十三年（一九二四）為止，他已在上海長住四十餘年。在這一段時期之內，不但廣東收藏家孔廣陶的收藏已經散失，就是北方的李佐賢的收藏也已散失。原來分屬這南北兩大收藏的若干古代書畫，便不約而同的向上海集中。同時，江南一帶的小型收藏，譬如福建梁章鉅（一七七五——一八四九）的收藏，也先逐漸分散，然後又逐漸集中於上海。龐元濟既然長居上海，他就因為地利的方便，而慢慢建立起一個龐大的民間收藏㊂。

在從一八八〇年到一九二四年的這四十五年之中，龐元濟一共收集到由唐、宋、元末、到明初的紈扇畫蹟九十三幅（平均仍是每兩年才能收到一幅）。這個數目不但比任何民間收藏家所曾藏有的數目為多，而且如與乾隆帝在一七四三年所藏的一百零三幅紈扇的總數相較，相差亦不甚遠。從這一角度上看，在紈扇的收藏史上，龐元濟的紈扇收藏，是相當重要的。聽說龐元濟的舊藏，目前大部分已被中共政府收歸國有；而保存在上海博物館。如果這九十餘幅宋元紈扇仍未散失，這一批紈扇畫蹟應該是有其特別歷史意義的藏品了。

## （二）摺扇的收藏史

到明末為止，亦即到十七世紀的前半期為止，當時的收藏家雖已開始注意到紈扇的價值，但對摺扇的價值，卻還沒有發生興趣。在文獻上，大概要到清初的康熙的中期，亦即十七世紀的末期，當時的藝術史家才首先注意到摺扇的價值。譬如在康熙三十一年（一六九二），顧復不但提到明初開始出現的金面扇面㊃，同時也提到在明代晚期才開始出現的，用從外地的進口繭紙做成的摺扇㊄。對於這一項記載，有兩個不同的方面，都值得注意。第一，顧復雖然在十七世紀末葉，已經提到明初的摺扇，可是摺扇成爲收藏家注意的對象，事實上，恐怕還在將近一百年之後。第二，顧復在記載了王紱的金色扇面之後，接着說，這幅扇面上的樹石，「可作扇面之冠」。這句話，究竟應從那個角度來分析，才不會誤解這位十七世紀藝術史家的原義？

如前述，清宮內府的御藏書畫目錄《石渠寶笈》的初編是在一七四三年開始編輯，而在次年完成的。根據此書，到十八世紀的中期爲止，清宮共收明代的摺扇集册四十三種，摺扇的總數高達七百八十六幅㉖。但在《石渠寶笈》之中，紈扇的藏量，不過是一百零三幅；僅爲摺扇的總量的百分之一〇而已㉗。清宮內廷既在十八世紀中期已經大量蒐集明代的摺扇，首創對時代較近的摺扇也加以收藏的風氣，同時，又由於宋、元的紈扇也已日漸稀少，所以到了十九世紀，在扇的收藏史上，摺扇不但已經取代了紈扇，成爲一般收藏家注意的對象，而且被收藏的摺扇的總量，也已愈來愈多。試舉數例：

在一八三六年，陶樑只收到宋、元的紈扇九幅，但在他的藏品之中，明代的摺扇卻高達一百六十一幅㉘。易言之，他在摺扇方面的收藏，要比他在紈扇方面的收藏，多出十五倍。在一八四一年，張大鏞在紈扇方面，固然一無所有，但在摺扇方面，他的藏品卻有四百八十九幅㉙。同樣的，在一八四三年，潘正煒雖然只收到宋、元時代的紈扇十二幅，但由他所收藏的明、清時代的摺扇，竟高達五百二十幅㉚。在比例上，他的摺扇要比紈扇多出四十三倍。到一八四九年，潘正煒的宋、元的紈扇藏量雖由十二幅增到二十四幅㉛，但他所收藏的明、清摺扇的總數，也由五百二十幅增加到五百七十八幅㉜。在比例上，摺扇的總數仍然比紈扇的數量超出二十四倍。再用到一八七一年爲止，山東收藏家李佐賢的藏品來觀察：在這一年，由李佐賢著錄在他自己的藏品目錄——《書畫鑑影》裏的明、清時代的摺扇集册的總數是八册，而收在這八册內的摺扇的總數是二百八十八幅㉝。在以上所舉的幾個例證之中，陶樑的、潘正煒的、與李佐賢的收藏，各自代表在十九世紀中期與後期，建立於江南、嶺南、與華北的民間收藏。在這三個具有地域性之代表意義的收藏之中，都以摺扇的數量遠較紈扇的數量爲多。這一共同現象的出現，清楚的說明在扇的收藏史上，到了十九世紀，一般收藏家所努力搜集的，是時代較近的明、清時代的，特別是明代的摺扇，而不是時代較遠的，唐、宋、或元代的紈扇。

在十九世紀初期，由當時江南若干文士所建立的摺扇收藏，總數雖然都在千幅以上㉞，可惜這些收藏既罕人知，而且都已流散，目前已難再見。在摺扇的收藏史上，藏量最多，而且目前仍有複製本流傳的，無疑當推原屬清末宮子行而後屬廉南湖的那一批收藏。按宮子行原名本昂，字玉父，江蘇泰縣人。在清末的光緒時代，也卽十九世紀的末期，宮子行和他的父親宮鳳韶，曾經先後在山東擔任過幾個縣的知縣（相當於民國時代的縣長）。他的摺扇收藏，雖然總數量超過一千幅，可是關於他的生平，迄今所知無多[35]。根據很零碎的資料，在他這批爲數逾千的摺扇之中，只就畫家而論，已經多至八百人[36]。可惜與宮子行有關的文獻太少，他的收藏，究竟如何建立，現在已經難以確知。由沈周題了詩句的「採菱圖」（圖一〇一）、以及由文徵明只題了年款的「山水」（圖一〇二），都是宮子行的舊藏。

到了民國初年，宮子行的這一大批明、清摺扇，轉歸當時著名的收藏家廉泉，字南湖，號惠卿（一八六七——一九三二）。廉泉的妻子吳芝瑛（一八六八——一九三四），是清代著名學者吳汝綸（一八四〇——一九〇三）的女兒，能詩工書。清光緒三十三年（一九〇七），革命女傑秋瑾（一八七五——一九〇七）曾先與徐錫麟約定在安徽與江蘇兩省同時起事以反抗滿清政府。同年七月六日，在安徽的徐錫麟既在安慶刺殺安徽巡撫後遇害，而在浙江的秋瑾亦在紹興被捕。七月十五日之夜，她在留下「秋風秋雨愁煞人」的七言遺書之後，從容就義於浙江紹興。這時吳芝瑛冒著風險，把秋瑾的屍骨收葬於杭州的西泠

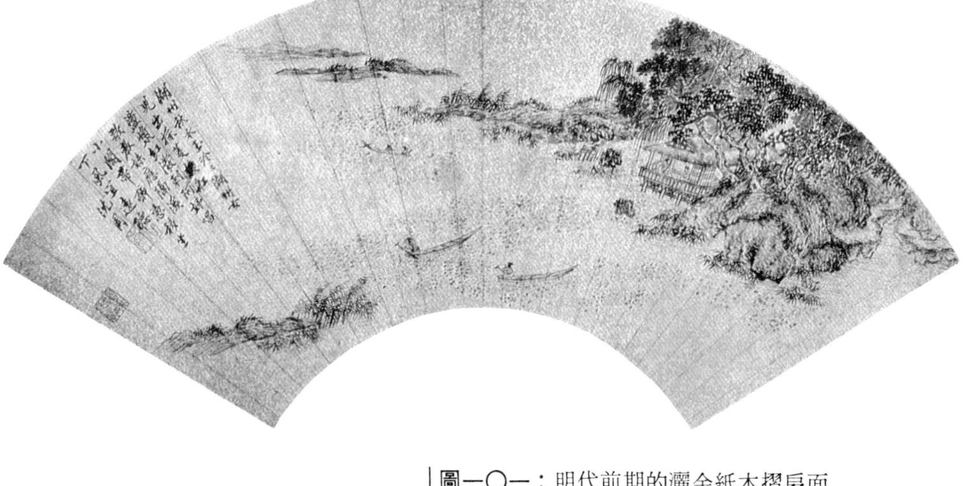

圖一〇一：明代前期的灑金紙本摺扇面

（扇面上的畫蹟是沈周所作的「採菱圖」。在清代末期此件曾是宮子行的舊藏）

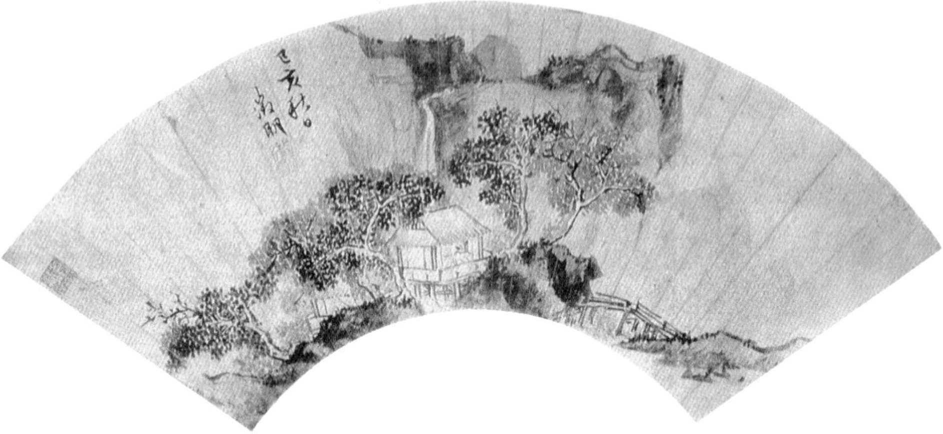

圖一〇二：明代中期的素紙本摺扇面

（扇面上的畫蹟是文徵明（1470-1559）在嘉靖十八年（己亥，1539）所作的「山水圖」。在清代末期，此件曾是宮子行的舊藏）

橋畔，她義薄雲天的行爲，聲動全國。廉、吳婚後，除在上海西郊的曹家渡廣植柳樹，並且營建了有名的小萬柳堂。原屬宮子行的那一千餘幅明、清摺扇，自然是庋藏其中的。

民國三年(一九一四)，廉泉不但曾把由小萬柳堂所收藏的摺扇的大部份，帶到日本的神戶，創設「扇面館」，而且又在這批收藏裏選出了明、清兩代的摺扇各十二面，在日本印成《扇面萃珍》一大册。從民國四年到六年（一九一五——一九一七），廉泉從這一批摺扇收藏裏，挑選了六百幅（其中四百幅是畫，二百幅是字），定名爲《扇集大觀》，由上海的文明書局，編成十集（每集十幅，附加書畫家的生平小傳），陸續出版。當時定價，每集白銀一元，可謂昂貴。整套的《扇集大觀》，附有特製木匣，既便保存，亦利郵遞。最可惜的是，可能限於當時的印刷技術，這六百幅扇面的書畫，是完全使用黑白珂羅版來複製的。如果這套書的印刷當時能夠使用彩色，這十册《扇集大觀》的欣賞與參考價值，當然會更重要。從藝術史研究的眼光來分析，此書最重要的價值，至少有兩點：

第一，根據此書的第五、第十四與第十七等三集，明代初年的畫家王紱（一三一二——一四一六），與比他的活動時期稍遲的明代早期畫家夏昶（一三三八——一四七〇）和劉珏（一四一〇——一四七二），都在摺扇的扇面上完全畫過他們的山水與墨竹[37]。如前述，在十七世紀末年，當時的藝術史家顧復不但曾經記載過王紱的一幅金色扇面，並且讚美這幅山水小景「可作扇面之冠」。顧復雖然記載了王紱的畫蹟十八種，但畫在摺扇上的，卻只有一種。看來顧復所謂「可作扇面之冠」，其原義不是說這幅畫在金色扇面上的山水小景，是王紱的畫蹟裏的最好的作品；而是說，這幅扇畫是明代的（或者至少說是明代早期的），摺扇畫蹟裏的最好的一幅。在明代初年，戴進是一位活動於王紱與夏㫤、劉珏之間的宮廷畫家。在文獻上，戴進曾有若干摺扇畫蹟[38]，就現存畫蹟而論，戴進的摺扇小景，也並非完全不復可觀[39]。所以，如果用王紱與戴進的摺扇畫蹟作爲證據，顧復所說的，王紱的金面扇面畫「可作扇面之冠」的那一記載，應該理解爲對整個明初的扇畫的一個總結，而非指王紱一人的作品而言，似乎是無可疑問的。在中國藝術史上，摺扇從何時成爲中國書畫家寫作的對象，一直難有明確的答案。如果根據顧復的記載，而以王紱的金色扇面畫蹟來作證明，從十五世紀的初期開始，明初的書畫家已在摺扇的扇面上有所寫作，是可以肯定的。對中國藝術的研究而言，這一發現是甚有意義的。

其次，在中國藝術的發展史上，男性的地位遠比女性收藏家的地位重要，是無可疑的。在記錄上，董史在南宋淳祐二年（一二四二）編著的《專錄》的別錄裏，曾經記載過南北兩宋的女性書法家。可是除了楊妹子的作品以外，其他各位女性書法家的作品，現在都已難見。譬如在清代，厲鶚與湯漱玉雖各爲女性書畫家編過《玉臺書史》、與《玉臺畫史》[40]，但是女性書畫家的作品，就一般情況而論，並不容易看到。譬如廣東的潘正煒雖在一八四三年收到「集閨秀山水花卉扇冊」，內有明、清兩代的女性畫家的作品十二幅，可惜這一集冊的下落，現在已經渺然無聞。可是在《扇集大觀》的六十集之內，卻有兩集是女性畫家作品的專集。在第十集裏，印出了仇氏、文俶、葉小鸞、周淑禧、李佗那、李因、馬守眞、薛素素、黃媛介、與董小宛等十人的作品各一幅。至於李因的「月季圖」（圖六五，甲）與黃媛介的「柳溪游艇圖」（圖六五，乙），因爲本書在第四章的第三節，已有簡介，現不再論。在二十集裏，又印出了梁孟昭、王端淑、徐媚、宮畹蘭、吳絹、惲冰、陳玉、方畹儀、朱瑛、與王玉燕等十人的作品各一幅。這二十位女性畫家的摺扇畫蹟，雖然還不能代表明、清兩代女性書畫藝術的全貌，但根據這二十幅摺扇作品，至少可以對晚近二百年間女性書畫藝術的發展，得到一種初步的觀念。無論如何，這比只能在《玉臺書史》與《玉臺畫史》中看到一些女性藝術家的姓名，是實際得多的。

廉泉晚年，經商失敗，小萬柳堂所收藏的書

圖一〇三：明代中期的泥金紙本摺扇面
（扇面上的畫蹟是文徵明（1470-1559）所作的「谿閣臨流圖」。在清末民初時代，此件曾是龐元濟的舊藏）

畫，大多作爲商品而抵押給他的債權人。這一收藏流散以後，多數輾轉人手，賣到日本。那一批曾有部分印在《扇集大觀》裏的，一千多幅明、清摺扇，究竟下落何在，現已不很清楚了。

此外，在清末民初，卽在二十世紀初期，與廉泉和吳芝瑛一同活躍於上海的龐元濟，其藏品雖以富於宋元的紈扇而稱著於時，可是在他的藏品之中，明清時代的摺扇，大概爲數也頗不少。一九五九年，在上海所印的豪華版《明清扇面畫選集》㊃，選印了一百幅對明清兩代的繪畫動向，頗有代表性的摺扇。其中九十八幅，完全是龐元濟的舊有之物。一九八三年，上海博物館爲了慶祝建館三十週年，又編輯出版了另一套豪華版的《上海博物館藏明、清摺扇書畫集》㊃，又選印了另外的一百五十幅明、清摺扇扇面書畫。其中也有五十八件，譬如由文徵明、仇英、與陸治在灑金紙本摺扇面上所完成的「谿閣臨流圖」（圖一〇三）、「採蓮圖」（圖一〇四）、以及「花蝶圖」（圖一〇五），本來都是龐元濟的舊藏。可是這些精美的明清摺扇，在龐氏的兩種藏畫目錄——《虛齋名畫錄》與《虛齋名畫續錄》之中，竟是全無著錄的。也許在龐元濟的龐而且精的藏品之中，這些摺扇，既然無足輕重，所以沒有詳加記載的需要。如果這個推測無誤，在龐元濟的原有藏品之中，明、清時代的摺扇的藏量，想必也十分豐富。在一九五九年發表的那九

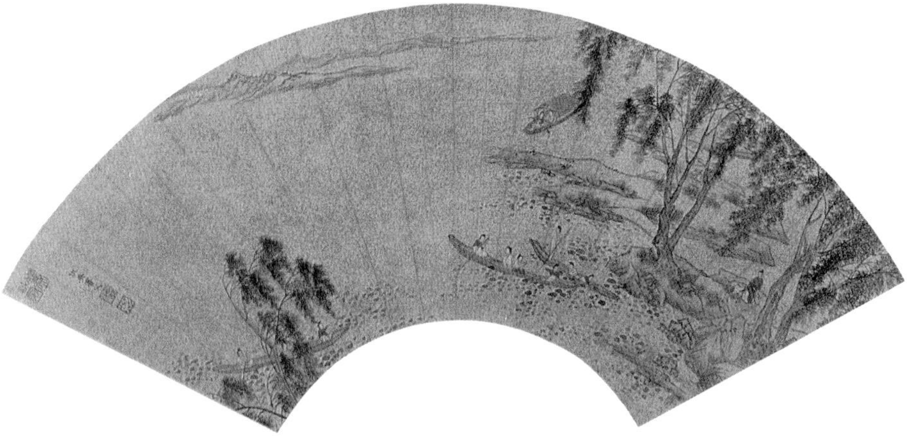

圖一〇四：明代中期的灑金紙本摺扇面
（扇面上的畫蹟是仇英所作的「採蓮圖」。在清末民初時代，此件曾是龐元濟的舊藏）

圖一〇五：明代中期的灑金紙本摺扇面
（扇面上的畫蹟是陸治（1496–1576）作於萬曆元年（癸酉，1573）的「花蝶圖」。在清末民初時代，此件曾是龐元濟的舊藏）

**圖一〇六：**清代初期的灑金紙本摺扇面
（扇面上的畫蹟是高岑在康熙十一年（壬子，1672）所作的「山水圖」。在1950年以前，此件曾是吳湖帆的舊藏）

十八幅，也許只是比例很小的一部分吧。

根據以上的討論，在過去的一百五十年內，就扇的收藏史而言，明、清兩代的摺扇的地位，不但很快的取代了在由十七到十八世紀之內極受重視的，宋、元紈扇的地位，而且直到目前，這一風氣，仍然如此。在最近的五十年內，原籍是江蘇蘇州的吳湖帆（一八九四——一九六八），是久居上海的一位文人。他不但能詩能畫，也是一位書畫收藏家。目前由南京博物院珍藏的，由清初之「金陵八家」的成員所完成的山水摺扇，譬如由高岑在康熙十一年（壬子，一六七二）所畫的「山水圖」（圖一〇六）、和吳宏所畫的「墨竹圖」（圖一〇七）、葉欣所畫的「山水圖」（圖一〇八）、以及鄒喆所畫的「山水圖」（圖一〇九），原來就都是吳湖帆的藏品。摺扇何以能在為期不足兩百年的時間之內，突然取代了紈扇的地位？這一問題，雖然難有必然的答案，但大致上，下述五個不同的方面；與這一現象的形成，也許是密切相關的。

第一，在明代，把宋、元時代的紈扇作為陪葬品（圖一一〇），是相當奢侈的[43]。可能由於陪葬的需要，使得宋、元古扇的數量，到了明代，大量的減少。從十八世紀中期開始，由於清宮內廷與民間收藏家的爭相搜購，宋、元古扇的數量更加日漸減少。事實上，到十九世紀，平均每兩年才能收集到一幅宋代或元代的紈扇。一般

圖一〇七：清代初期的灑金紙本摺扇面
（扇面上的畫蹟是吳宏所作的「墨竹圖」。在1950年以前，此件曾是吳湖帆的舊藏）

圖一〇八：清代初期的灑金紙本摺扇面
（扇面上的畫蹟是葉欣所作的「山水圖」。在1950年以前，此件曾是吳湖帆的舊藏）

圖一〇九：清代初期的灑金紙本摺扇面
（1950年以前，此件曾是吳湖帆的舊藏）

的收藏家對於用這樣緩慢的進度來建立他們的收藏，可能缺乏耐心。

第二，如果紈扇上的書法作品，可以略去不計，在畫蹟方面的作品，大多出於宮廷畫家的手筆。可是宮廷畫家是很少在他們的作品上，簽署名款的。得到一幅這樣的作品，只能大致推測其完成時代，在唐、在元、在北宋、或在南宋，而無法確定究竟成於何年何時，或者是在何時何地，甚至有時還無法確定這些扇上的畫蹟，究竟完成於何人之手。另一方面，在完成於明清時代的摺扇上的書法與畫蹟，除了大都曾由書家或畫家簽署名款，往往是鈐用了印章，乃至附以題跋的。亦即在眞正的藝術價值之外，明、清兩代的摺扇，似乎多少還羼雜若干歷史的或文獻的價值。在中國的收藏家的眼光之中，一件有意義的藏品，是需要在眞正的藝術價值之外，附有少許歷史的、或文獻上的價值，才能增加這件藏品之身價的。如用扇畫來衡量，紈扇大多不能符合這一條件，反之，大半數的摺扇，即使不能完全符合這個條件，至少常能接近這個條件。那就增加了它們被收藏家選中的機會。

第三，到了十九世紀，一般的收藏家對於每一件值得考慮的書畫作品，常用「眞、精、新」三字作爲標準來加以選擇。宋、元紈扇既然多用絹製，而古絹歷時既久，大都色澤赭黯，或者斷紋隱約，這種狀況是難與明、清摺扇的淨潔與完

圖一一〇：南宋時代無名畫家在紈扇上所作的「葵花蛺蝶圖」
(1970年在山東省鄒縣出土於明代魯王朱檀墓)

整的程度相提並論的。易言之，如用「新」字作爲標準，紈扇難以合格入選，而摺扇是大致都可以合格的。

第四，在價值方面，在十九世紀的中期，一幅宋、元的古代紈扇的售價，平均要賣到五兩白銀左右[44]。但在同時，明代的最著名的畫家的作品，好一點的可賣到十二兩白銀一幅，差一點的，只不過是三兩多一幅，平均價格則在七兩左右。如把歷史意義與畫的售價一齊考慮，一般的收藏家大多願意用七兩白銀去買一幅有名的明代畫家的摺扇，而不願用五兩白銀去買一幅無名的，宋代或元代的紈扇。

第五，摺扇的收藏，既在十八世紀中期由清宮內廷首倡其始，一般收藏家開始追隨清廷的態度，而注意摺扇的收藏，也是甚有可能的。

總之，到十九世紀中期，在一般收藏家的藏品之中，多少都有一些明代的摺扇。這一興趣，蔚然成風，直到現在，仍然如此。可是這些收藏在流散之後，有一部份的藏品，除了一方面轉入現代收藏家之手，一方面流出國外，一方面又成爲一些博物館的藏品。譬如現在北京的故宮博物院所藏的明、清書畫摺扇之總數，至少就在五百幅以上[45]。在已經發表過的兩百幅明、清摺扇之中，包括陳淳所作的「牡丹圖」（圖七四）、與沈碩所作的「雙鈎蘭花」（圖一一一）在內的八幅摺扇畫蹟，本來都是潘正煒的舊藏[46]，此外，

圖一一一：明代中期的素紙本摺扇

（摺扇面上的畫蹟是沈碩所作的「雙鈎蘭花」。在清代末期，此件曾是潘正煒的舊藏）

圖一一二：清代初期的素紙本摺扇
（摺扇面上的畫蹟是朱耷所作的「芙蓉山石圖」）

又有明代中期畫家文徵明與陸治所作的「竹石幽蘭圖」（圖五七）、和「具區春曉圖」（圖五八）、以及清初畫家惲壽平所作的「罌粟花圖」（圖七八）等三件，本是孔廣陶的舊藏。而潘正煒與孔廣陶正是在十九世紀的中期，活動於廣州的兩位粵籍收藏家。此外，在已由上海博物館編輯出版的一百五十件明、清書畫摺扇之中，也有潘正煒的舊藏三件、以及吳湖帆的舊藏七件㊼。以在十九世紀藏於廣州的十四幅清初摺扇，到了二十世紀，轉爲北京故宮博物館與上海博物館的藏品爲例，和以在本世紀中期由吳湖帆長期收藏在上海的十五件清初摺扇，轉爲南京博物院和上海博物館的藏品爲例，以及一些過去的收藏歷史雖然不明的摺扇名蹟，譬如朱耷的「芙蓉山石圖」（圖一一二），到了本世紀，終於成爲博物院的藏品爲例㊽，可以看出過去的私人藏品，是逐漸向博物院集中的。博物院將來必是文物收藏之終點的趨勢，也是顯著的。

# 附注

㈠ 汪砢玉在明末崇禎十六年（一六四三）編成《珊瑚網名畫題跋》二十四卷。此書卷一九於「丹青三昧」冊後，曾記其父把一百幅宋代與元代的古扇，裝裱到一座大型的屏風上去，而把這座屏風稱爲「屏山」。

㈡ 晚唐時代的藝術史家張彥遠，在大中元年（八四七）著成《歷代名畫記》十卷。其書卷二在「論名價品第」那一條裏曾經記著：

「董伯仁、展子虔、鄭法士、楊子華、孫尚文、閻立本、吳道子屏風一片，值金二萬，次者售一萬五千。」

在上引的這段文字之下，張彥遠另有一段注文：

「自隋以前，多畫屏風，未知有畫幛。」

同書卷四，又記載了在三國時代活動於孫大帝赤烏時代（二三八——二五〇）的吳國畫家曹不興，把誤落在畫屏上的墨漬改畫成一隻蒼蠅的故事。假如張彥遠的記載可靠，那麼畫屏的使用，也許可以推到第三世紀的三國時代了。

㈢ 按此句見杜甫「題李尊師松樹障子歌」，此詩見《全唐詩》，卷二一九，頁二三〇五，又見《宋本分門集註杜工部詩》（一九七四年，臺灣大通書局影印本），卷一六，頁一九。

㈣ 按此句見溫庭筠「更漏子」。原詞見《花間集》（據一九三四年，上海中華書局《四部備要》本），卷一，頁三。又其「偶遊」詩內有「紅珠年帳櫻桃熟，金尾屏風孔雀閒」之句，見《全唐詩》，卷五七八，頁六七二三。

㈤ 按此圖今藏北京故宮博物院。複印本見張大千編，《大風堂名蹟》，第一集（一九五四年，東京出版），第五圖。又見《中國古代繪畫選集》（一九六三年，北京出版），第十八圖。部分複印本，又見《文物》（一九五八年），頁三一。

㈥ 按「重屏圖」今亦藏北京故宮博物院。複印本見上注所揭《中國古代繪畫選集》，第二十八圖。

㈦ 屏風在明末的使用逐漸減少，可由屠隆的《考槃餘事》與文震亨（一五八五——一六四五）《長物志》二書之編輯，而得知其個中消息。《考槃餘事》共四卷，是一部記載明代文人一般生活的著作。此書卷四有一節專門討論文人的起居器服。由這一節所列舉的器物與服裝，共有榻、短榻、禪椅、隱几、坐墩、坐團、滾凳、枕、簟、被、臥褥爐、帳、紙帳與雲舄等三十一種。可是屏風卻並未列在這一張清單之內。《長物志》共十二卷，在卷六「几榻」部份，共列舉了榻、短榻、几、禪椅、天然几、書桌、方桌、臺几、椅等二十種傢俱與器具。屏是包括在這二十種器物之中的。可是關於屏，文震亨認爲只有用大理石、或其他石料鑲來嵌屏之下座的屏風，才是貴重的。如果所用的屏風是紙屏、木屏、和圍屏，他認爲那就「俱不入品」。根據錢大昕在清代乾隆五十年（一七八五）爲此書所寫的序，《考槃餘事》的作者屠隆，正是活躍於明末之隆慶（一五六七——一五七二）與萬曆（一五七三——一六二〇）兩朝的文人。而文震亨既在南明福王亡國之後，才絕食殉國，可見他在生前，是有一段時間與屠隆、和汪砢玉同時的。屠隆認爲在文士的生活起居之中，不需要屏，文震亨卻認爲屏是需要的。不過他既祇認定在屏座上鑲以石塊的屏風，才是貴重的屏風，可見文震亨對於屏風的意見，不但與屠隆不一致，就與汪砢玉所提到的屏山（見注一）互作比較，也並不一致。根據屠隆、文震亨、與汪砢玉等三人的意見，可見屏風的使用，到了明末與清初之際，已經不受重視了。

㈧ 按「霞上寶玩」等四集冊，皆見《式古堂畫考》，卷三。

㈨ 按「唐五代北南宋集冊」見《墨緣彙觀》，卷四。

㈩ 按「名畫清賞花鳥集冊」與「五代宋元集冊」，亦見《墨緣彙觀》，卷四。

⑪ 仇英的「臨宋人人物界畫冊」，與「臨宋人花果翎毛冊」，皆見《墨緣彙觀》，卷三。

⑫ 按「名畫薈萃」共二冊，俱見《石渠寶笈》，卷四。其下冊雖與紈扇無關，惟其上冊收有紈扇畫蹟二十四幅。「歷朝名家集冊」，見《石渠寶笈》，卷二一。此冊收

有紈扇畫蹟兩幅。「紈扇畫册」，見《石渠寶笈》，卷二二。全册共有紈扇九幅。「宋徽宗花鳥寫生册」，與「宋元紈扇集錦」册，亦見《石渠寶笈》，卷二二。前册內有紈扇十二幅。後册內有二十幅。《石渠寶笈》卷二二，又著錄「宋元紈扇畫册」二册；首册收有紈扇二十幅，次册內收有十六幅。合計以上七册，共收歷代紈扇畫蹟一百零三幅。

(一三) 按「煙雲集繪」凡四册，皆見《石渠寶笈》續編（乾清宮第九册）。首册收紈扇畫蹟七幅，第三册收兩幅。「唐宋元集繪」、「宋元集繪」、「宋人名流集藻」等三册亦見乾清宮第九册。每册所收紈扇數，各爲二、二十三、與六幅。「唐宋元畫集錦」、「四朝選藻」（共四册）、與「名畫薈錦」等六册，則見《石渠寶笈》續編養心殿第二十册。這六册所收紈扇數目，各爲八、四、七、五、二與七幅。「唐宋名蹟」與「藝苑藏眞」等三册，皆見《石渠寶笈》續編（重華宮卷三十一），前者收紈扇五幅，後二册收十八幅。「宋人合璧畫册」，見《石渠寶笈》續編（御書房卷三九），册內收紈扇畫蹟五幅。「宋人名畫集册」，見《石渠寶笈》續編（淳化軒卷六七），册內收紈扇畫蹟三幅。這十七種集册一共收集了歷代的紈扇畫蹟一百一十種。

(一四) 按「唐宋名人畫册」、「宋人畫册」、「歷代名人畫册」、與「明邊景昭花鳥册」等四册，皆見《紅豆樹館書畫記》，卷六。四册所收紈扇畫蹟的數量，各爲二、七、一與一幅。合計共有十一幅。

(一五) 按「宋元山水册」、「宋元人物册」、「宋元山水人物册」與「宋馬氏合册」等四集册，皆見於吳榮光所編《辛丑銷夏記》，卷二。而四册中所收紈扇畫蹟的數量，各爲：九、四、五與一幅。合計共爲十九幅。

(一六) 按張大鏞的藏品目錄是《自怡悅齋書畫錄》。其書與吳榮光的《辛丑銷夏記》同編於一八四二年。由此書卷二二至二六所著錄的，完全是明清時代的摺扇；張大鏞既對紈扇畫蹟，一無所述，可見他連一幅紈扇也沒有收到，是可想見而知的。

(一七) 按「宋元團扇山水花卉册」，見於潘氏《聽颿樓書畫記》，卷二。

(一八) 在潘正煒的第二部分藏品裏，有「宋高宗團扇行草書册」一種，見於《聽颿樓書畫續記》，卷上。此冊共收宋高宗的團扇書蹟十二幅。

(一九) 據韓泰華的《玉雨堂書畫記》，卷一，「唐宋名人畫集冊」共有十四幅。其中紈扇畫蹟佔九幅。

(二〇) 按「宋畫典型冊」、「宋元名流集藻團扇冊」與「宋元寶繪冊」等三種集冊，各見孔廣陶的書畫收藏目錄——《嶽雪樓書畫錄》的卷二與卷三。這三集冊所收的紈扇畫蹟數量，各為八、十二與五幅。

(二一) 此據孔廣陶自著《鴻爪前游日記》（清光緒十八年壬寅，一八九二年，孔氏三十有三萬卷堂自刊本），卷一。一九七五年秋，作者在美國哥倫比亞大學圖書館得見此書。

(二二) 見曾嘉寶：「廣東五位收藏家藏品之來源」一文，文載《東方文化》，卷一二，第一、二期合刊本（一九七四年，香港大學出版社出版）。

(二三) 到一九〇九年（宣統元年）為止，在龐元濟的藏品之中，共有「歷代紈扇集冊」七種。第一種是「唐宋元明名畫大觀」，其他六種都稱為「名筆集勝」，這七種集冊都著錄在龐元濟的藏畫目錄《虛齋名畫錄》之卷一一至卷一三。據此書，「唐宋元明名畫大觀」共收紈扇畫蹟十八幅，「名筆集勝」的第一冊則收十一幅，「名筆集勝」的其他五冊，則各收十二、八、十二、七與七幅。合計之，七種集冊共收歷代紈扇畫蹟八十幅。到一九二四年，龐元濟又為他在一九〇四年以後所建立的第二批收藏，再度編輯了藏品目錄《虛齋名畫續錄》。此書卷一著錄了「唐五代宋名筆集勝冊」與「宋人名筆集勝冊」等兩種集冊。前冊收紈扇五幅，次冊收八幅。合收十三幅。把龐元濟的兩部分收藏合計，他共藏有紈扇九十三幅。

(二四) 見顧復《生平壯觀》，卷一〇，頁二四。

(二五) 見顧復《生平壯觀》，卷一〇，頁一一六。

(二六) 按《石渠寶笈》卷三，著錄明人書扇十二冊，其中共收摺扇二百五十五幅。卷四著錄「明人畫扇」八冊，共收摺扇一百五十二幅。同卷又收「畫扇冊」二冊、明人「便面書冊」四冊、「明人書扇冊」一冊、與「明人扇頭書冊」一冊。這八冊共收摺扇一百二十一幅。同書卷十二著錄「明人便面集錦」、「文徵明畫扇」各一冊、

「明人便面畫」四冊、「明人畫扇冊」與「明人扇畫冊」各一冊。這八冊共收摺扇一百四十四幅。同書卷二一著錄「董其昌畫扇集冊」一冊、「明人畫扇集冊」四冊、與「明文氏畫扇集冊」一冊。這六冊共收摺扇七十幅。同書卷二八與卷四一又著錄「董其昌便面書」、「董其昌便面冊」、與「明人便面畫」各一冊。三冊合收摺扇四十四幅。合此四十三冊，摺扇的總數是七百八十六幅。

㉗ 故宮博物院的藏品雖然本是清宮內府的舊藏，可是自從一九四九年以後，故宮博物院分成兩部份；臺北與北京各有一院，每院也各保有若干清宮的原有舊藏。就明清摺扇書畫而言，北京故宮博物院藏品的數量不會少於五百件（詳後），而臺灣故宮博物院的藏品的數量則尚不詳。一九九一年四月二十九日，筆者曾向該院書畫處處長林柏亭先生詢及以臺北故宮博物院所藏紈扇與摺扇總數。據林先生回告，該院迄今並無統計。該院於一九八四年曾經出版《惠風和暢》一巨冊，冊內所收，僅爲明、清時代之書畫摺扇一百幅而已。看來，臺北方面的收藏，可能並不會比北京方面的藏品數量更多。

㉘ 據《紅豆樹館書畫記》，卷六，其「明人畫扇冊」收摺扇十六幅。「明人書畫扇面」共三冊，每冊各收二十幅。「名人扇面畫冊」十六幅。「明項孔彰畫扇冊」收十一幅。又據同書卷七「國朝名人書畫扇面冊」共三冊，前二冊各收二十幅、第三冊收十二幅。此書卷七又著錄「國朝方蘭士合景小冊」，內收十六幅。合計之，陶樑共收明清集冊十種，冊內共有摺扇一百十一幅。

㉙ 張大鏞的《自怡悅齋書畫錄》，從卷二二到二六，是專門著錄明代摺扇的記載。按此書卷二二，一共著錄了六種集冊；前五冊每冊皆收摺扇二十四幅、第六冊則收十三幅。七冊合收摺扇一百三十三幅。卷二三著錄四種集冊；第一冊收十二幅、第二冊收十六幅、第三與第四冊，每冊各收二十四幅。四冊合收摺扇九十六幅。卷二四著錄了集冊三種，第一與第三冊各收二十四幅、第二冊收十五幅。合收六十三幅。卷二五收集冊五種；第一冊收十八幅、第二冊收十四幅、第三冊收十二幅、第四與第五冊各收二十四幅。五冊合收九十二幅。卷二六收三冊；第一冊二十四幅、第二冊三十三幅、第三冊四十八幅。三冊合收一百零五幅。合計張大鏞共收摺扇集冊二

十一冊，其中共收扇面四百八十九幅。

㊂據潘正煒的藏品目錄《聽颿樓書畫錄》，卷三，他共藏有三十九種紈扇冊頁，茲按該書原有順序，分述各冊內容如下：一、「沈石田山水扇冊」，內有摺扇十幅。二、「周東村山水人物扇冊」，內收十六幅。三、「文待詔書畫扇冊」，內收摺扇十六幅。四、「文待詔山水花卉扇冊」，內收十二幅。五、「唐六如山水花卉扇冊」，內收十二幅。六、「仇英人物山水冊」，內收十幅。七、「謝時臣山水扇冊」，內收十幅。八、「張宏山水扇冊」，內收十六幅。九、「王穀祥花卉扇冊」，內收十二幅。一〇、「陳白陽花卉扇冊」，內收十六幅。一一、「魏之璜、魏之克山水花卉扇冊」，內收十幅。一二、「陸治山水花卉扇冊」，內收十二幅。一三、「周之冕花卉扇冊」，內收十六幅。一四、「丁雲鵬山水花卉人物扇冊」，內收十二幅。一五、「陳裸山水扇冊」，內收十二幅。一六、「董其昌行書扇冊」，內收十二幅。一七、「董其昌書畫扇冊」，內收十二幅。一八、「董其昌山水扇冊」，內收十二幅。一九、「陳繼儒行書扇冊」，內收十幅。二〇、「陳洪綬書畫扇冊」，內收十二幅。同書卷四，又記載了二一、「集明人小楷扇冊」，內收紈扇十二幅。二二、「集明人行書扇冊」，內收扇二十八幅。二三、「集明人書畫扇冊」，內收二十四幅。二四、「集明人人物扇冊」，內收十六幅。二五、「集明人山水扇冊」，內收二十幅。二六、「集明人花鳥扇冊」，內收二十幅。二七、「集明人蘭竹扇冊」，內收十二幅。二八、「大滌子山水花卉扇冊」，內收十二幅。二九、「王覺斯行書扇冊」，內收十幅。同書卷五又著錄了三〇、「惲南田山水花卉扇冊」，內收十二幅。三一、「王時敏倣古山水扇冊」，內收八幅。三二、「王鑑倣古山水扇冊」，內收十幅。三三、「王翬倣古山水扇冊」，內收十二幅。三四、「王原祁進呈扇冊」，內收十二幅。三五、「集名人法書扇冊」，內收十六幅。三六、「集名人山水人物花鳥扇冊」，內收二十幅。三七、「新羅山人山水花卉扇冊」，內收十二幅。三八、「集閨秀山水花卉扇冊」，內收十二幅。三九、「集方外書畫冊」，內收十幅。合計卷三共收十九冊；卷四共收九冊，卷五收十一冊。在這三十九種集冊與專冊之中，一共收集了明、清兩代的摺扇畫蹟五百二十幅。

㉑ 這十二幅紈扇完全收在「宋高宗團扇書冊」裏。該冊由《聽颿樓書畫續錄》卷上著錄。

㉒ 據潘正煒的《聽颿樓書畫續記》卷四，在從一八四三到一八四九的這六年之間，他所收藏的與扇面書畫有關的作品，共有「王鐸便面書冊」、「惲南田山水花卉扇冊」、「陳洪綬便面畫冊」與「陳洪綬便面書畫冊」等四冊。四冊共收摺扇書畫六十幅。

㉓ 據《書畫鑑影》卷一五，「明人書畫扇面集冊」共四冊，每冊各收四十幅。又據同書卷一七，「惲南田山水扇面集冊」與「惲南田花卉扇面集冊」，每冊各收十幅。「惲南田山水花卉扇面集冊」則收十二幅。再據同書卷一八，其「名人扇面集冊」共二冊，每冊各收二十四幅。總計之，李佐賢共收明、清時代的集冊九種，冊中共有摺扇畫蹟二百八十八幅。

㉔ 按曹永純的《種水詞》，卷四是「扇影集」。集內有曹氏自序，末繫道光年戊壬（一八二八）款。序文略云：

「余家藏有書畫舊扇，友朋間亦頗有藏者，陳新菸、戴松門、錢麂山、文後山、莊雪膝、殷雲樓、吳餘山，皆踰百面，或數十面。唐大令至滿千數。屠居士亦有數百。」

根據這段文字，可知在十九世紀初的江南一帶，當時的文士收藏摺扇的風氣非常普遍。

㉕ 據民初書畫家姚華（卒於一九三〇年）的《題畫一得》（二筆）（見《藝林月刊》第九冊，一九三〇年，在北平出版），宮玉父爲泰州人。再據王季遷與孔達（Victoria Contag）二氏合編之《明清畫家印鑑》（據一九六六年，香港大學所發行之增訂本）所附《明清收藏家印鑑》（見頁五六一），清代泉州籍之宮爾鐸（字農山），亦收藏家。然姚、王兩家對於宮子行與宮爾鐸的活動時代，毫無所述。故姚華所記之宮子行是否亦卽王、孔兩氏所記之宮爾鐸，則尚待深考。

㉖ 此亦據前注所揭姚華《題畫一得》（二筆）。

㉗ 按王綋的摺扇畫——「竹深荷靜」，見《扇集大觀》第五集，第一圖。夏昺的「摺

扇畫墨竹」，見同書第十四集，第一圖。劉珏的「摺扇畫山水小景」，見同書第十七集，第二圖。

㊳ 按潘正煒《聽颿樓書畫記》卷四，著錄「集明人人物扇冊」、與「集明人山水扇冊」，各一冊。前冊有戴進的「枕石聽流圖」，後冊有戴進的「風雨荷鋤圖」。前圖署「靜菴」款，並有「文進之章」的朱文印，後者不署款，但有「戴進」朱文印。

㊴ 據美國密西根州 Oakland 大學的大學美術館所編："Chinese Fan Paintings from the Collection of Chan Yiu-pong" (1972, Oakland) 第二圖，戴進有「風雨歸舟圖」，款署戴進，鈐「戴進」白文小印。澳門鄧蒼梧氏藏有戴進「江樓柳荷圖」摺扇一幅，款署靜菴，鈐「戴進」二字白文小印。此扇左下角有潘正煒的「季彤審定」的朱文方印。《聽颿樓書畫記》及《聽颿樓書畫續記》，於此扇皆無著錄，此扇可能是潘正煒在他的藏品目錄編成以後才收到的。

㊵ 厲鶚的《玉臺書史》，不分卷，共錄歷代女性書法家二百零八人。其書在清代本有《昭代叢書》、《述古叢鈔》，與《翠琅玕館叢書》等不同之版本。在二十世紀又增加了《美術叢書》的排印本。湯漱玉的《玉臺畫史》則摹倣厲鶚的《玉臺書史》的體例而編輯成。書共五卷。卷末又有「別錄」一卷。大概摹倣南宋時代董史的書錄，其書原來收在《翠琅玕館叢書》裏。在二十世紀，又先後收在由鄧實與黃賓虹合編的《美術叢書》，與由于安瀾所編的《畫史叢書》裏。

㊶ 《明清扇面畫選集》，一九五九年，上海，人民美術出版社出版。

㊷ 《上海博物館藏明、清摺扇書畫集》，由上海博物館編輯，上海人民美術出版社出版。集內共收明代繪畫七十六幅、法書二十四幅，清代繪畫四十幅、法書十一幅。

㊸ 一九七〇年，山東省博物館在山東鄒縣發現並發掘了明代魯王朱檀的墓葬，詳見由山東省博物館執筆的「發掘明朱檀墓紀實」一文，載於一九七二年出版的《文物》第五期，頁二五——三六。在此墓中發現了宋、元時代的畫蹟共四卷，其中一卷的主要部分，正是一件由無名宋人所畫的「葵花蛺蝶圖」。大概朱檀在他生前，是爲了要把元代的馮海粟與趙巖，爲這件紈扇所寫的兩段題語，能與宋扇共同保

存，才把這幅畫了「葵花蛺蝶圖」的紈扇，與元代文人的題語裝裱在一起成爲一個手卷的。這把紈扇的一面，雖是不知名的宋代院畫家的作品，可是紈扇的另一面，卻由南宋的第一位天子宋高宗，題了一首七言絕句。所以能把宋代的扇面畫蹟與南宋皇帝的字蹟作爲陪葬品，當然是一種奢侈的行爲。這是對明人把宋代的紈扇作爲奢侈之陪葬品的正面的解釋。

一九八二年江蘇省淮安縣博物館又在該縣東郊之閘口村，發現與發掘了明代王鎮的墓葬。在此墓中，發現了十五件陪葬品的畫蹟。其中兩件，雖然署名爲元代的任仁發與王淵，但是經過中國古代書畫鑑定組的鑑定，這兩件都是明代的僞作。至於其他十三件，也無不都是明代的作品。詳見由江蘇省淮安縣博物館與中國古代書畫鑑定組合編的《淮安明墓出土書畫》（一九八八年，北京，文物出版社出版）的前言與圖版。王鎮既然不是明代的貴族，所以他祇能用明代的畫蹟作爲陪葬品，而不能像明魯王朱檀一樣的，用宋代的紈扇畫蹟來陪葬。以王鎮墓中的陪葬品沒有宋代的紈扇畫蹟爲例，可以看出來，朱檀用宋代的紈扇畫蹟作爲陪葬品，在當時，的確是相當奢侈的行爲。

(四四) 可參閱莊申「關於廣東收藏家所藏古書畫價的考察」一文，載於《明報月刊》，第九卷，第九期（一九七四年六月，香港出版），頁九五——一○一，以及第十期（一九七四年七月），頁四三——四八。

(四五) 一九八五年，由北京故宮博物院所收藏的兩百幅明、清時代的書畫摺扇，分別編爲《明、清扇面書畫集》的第一與第二集，由人民美術出版社在北京出版。據此書第一集的序言，該院預計編輯《明、清扇面書畫集》五集，每集一百幅。所以該院所藏明、清扇面書畫的總數，至少不會少於五百幅。

(四六) 在上注所揭的《明、清扇面書畫集》第一集裏，張弼的「七絕詩」、謝時臣的「暮雲詩意」、沈碩的「雙鉤蘭花」、周之冕的「芙蓉楊柳」、與董其昌的「倣倪瓚山水」等五幅，以及在同書之第二集裏，唐寅的「古木寒鴉」、陳淳的「牡丹」、與道濟的「梅花」等三幅，都鈐有潘季彤（潘正煒）的收藏印章。故知上述八幅摺扇書畫的原有物主，都是十九世紀中期的廣東收藏家潘正煒。

㊼ 在《上海博物館藏明、清摺扇書畫集》之中，明代陸治的「杏花白燕圖」、陳繼儒的「水墨谿山圖」、以及李夢陽的「行書五言詩」等三件，本來都是潘正煒的舊藏。至於明代錢穀的「疏林釣磯」、孫克弘的「空谷春風」、程嘉燧的「松谷庵圖」、趙左的「山樓晚歸」、沈顥的「霜天清曉」、陸深的「草書七絕」、與程邃的「行書飲中歌」等七件本來都是吳湖帆的舊藏。此外，陸治的「杏花白燕」，在由潘正煒的收藏之中流散以後，與由上海博物館收得之前，也曾一度是吳湖帆的舊藏。

㊽ 朱耷的「芙蓉山石圖」，見《藝苑掇英》，第七期(一九七九年，上海出版)，圖版二十。此圖現爲四川省重慶博物館之藏品。然該圖在爲重慶博物館獲得之前的流傳歷史，迄仍不明。此外，在上海博物館的藏品之中，明代王孟仁的「高閣遠眺」與李著的「江上清風」等兩件摺扇繪畫(均見《上海博物館藏明、清摺扇書畫集》)，也十分値得注意。王、李兩人不但是明代罕見的文人畫家，而且作品非常罕見。這兩件摺扇畫蹟在成爲上海博物館的藏品之前，流傳的歷史也是完全不清楚的。

# 第六章

# 扇的西傳

圖一一三：英國伊利沙白女皇（1533—1603）的肖像
（她的左手拿著手套，右手拿著一把摺扇）

根據以上所述，到二十世紀爲止，中國不但有許多質地各異的扇，就其使用的歷史而論，至少已在一千多年以上。反之，在西方，卻很少有扇。譬如在拉丁古語中的"Flabellum"這個字，其義雖然爲扇，卻也有 fly-flap(蠅拍)的別義。在法語中的"eventail"，雖然可以解爲扇字，其本義卻是招風。至於英語中的"fan"，其字本由古代英語裏的"fann"一字演變而來，而"fann"又由另一個拉丁文字彙"Vannus"轉變而成。就字義而言，"Vannus"是擦窗機(Windowing machine)，而"fan"雖然通常翻譯爲扇，其本義卻爲煽動，而其別義則或爲風車，或爲簸箕。此外，鳥之張尾與鼓翼，也都要用 fan 字加以形容。根據以上所列各種對於歐洲語文中，相當於扇字的字義的分析，可知「歐語於扇」是「初無專名」的㊀。

如就歐洲文化史以觀察，摺扇雖在十六世

紀，已經傳到法國與英國，譬如在法國，法王亨利二世之后凱沙琳(Catherine de Medici, 1519-1589)便使用過一種小山羊皮做成的摺扇(deconple)，而在英國，伊利沙白女皇一世（Elizabeth I, 1533-1603 但僅自一五五八至一六〇三年爲英國女皇）似較凱沙琳更喜愛使用摺扇，因爲這位女皇在她生前是曾經擁有二十七把摺扇的㈡。英國倫敦的國家肖像館（National Portrait Gallery）藏有一張伊利沙白女皇的盛裝坐像（圖一一三）㈢。在此圖中，這位女皇一手拿着手套，另一手拿着一把烏骨的中國摺扇。

不過摺扇在歐洲的重要發展，似乎是十七世紀的初期，亦卽相當於中國史上的明末淸初的那段時期。在十七世紀的前期，意大利雖是歐洲的摺扇製作中心，但到十七世紀的後期，由於法王路易十四（Louis XIV, 1643-1715）之首相柯柏特（Jean Buptist Colbert, 1619-1683）的鼓勵，歐洲的摺扇製作中心，不但已由意大利逐漸轉到法國，就是法國的國都巴黎（Paris）因此也慢慢相應的形成扇子的製作中心。在當時，出入於凡爾賽宮（Versailles）的法國貴婦，在公開場合之中，手持從中國傳到歐洲去的摺扇，或者法國自製的摺扇，就成爲一種時髦的風氣。

關於十八世紀的法國摺扇，這裏舉出兩個例子以見一斑。第一例是一件大約製於一七〇〇年到一七二五年之間的象牙骨摺扇（圖一一四）。扇面是用皮做的，在皮上的神話故事是用樹膠水彩畫的㈣。每股象牙股長二六・五公分，股上分別刻有凸起的花紋（Pique），在結合扇股之鉸釘的釘面上還鑲着螺鈿。畫面所表現是古代希臘神話的一部份。據希臘神話，宙斯（Zeus）是天上的諸神之王。有一次，他化身爲一隻公牛，在美女歐羅巴（Europa）及其友人遊玩的海岸旁邊漫步行走。歐羅巴覺得牛很溫順，不但把她手裏的花圈掛上牛角，而且還爬上了牛背。這時候，公牛先在海邊走了一會兒，然後突然狂奔入海。歐羅巴雖然驚慌，卻不敢跳進海裏。於是公牛先游到克利底島（Crete），在恢復了神的原形之後，佔有了她。在畫面中央，騎在牛背上的藍衣少女就是歐羅巴。她的花圈既然掛在牛頸上，看來完成此畫的摺扇畫家，對於神話裏的情節的描寫，是稍有出入的。至於人物前後方的淺水，當然是對海水的表現。

第二例也是一把在法國製作的皮扇。製作的時代大約在一七二〇年到一七四〇年之間（圖一一五）。此扇扇面上的歷史故事是用水彩顏料畫成的。摺扇的扇股共有二十隻，都是象牙的。扇股上鑿刻了精緻的透空花紋。最外面的兩隻長股，各長二七・五公分。畫面的內容與人物與歐洲的上古史有關。公元前三三四年(相當於中國的戰國時代中期)，希臘的亞歷山大大帝（Alexander the Great, 356-323 B.C.）率軍遠攻波斯(Persia)。

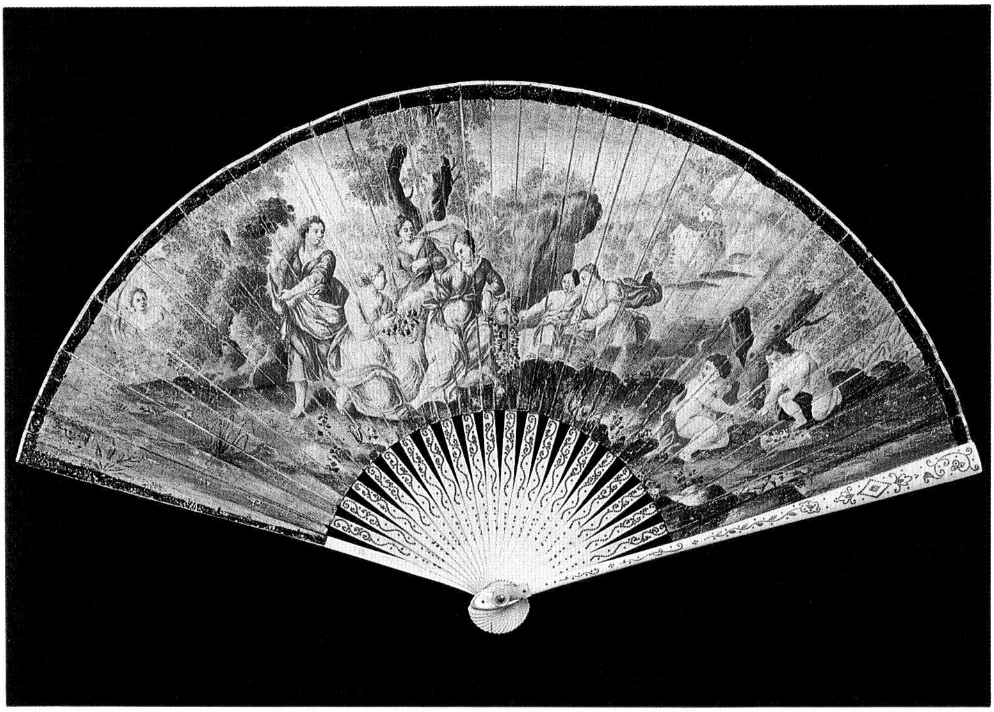

圖一一四：法國（France）或意大利（Italy）十八世紀初期（約1700-1725間）的單皮摺扇
（畫面表現希臘神話中的大神宙斯（Zeus）變爲白水牛把歐羅巴公主（Princess Europa）強奪到克里底島（Crete）的故事）

圖一一五：法國（France）十八世紀上半期（約1720-1740間）的刻印摺扇

（畫面表現希臘的亞歷山大大帝探訪波斯王大流士的家屬。原畫由 Charles Lebrun 作於1661年）

次年，在伊蘇斯（Issus）戰役之後，希臘軍獲勝。波斯王大流士（Darius）戰敗逃走，其母、其妻、與其子女皆被俘。亞歷山大大帝在得知戰果以後，不但特別去探望大流士的親屬，並且關照他的部屬要善待戰俘。在此摺扇畫面中，畫家用帳篷左右兩端的斷樹來暗示戰爭的進行曾經相當激烈。外黃而內藍的帳篷就紮在斷樹的樹幹旁邊。在帳篷裏，上穿花衫、下着黃裙而手抱嬰孩的女性，是大流士之母西西干比斯（Sisigambis），站在帳篷外面而頭戴戰盔，並在盔上飾以紅色羽毛的戰士是亞歷山大大帝，站在他後面的是他的部將海費阿斯頓（Hephaistion）。

這把皮摺扇扇面上的歷史故事畫，與十七世紀的法國宮廷繪畫是頗有關係的。在十七世紀下半期，勒邦（Charles LeBurn, 1619-1690）是法王路易十四(Louis XIV, 1643-1715)時代的宮廷畫家。他首次奉命創作的作品，就是「亞歷山大大帝探視大流士之家屬」。此畫完成後，頗爲路易十四所欣賞。因此，這幅畫的畫面不但曾被愛狄林克（Gerard Edelink）或格瑞比利（Simon Gribelin）刻成了金屬版畫，又被格瑞比利設計爲法國的牆上掛氈畫裏的主題。這把皮摺扇上的繪畫，就是按照勒邦的油畫原作之構圖加以剪裁而完成的。所以從這把皮扇上的水彩畫裏，大致還可以看到十七世紀下半期的法國宮廷油畫的風格。

根據以上二例，似乎可以發現用皮作爲摺扇的扇面，以及用象牙作爲摺扇的扇股，在十八世紀的初期的法國，是相當流行的。至於摺扇扇面繪畫的主題，大致也以古代的神話與歷史爲主。

如與十七世紀的情形相比，在十八世紀，歐洲各國對於中國摺扇的喜愛，可以說是與日俱增的。怎麼證明呢？首先，在一七〇九年四月十九日，英國的安妮女皇（一七〇七——一七一四在位）向位於倫敦（London）的高名製扇公司（Worshipful Company of Fan Makers）頒發了營業許可證（圖一一六）。一七一〇年十月五日，這家製扇公司並經倫敦的安得曼法庭(Court of Aldemen）與倫敦市長巴樂奈特爵士（Sir Samuel G. Baronet）之同意，而加入倫敦市政廳公會（Chamber of Guildhall of the City of London)[5]。由製扇許可證的頒發，可以看出來，到了十八世紀的初期，摺扇在英國的製作，已經正式成爲合法的商品。當時的英國市場，如果對於摺扇沒有大量的需要，應該是不會有製扇公司成立的。

自從高名製扇公司的成立以後，在十八世紀的英國，扇子的使用，尤其是女性對於扇子的使用，就更普遍了。當時無論是參加宴會、或者其他集會、還是去觀賞歌劇，在這些公眾場合，上流社會的婦女們都要在手裏拿一把摺扇。譬如大約在十八世紀末期（一七九〇年左右）製於荷蘭

圖一一六：英國倫敦（London）製扇公司開幕銘文
（在1709年4月19日由英國安妮女皇頒發營業許可證，在1710年10月5日由安得曼法庭與倫敦市長巴樂奈特爵士同意加入倫敦市政局公會）

（或法國）的一把獸角卜瑞斯扇（brise fan），就是為了婦女而特製的（圖一一七）。此扇扇股的長度祇有十五公分，所以扇子的製作可稱十分小巧。使用人可以把扇子放入女性的手提袋（Reticule）裏，而在觀賞歌劇時使用。

圖一一七：製於法國（France）或荷蘭（Netherland）的愛情箭摺扇
（約製於1790年代）

在這時期，摺扇不但是婦女裝扮裏的一種配件，而且更可以利用摺扇的使用方式，而表示很多嘴裏不便啟口，但是必需讓對方知道的事情。特別是當男性向女性表示愛意的時候，女性是可以利用摺扇來說很多隱語的。為了要讓當時的女性如何正確使用她們手裏的摺扇，在十八世紀，倫敦的都威勒若埃扇行（Fan House of Duvelleroy）還特別出版了一本書名是《扇子的隱語》（*The Language of the Fan*）的書。根據這本書裏的一頁（圖一一八），這些隱語的內容是相當精彩

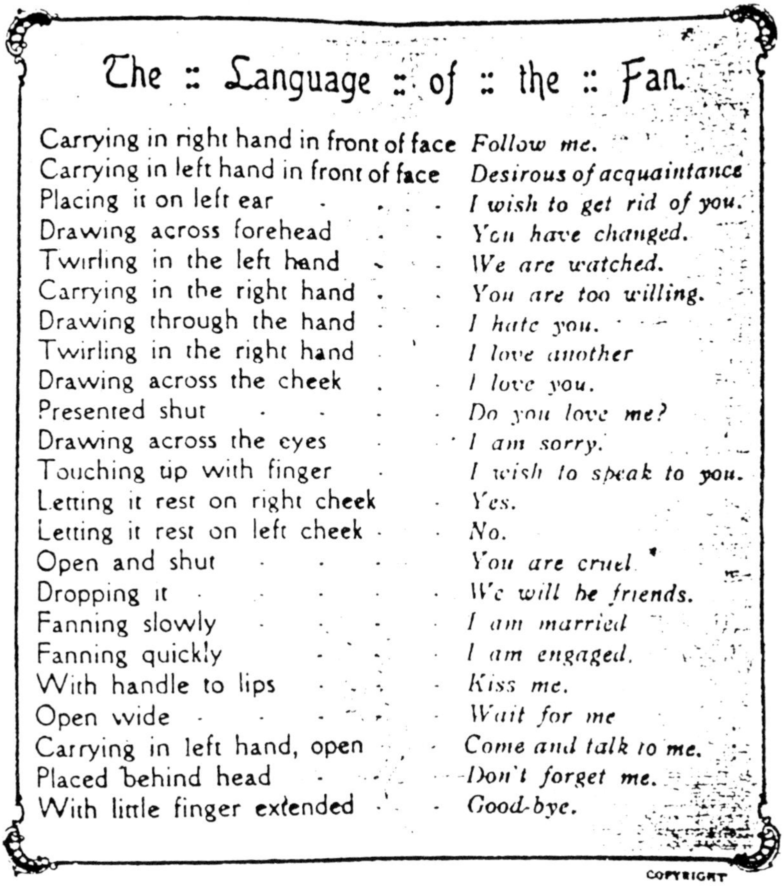

The :: Language :: of :: the :: Fan.

| | |
|---|---|
| Carrying in right hand in front of face | *Follow me.* |
| Carrying in left hand in front of face | *Desirous of acquaintance* |
| Placing it on left ear . . . . | *I wish to get rid of you.* |
| Drawing across forehead . . | *You have changed.* |
| Twirling in the left hand . . | *We are watched.* |
| Carrying in the right hand . . | *You are too willing.* |
| Drawing through the hand . . | *I hate you.* |
| Twirling in the right hand . . | *I love another* |
| Drawing across the cheek . . | *I love you.* |
| Presented shut . . . . | *Do you love me?* |
| Drawing across the eyes . . | *I am sorry.* |
| Touching tip with finger . | *I wish to speak to you.* |
| Letting it rest on right cheek . | *Yes.* |
| Letting it rest on left cheek . . | *No.* |
| Open and shut . . . . | *You are cruel* |
| Dropping it . . . . . | *We will be friends.* |
| Fanning slowly . . . . | *I am married* |
| Fanning quickly . . . | *I am engaged.* |
| With handle to lips . . . | *Kiss me.* |
| Open wide . . . . . | *Wait for me* |
| Carrying in left hand, open . . | *Come and talk to me.* |
| Placed behind head . . . | *Don't forget me.* |
| With little finger extended . . | *Good-bye.* |

COPYRIGHT

圖一一八：十八世紀在英國出版的《扇子的隱語》的內容舉例

（倒數第七行「慢慢的搧扇子」代表「我已結婚」

倒數第六行「很快的搧扇子」代表「我已訂婚」

倒數第五行「把扇柄放到嘴唇上」代表「你可以吻我」

倒數第四行「把扇子全部展開」代表「你等我」）

的。現自該頁選譯幾條，列之如左：

| 行數 | 動作 | 意義 |
| --- | --- | --- |
| 第一行 | 右手持扇而放在面前 | 跟我來 |
| 第三行 | 摺扇放在左耳上 | 我希望你別再來 |
| 第五行 | 用左手把摺扇轉來轉去 | 你被人盯上了 |
| 第八行 | 用右手把摺扇轉來轉去 | 我愛的是別人 |
| 第九行 | 把摺扇從面頰上劃過去 | 我愛的是你 |
| 第十七行 | 慢慢的搧扇子 | 我已經結婚了 |
| 第十八行 | 很快的搧扇子 | 我已經訂婚了 |
| 第十九行 | 把摺扇的扇把放到嘴 | 你來親我 |
| 第廿一行 | 用右手拿着打開的摺扇 | 過來跟我說話 |

大致說，十八世紀的那一百年，相當於中國清代的康熙後期（一七〇一——一七二二）、雍正朝（一七二三——一七三五）、與乾隆朝（一七三六——一七九五）。在這一百年內，且不要說中國的女性很少使用摺扇，就是使用摺扇，也不會使用任何隱語。甚至就連當時的中國男性，恐怕也不知道如果他們身在異邦，是可以利用摺扇的隱語而與英國的少女或少婦們談情說愛的。

如果高名製扇公司的成立與《扇子的隱語》的出版，可以代表十八世紀的英國社會對於摺扇的喜愛與需要，下面所介紹的一幅與摺扇有關的繪畫，似乎可以說明十八世紀的荷蘭社會，對於摺扇的喜愛與需要，也絕不會比英國遜色。一七三九年，荷蘭籍的畫家西利（Jacobus Van der Schley）曾經畫過一幅畫名是「國王之晚宴」（The Lord's Supper）的素描（圖一一九）。在此圖中，受邀赴宴的女性，不但端坐在排列成行的椅子上，而且最值得注意的是，這些婦女幾乎無不是人手一扇的。

稍後，到了相當於清代中期的，乾隆時代的十八世紀，也許爲了適應歐洲社會對於中國摺扇的需要，廣州的出口商人又及時推出若干專門外銷的象牙摺扇㈥。這種象牙摺扇不僅刻工精細，扇上的圖案，也經常是中西各半的。當歐洲的摺扇匠人開始利用象牙自製摺扇後，扇的性能似有不少改變。首先，歐洲的象牙扇是沒有扇面的。但扇股的股數卻大量增加。當全扇展開之後，扇股層層相疊；構成一個暫時性的扇面。全扇收合之後，暫時性的扇面又消失於無。在歐洲，這種沒有眞正的扇面的摺扇，是有「卜瑞斯扇」（brise fan）之專稱的。

在十八世紀，brise fan 的製造中心是荷蘭。製扇的質料，則舉凡象牙、獸角、獸骨、木材、金、銀，甚至硬紙，無不皆可充任㈦。大概在十九世紀初期製於意大利的一把鏤空銀扇（圖一二〇）、和在十九世紀之後期製於德國的一把象牙

圖一一九：十八世紀荷蘭（Netherland）上流社會所用之摺扇
（這幅畫是荷蘭畫家西利（Jacobus Van der Schley）在1739年所畫的「國王之晚宴」。應邀而來又列隊而坐的貴婦，人手一扇）

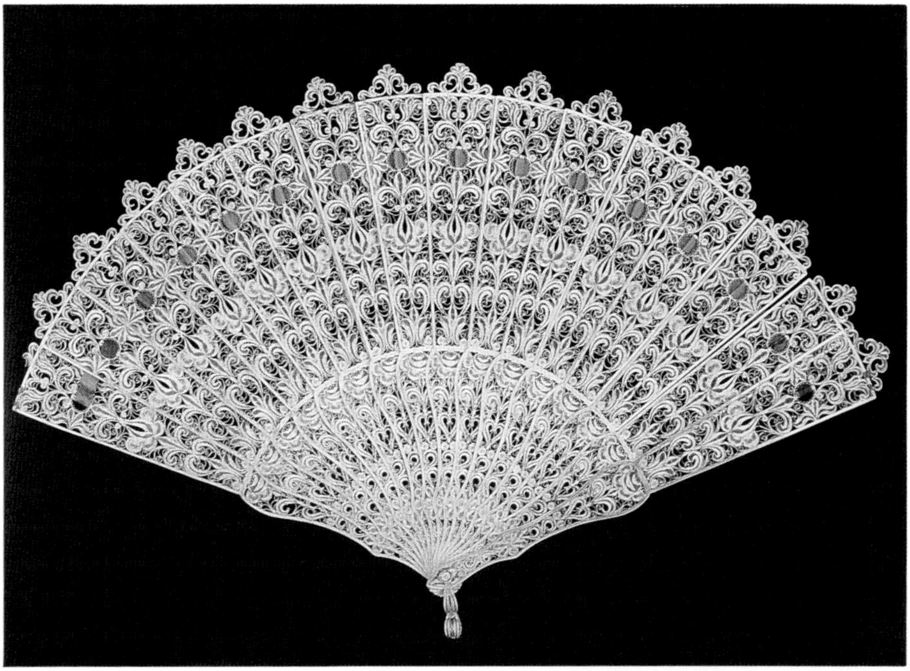

圖一二〇：大約在十九世紀初期製於意大利之鏤空卜瑞斯扇

扇（圖一二一），以及在十九世紀之末期製於歐洲的一把玳瑁扇（圖一二二），雖然製作的時間都比較晚，不過這幾把十九世紀的卜瑞斯扇，卻正是十八世紀的歐洲各國用純銀、用象牙、與用

圖一二一：大約在十九世紀後期製於德國之象牙卜瑞斯扇

獸骨來製作卜瑞斯扇的工藝傳統的延續。一八八〇年，美國的女畫家卡薩特（Mary Cassatt, 1845-1926）畫成背景是火車車廂的「艾麗森畫像」（Miss Mary Ellison）。艾麗森手中摺扇的

圖一二二：大約在十九世紀末期製於歐洲某地之玳瑁卜瑞斯扇

扇面與扇股完全是褐色的（圖一二三）。也許她所使用的摺扇，正是在十九世紀製於歐洲的，以玳瑁爲股的卜瑞斯扇。

中國的外銷商爲了適應歐洲市場的需要，曾以廣東的廣州爲中心，而製作了不少的卜瑞斯扇，現舉三件爲例。第一件是大約製於清初之雍正時代或者乾隆時代之初期，或者相當於十八世紀前期的象牙扇（圖一二四）。此扇扇面中心部份的山坡，雖然採用了中國山水畫家經常使用的披麻皴的皴線，不過在畫面上，三個用正面表示的洋裝人物，既都長滿金髮，顯然不是中國人。至於表出於扇股上端的一排萬字（卍字）、和扇股中央的鯉魚戲水、以及扇股兩側的石榴雙雀，更是純粹中國風味的圖案。

圖一二三：美國女畫家卡薩特（Mary Cassatt）作「艾麗森小姐」（Miss Mary Ellison）
（約作於1880年。所畫的是坐在火車車廂裏的卡薩特小姐。她手裏所拿的，可能正是在十九世紀製於歐洲的，以龜殼爲股的玳瑁卜瑞斯扇。）

圖一二四：清代初期至中期（十八世紀前期）製於廣東之外銷卜瑞斯象牙扇

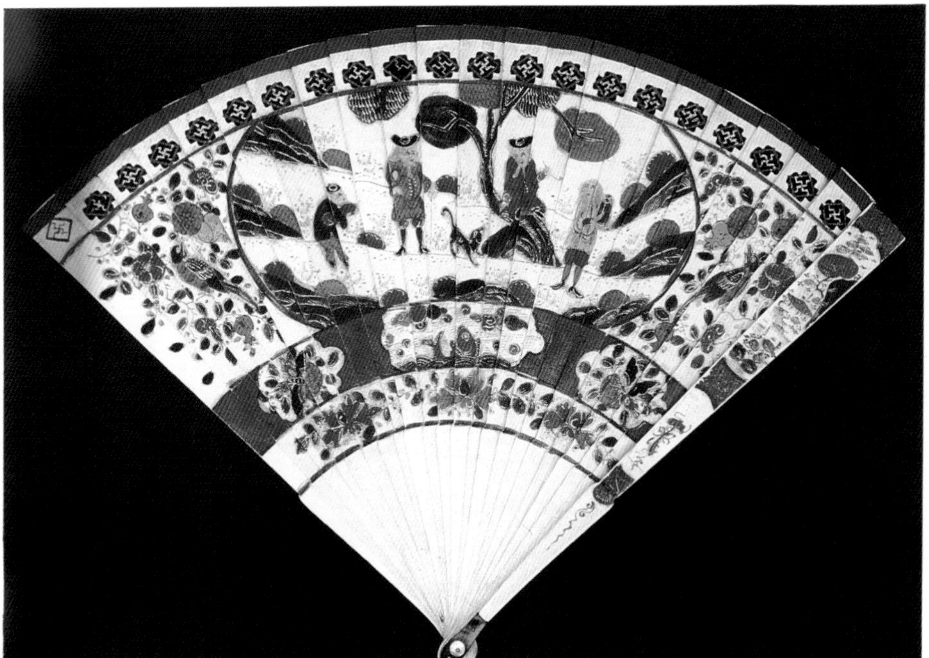

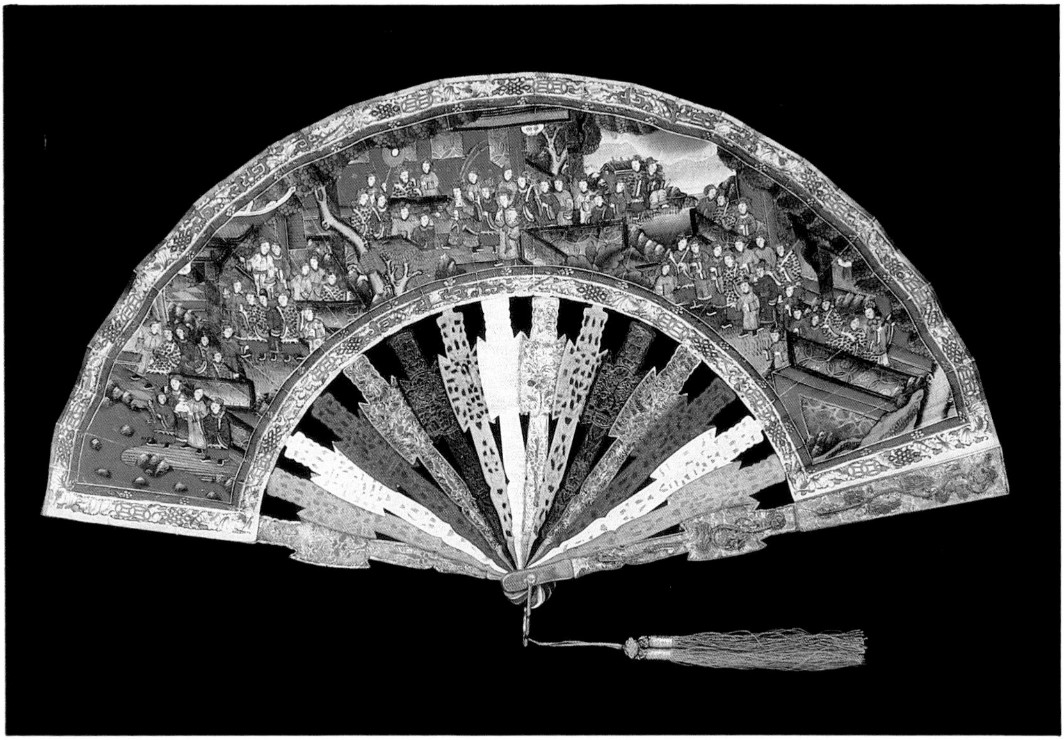

圖一二五：清代末年之出口摺扇
（製於廣東之廣州，約製於 1850 年至 1900 年之間）

第二件是現爲英國簡因斯氏（R. Soame Jenyus）所藏的一把大約在乾隆時代後期（十八世紀後期）製於廣州的象牙摺扇（圖四八）。除在扇股的中央部份，留有一塊未加鏤空雕刻的心形實底，扇股的其他部位，完全用鏤空雕刻的方式，刻出歐洲風味的花枝。這種鏤空細刻，與十八世紀初期的法國皮扇扇股上的鏤空細刻一樣，都屬於歐洲的工藝傳統。可是在心形實底的中央部份，用線條的方式所刻成的山水畫，卻屬於中國的工藝傳統。總之，把西洋人物和中國圖案或中國山水畫表現在同一把卜瑞斯象牙摺扇上，是廣東的外銷商人爲了適應歐洲市場的需要而特別製作的。

第三件摺扇的扇面本身雖是紙，可是扇股的製作，不但在色彩方面顯得五顏六色，就在材料方面更可說是五花八門（圖一二五），因爲這十四隻扇股與兩隻邊股，至少包括象牙、玳瑁、紫檀、琺瑯、和螺鈿等五種不同的材料，而精緻的鍍銀細工（filigree）是還沒算在內的。此外，這些用染料染出鮮艷色彩的扇股之股身，也都採用鏤空雕刻的方式而表現了一些圖案。這樣的製作既然並不適合中國本身的市場，當然是爲了外銷歐洲而特別製作的。

除了 brise fan，在十八世紀的歐洲，摺扇的流行似乎又與當時的「婚扇」和「喪扇」有關。所謂「婚扇」（Marriage fan），雖然主要是爲新娘而製，但參加婚禮的重要人物，有時也可獲得按照新娘自己的那一把而製造的倣製品。不過，婚扇的製造人，大概不是皇家就是貴族，一般人是無力製造的。譬如在一七六一年，英皇喬治三世（George III, 1738-1820）與其后查樂提(Charlotte, 1744-1818）成婚，若干象牙婚扇就是爲查樂提而特製的。在象牙股上，不但刻着象徵皇家的標幟，整扇都見喜氣洋溢。不用說，扇上的色彩也是富麗鮮艷的。爲英國皇家婚禮而特製的，色彩鮮艷的英國婚扇，現在固然不易得見，可是大約在十八世紀中期製於英國（或者法國）的，爲民間的普通婚禮而特製的婚扇，現在仍有實物遺存至今。

這把法國的摺疊婚扇的扇面是用皮做的（圖一二六）。扇面的邊緣不但都鍍了金邊，皮面上更塗滿一層樹膠水彩顏料裏的天藍色，祇有特別留出來作畫的三個空間沒塗藍色。由於鮮艷的天藍色與閃閃發光的金色的對照，扇面上的確能顯示一種喜氣洋洋的氣氛。應該指出的是扇面上三幅畫的內容。畫在左右兩側的風景畫，構圖與景物都很簡單，無需深論，可是表現在扇面之正中央的「登船話別圖」的內容，卻是深值注意的。「登船話別圖」的女主角是希臘神話裏的塞西拉（Cythera）。要說明這幅畫的內容，把與塞西拉有關的希臘神話稍加介紹，是有必要的。

所謂塞西拉，根據希臘神話，不但是一位女

性，也是愛情與生殖之神，以及美神。她的父親宙斯（Zeus）與母親戴阿那（Dione）雖然都是神，可是塞西拉的出生卻非常特別，因爲她是從海水的泡沫裏出生的。由於她出生的地點就在希臘南部的塞西拉島，所以她的名字也叫塞西拉，不過當她長大之後，卻改用亞柏洛地德（Aphrodite)爲名了。亞柏洛地德雖然嫁與火山之神烏爾肯(Vulcan)爲妻，可是由於烏爾肯的面貌醜陋，所以她又發生了不少的婚外情，譬如說，亞柏洛地德不但與戰神馬爾斯（Mars），和商業之神墨克瑞（Mercury）都有肉體關係，就與安奇色斯(Anchises)是也有肉體關係的；他們兩人的兒子阿尼阿斯(Aeneas)，在長大成人之後，成爲承繼希臘文化傳統的羅馬人的祖先。可是亞柏洛地德的婚外之情還不止於此。因爲與亞柏洛地德一齊表出於「登船話別圖」裏那個美男子，到現在還沒提。

這位美男子就是阿多尼斯（Adonis），他是由黑暗之神哈帝士(Hades)之妻帕塞福尼（Persephone，不過這個字有時又寫成普塞賓那 Proserpina ） 介紹給亞柏洛地德的。可是亞柏洛地德卻在認識了這位美男子之後，爲了能够擁有他，而與帕塞福尼大起爭論。這個痲煩的問題，後來終於在辯論詩神喀裏歐普（Calliope）的調停之下，才得到一個折衷性的解決，因爲從此以後，阿多尼斯每年只能跟亞柏洛地德同居四個月。然後再跟帕塞福尼同居四個月。至於那剩下的四個月，規定這位美男子只能自己獨居。亞柏洛地德與帕塞福尼對喀裏歐普提出辦法都覺得不錯。可是由於亞柏洛地德在認識了阿多尼斯之後，就冷落了馬爾斯，馬爾斯是既忌妒又氣憤的。所以他就利用一隻野豬，在阿多尼斯打獵的時候，弄死了這位美男子，而結束了他風流的一生。

在這把皮扇的中間畫面之中，有兩位戀人，坐在大樹前面的土坡上。穿了粉紅色之露胸洋裝的女子是亞柏洛地德，她身旁那位穿了黃色衣褲的男子是阿多尼斯。手持火把而在空中裸體飛行的小孩子是邱比特（Cupid）。邱比特雖然是亞柏洛地德的兒子，可是在希臘神話與生活之中，他卻是戀愛之神。他的出現表示他的母親正與阿多尼斯互相愛戀。儘管戀人們依依不捨，可是在畫面的右上側，不但停泊了一隻小船，就連船帆也已掛好，暗示這隻小船隨時都可以出海而他去。由「登船話別圖」之畫面所表現的，正是阿多尼斯因爲即將登船他去，所以坐在樹下與亞柏洛地德話別的情形。

根據這一段希臘神話，不但黑暗之神哈帝士的妻子帕塞福尼有婚外情，美神亞柏洛地德，更在她的丈夫烏爾肯之外，與馬爾斯、墨克瑞、安奇色斯，和阿多尼斯等四人都發生過肉體關係。如果古代的希臘社會對於夫與妻的婚外戀情，完全不能容忍，恐怕不會爲亞柏洛地德創造出這麼浪漫的神話。同樣的，如果十八世紀的法國人不

圖一二六：製於英國（England）或法國（France）的皮摺扇
（約製於 1760 年代，摺扇面上的畫蹟表現了塞西拉與其戀人安多尼斯之送別場面的「登船話別圖」）

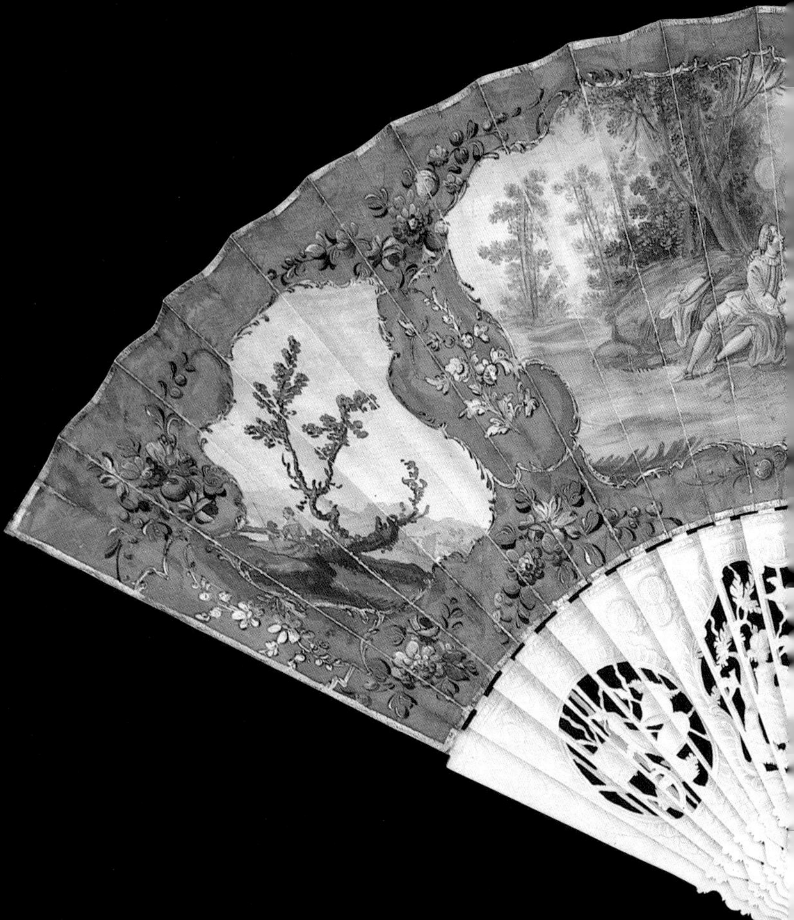

圖一二七：大約在十九世紀初期製於西班牙的婚扇

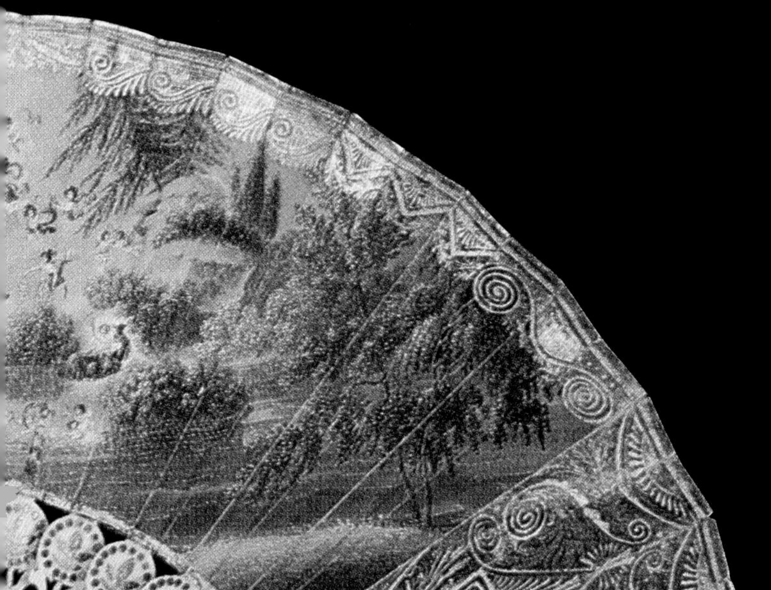

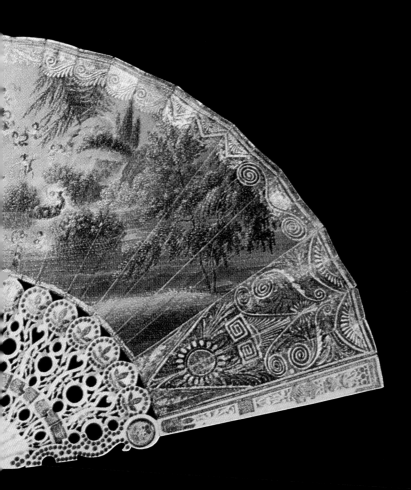

懂得如何欣賞亞柏洛地德的浪漫愛情生活，恐怕是不會把表現了阿多尼斯與亞柏洛地德的「登船話別圖」，畫在一把婚扇上，讓新郎與新娘去仔細觀賞的。可是根據中國的儒家倫理觀念，亞柏洛地德既在丈夫之外，又與四個男人先後發生肉體關係，她的行爲是淫蕩可恥的，她對丈夫更是不忠實的。把這種淫蕩可恥的行爲作爲繪畫的主題，再把這幅畫送給一位新娘，或者由一位新娘把這幅畫送給她的儐相，從中國社會的道德觀來看，不僅是不可思議，而且簡直是荒唐。

在這個關鍵上，我們不要忘記十八世紀的法國正接在十五與十六世紀的「文藝復興」（Renaissance）時代之後。而在文藝復興時代，法國人對於古代希臘文化的追求是不遺餘力的。法國人當然不會忘記，古代的希臘人，無論是男與女，都坦認肉體的結合才是愛。男人如果在性慾方面表現得不够熱情，渴望的女人是會爲他們釀製春酒的。希臘人對於性慾的觀念既然如此開放，他們對於神話中的亞柏洛地德的婚外情，怎麼會在意？因此，希臘各地在每年的四月初，在爲亞柏洛地德而特別舉辦節日（Aphrodisia）的時候，凡是參加此會的人，都可縱情的享有性的自由。法國人既然在文藝復興時代熱烈的追求古代希臘的文學、哲學、藝術，他們對於希臘人的性的哲學應該是瞭解的。所以在法國人的新娘摺扇面上表現曾有多次婚外之情的亞柏洛地德之用意，當然并不鼓勵新娘會以亞柏洛地德作爲她的性生活的榜樣，可是至少含有鼓勵新婚夫婦及時行樂享受性生活的用意。這樣說，法國人在新娘扇上描畫中國人認爲是淫蕩的亞柏洛地德，是有一個深厚的希臘文化作爲哲學背景的。

從這個立場上看，以法國的這把皮質婚扇扇面上的繪畫爲例，就可看出來，在十八世紀的歐洲與中國，當時的人生觀與道德觀，也就是整個的文化思想，屬於兩個完全不同的類型。所以十八世紀的法國社會雖然熱愛從中國傳到歐洲的摺扇，可是法國畫家要在摺扇上選擇那一類的繪畫主題，或者表示那一類的道德觀或人生觀，卻與中國的文化傳統，是完全無關的。

另一件在歐洲製作的婚扇，大概是在十九世紀前期（約一八三〇年代），製於西班牙的紙本摺扇（圖一二七）。如與十八世紀的法國婚扇相比，這把摺扇扇面上的繪畫主題，已經不再是希臘神話裏的浪漫人物，而只是一幅普通的風景畫。可是畫面中央的亭子的建築結構，是中國式的。在湖水中所出現的一條黑龍，似乎也與中國文化傳統喜愛潛龍出水的觀念脗合。此外，左上方的沙洲的表現方式，與整個畫面所表現的園林景色，也都與從十七世紀以來，就長期被歐洲各國所摹倣的中國園林的佈局相當接近。看來由這把婚扇上的風景畫所表現的，大概是十九世紀初期的西班牙畫家心嚮往之的中國。把中國的景物畫在婚扇上，是對新婚夫婦的一種祝福；祝福他們可以從西班牙到遙遠的中國去，去享受東方式的生活環境。

如果表現了「登船話別圖」的法國皮扇、和表現了中國亭園的西班牙紙扇，可以分別代表十八與十九世紀的歐洲婚扇，本世紀初年的英國紗扇，也許可以代表二十世紀的歐洲婚扇。在本世紀初年，在英國的首都倫敦，有一種名字叫做《婦女天地》(*Ladies Field*)的雜誌；這是專門爲英國的婦女所出版的一種刊物。據一九〇五年六月二十四日所出版的《婦女天地》裏的一幅廣告（圖一二八），位於倫敦麗晶街（Regent Street）一百六十七號的一家店舖，是專門經營扇子生意的。這家扇舖不但批發六先令一打的扇子，也發售專門賣給女儐相的婚扇。這幅廣告雖沒提到婚扇的售價，不過如果能以廣告裏的附圖爲證據，至少可以看到當時的婚扇是用帶有花草圖案的透明薄紗來製作的。在十八與十九世紀的歐洲，雖然已經開始利用透明的薄紗來製作摺扇，不過並不用這種紡織品製作婚扇。譬如在十

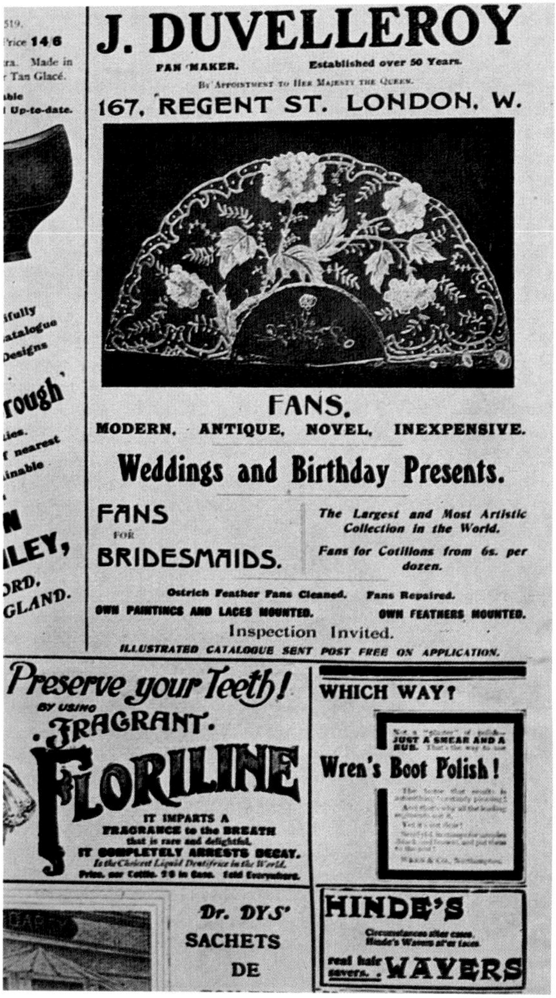


圖一二八：1905年6月24日在倫敦出版之《婦女天地》(Ladies Field) 裏賣扇子的廣告
（廣告裏不但說，扇子是結婚與生日的禮物，而且特別强調專賣給女儐相的婚扇）

圖一二九：製於英國(England) 或比利時 (Belgium) 之透明紗質摺扇 (約製於1770年代)

八世紀的後半期製於英國的一把具有十六隻象牙股的摺扇（圖一二九），就以一種叫做安格利特利（d'Angleterre）的透明薄紗案作扇面。應該附帶提到的是，在十八世紀，荷蘭的透明薄紗的品質，優於英國的透明薄紗的品質。由於荷蘭的透明薄紗，曾被大量走私到英國，所以英國的透明薄紗，是在新訂的法律的保護之下，才能有所發展的。

至於「喪扇」，大致是爲剛死了丈夫的新娘而特製的。「喪扇」通常不用裝飾，但是偶而也可利用若干陰暗的色調來表示一些圖案，從而表示喪禮的主體。在十八世紀的末期，製於法國的喪扇通常是認爲富有感情的㈧。在中國，在十九世紀的上半期，根據江南一帶的風俗，新娘子雖然要在婚後向夫家的姑嫂、妯娌，贈送羅扇，不過這把羅扇並不能稱爲婚扇。中國既沒有婚扇，就更沒有爲新寡的新娘特製喪扇的習俗。

到了十九世紀的初期，歐洲各地都使用過不少的東方摺扇。這些摺扇雖然習稱「中國扇」或「廣東扇」，其實它們與中國，甚至與廣東，都沒有關係。所謂「中國扇」的眞正之產地，雖然可能是菲律賓（Philippine），通常指一種兩面都用鮮艷的色彩（藍色或粉紅色），來描繪中國式生活的扇面。這些摺扇的扇股大都是象牙或獸骨，有時是髹漆的木質㈨。一般的歐洲人對於中國的事物既然不甚了解，所以通常用這種號稱爲

「中國扇」的東方摺扇作爲摹倣的對象。一直到十九世紀之末，對於歐洲的摺扇製造而言，這種摺扇的影響一直是相當深遠的。值得注意的是，在另一方面，時代愈晚，「中國扇」的製造與繪畫的水準也愈見低落了。

在十九世紀的中期，以機械織繡而完成的摺扇，開始出現於英國。一八二九年，孟洽斯德（Manchester)的霍德斯吾斯(Henry Horldsworth)首先取得織繡機器的專利使用權二十一年。所以，在由一八二九年到一八七〇年之間的，凡利用新的縫紉法而製成的扇子，大概都是霍德斯吾斯工廠的成品。當時的扇面材料，除了綿紗、薄紗、與粗絹，還有來自印度的，輕而白，又可手洗的絹質㊁。

在一八二〇年左右，歐洲的摺扇的長度，約在二四公分左右。時代稍後，到一八八〇年，歐洲的摺扇之長度，卻增長到四〇公分左右。一八八〇年，維多利亞女皇一世（Victoria, 1837-1901）之孫女厄拉（Ella）與蘇聯之沙皇尼古拉二世（Nicholas II)成親。厄拉的婚扇之圓徑是一四七.五公分左右㊂。這個長度比十九世紀的，眞正的中國摺扇的長度幾乎要大三倍，就在英國，這個尺度，似乎也是摺扇的長度的極限。不過現在還不知道當時製造這種大摺扇的目的究竟是什麼。

歐洲的摺扇，雖然是從中國引進的，可是歐洲摺扇扇面上的題材，如與中國摺扇扇面上的畫題相比，是頗不相同的。歐洲摺扇扇面上的繪畫，如果按照內容來歸納，也許大致可以分成五類：第一類是神話故事、第二類是歷史片段、第三類是時事記錄、第四類是聖經故事、第五類是生活細節。關於第一類，畫在十八世紀的法國婚扇上的「登船話別圖」（圖一二六），與女神塞西拉的愛情生活有關，是以神話故事爲主題的典型作品。關於第二類，畫在一把十八世紀的法國皮扇上的「亞歷山大探訪大流士之母」(圖一一五)，與希臘和波斯兩國的戰爭有關，是以西洋上古的歷史片段作爲主題的典型作品。可是與這兩類有關的作品，數量是比較少的。至於與第三類和第四類有關的摺扇畫面，不但數量遠較第一、第二兩類爲多，而且與中國摺扇的扇面繪畫互相對照，似乎更可視爲歐洲摺扇扇面繪畫的一項特徵。所以本節要先對這兩類，稍加篇幅，特別介紹。最後再對第五類，稍加介紹。

關於歐洲摺扇扇面上的時事記錄，這裏可以舉出三件。第一件是一把在一七八三年製於英國的紙本摺扇。扇面上所表現的畫題，與氣球之升空有關(圖一三〇)。在十八世紀，氣球升空是當時的熱門科學實驗。在二十世紀才有所發展的飛機，就是根據十八世紀的氣球可以升空的原理，演變而成的常用的交通工具。一七八三年十一月二十一日，法國人羅齊爾（Rozier）與阿蘭第斯(Marquis d'Arlandes)在法國巴黎(Paris)的米特

圖一三〇：在1783年製於英國（England）的紙本摺扇扇面
（畫面表現在1783年11月 4 日在英國試驗成功的氣球昇空）

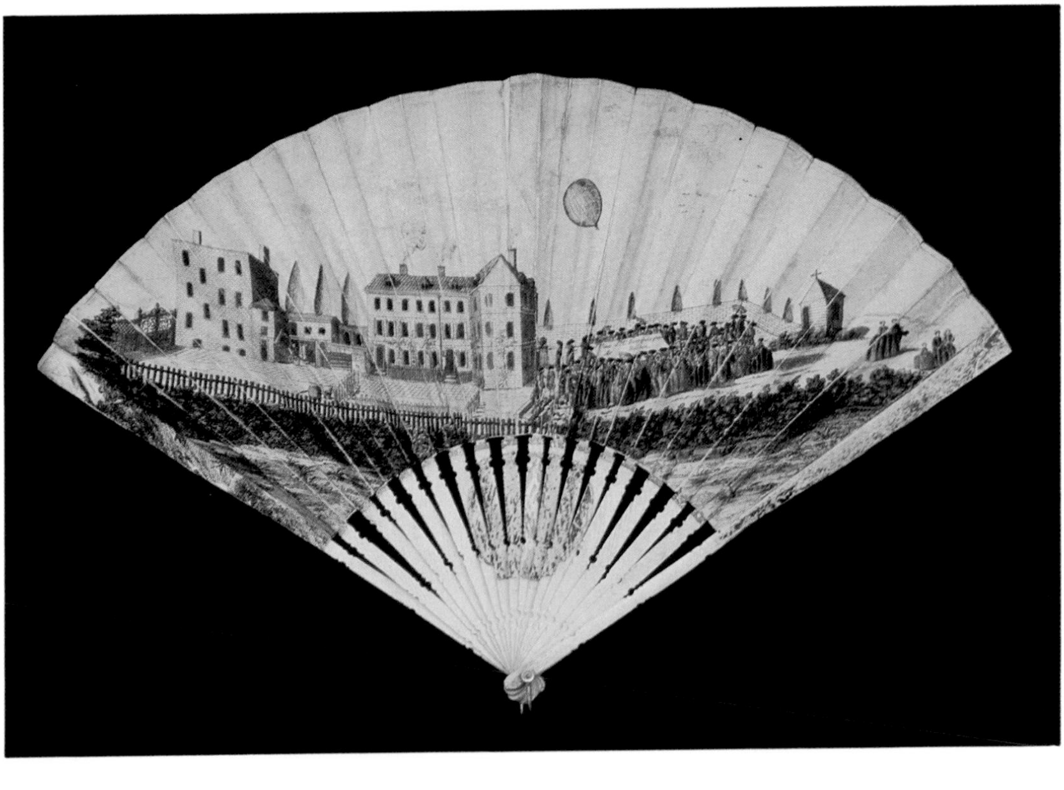

公園(Pilatre de la Muette)，把一隻面積共有七萬八千立方公尺的大型氣球升入空中，高達三千公尺。氣球所用的氣是重於空氣的熱氣。這個熱氣球在升入空中的二十六分鐘以後，飛越了七．五公里，才在附近的地區落地。同年十二月一日，法國人查理士（J. A. C. Charles, 1746-1823)與羅拔特(Robert)，又在巴黎的第尼勒斯公園(Tinileries），把另一隻使用了輕於空氣的氫氣球升入空中。這隻氫氣球以兩小時的時間，飛越了二十七公里。查理士在羅拔特落地之後，又獨自一人以半小時的時間，飛上九千公尺之高空。

在十八世紀，英國人對於氣球的實驗，可說與法國人的實驗幾乎完全同時。一七八三年十一月二十五日，英國人比亞基尼(Michel Biaggini)在英國的曠田城（Moorfield）之礮兵廣場（Artillery Ground），當着一羣觀眾，而把一隻直徑有一丈的氣球升入天空。這隻藉空氣之靜力而轉動的球(aerostatic globe)共用兩個半小時，飛越了四十八公里，然後才在薩色克斯（Sussex)落地。畫在這把具有十六隻骨製扇股的英國紙本摺扇上的主題，正是比亞基尼的「氣球升空圖」。氣球升空既在一七八三年，而這把摺扇的完成也在一七八三年，可見這把摺扇扇面上的「氣球升空圖」，正是對於當時的重要時事的一種記錄。

第二件是在一七八一年，製於荷蘭(Netherlands）的一把皮扇（圖一三一）。一七八一年八月五日，英國與荷蘭在北海的道格爾海岸（Dogger Bank），發生了一場海戰。參戰的是隸屬於英國海軍中將派克(Hyde Parker)的七艘海船、與隸屬於荷蘭海軍上將左特曼(Zoutman)的七艘海船。由於雙力實力相當，所以這場海戰可說並沒有顯著的勝負。可是根據畫面上的若干表現方式，勝方似乎是荷蘭。畫家是用甚麼來表示勝利方式呢？要說明這一點，不要只注意畫面是長方形的「海船互戰圖」，而要注意「互戰圖」兩側的兩個圓形空間裏的畫面。在這兩個空間裏，每邊各有一條美人魚。左邊的雄人魚（merman)不但在手裏拿着紅、白、藍三色相間的荷蘭國旗，而且嘴裏還吹着號角。至於右邊的雌人魚（mermaid），不但沒吹號角，就連手裏的英國國旗也有一半是浸在海水裏的。吹號角，代表對於海戰勝利的慶祝。對於道格爾海岸之海戰，在十八世紀的荷蘭，有不少的摺扇畫，都採用這個海船互相開礮攻擊的畫面作爲記錄。可是英國方面，卻從沒有關於這個戰役的繪畫記錄。道格爾海戰既然發生於一七八一年，而這把畫了海戰場面的皮扇也完成於一七八一年，可見在這年，荷蘭畫家的確是想通過這幅海戰圖，而對當時的重要時事加以記錄的。

第三件是大約在一八二〇年代製於意大利的一把雙面皮扇（圖一三二）。此扇扇面上共有三幅不同的樹膠水彩畫（gouache）。左邊的畫面

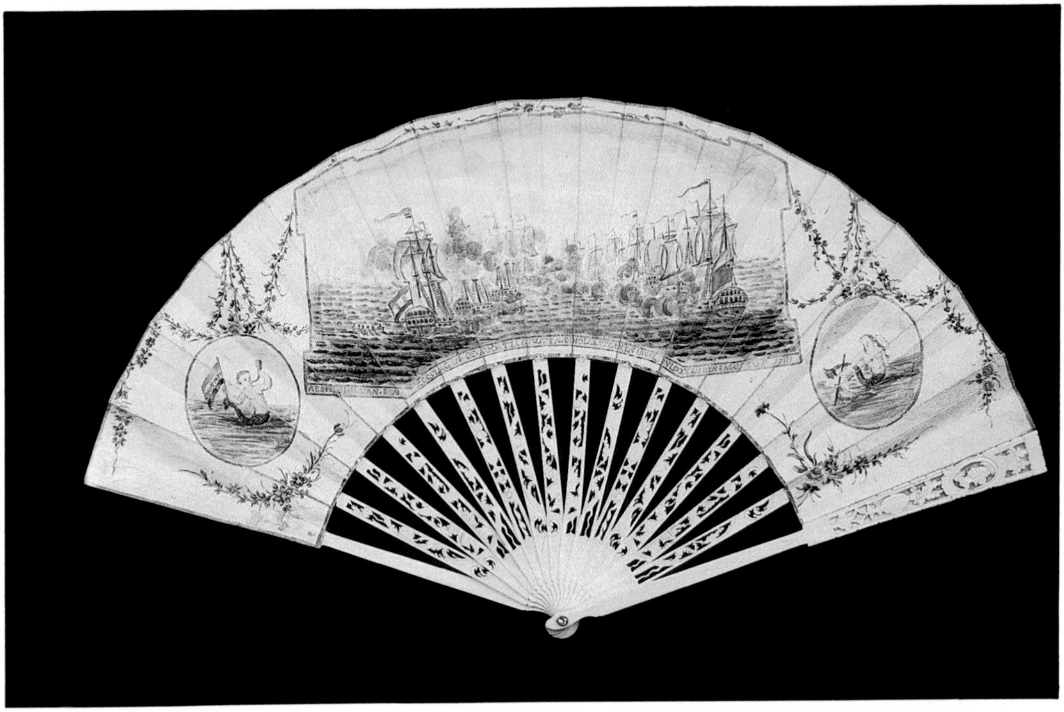

圖一三一：在1781年製於荷蘭（Netherland）的單皮摺扇
（畫面表現在 1781 年八月十五日在北海（North Sea）之道格爾海岸（Dogger Bank）所發生的英荷海戰）

圖一三二：在十九世紀初期製於意大利（Italy，約製於1820年左右）的皮摺扇
（畫面表現在噴發中的維蘇維亞斯火山（Vesuʌ ius)）

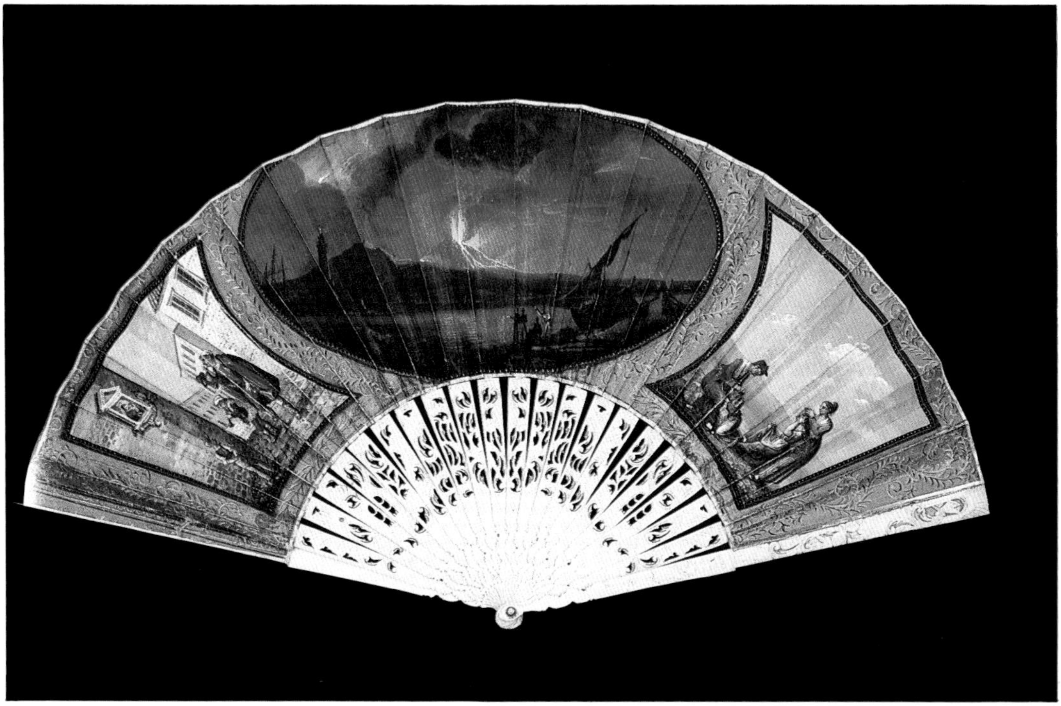

是農民在街上向聖母瑪利亞奏樂致敬、右邊的畫面是農民們準備在那不勒斯（Naples）海灘上野餐。畫在摺扇扇面中央部份的，是維蘇維亞斯火山（Vesuvius）的爆發與噴火。從一七六六到一七六七年，以及在一七七九年，和一七九四年，這座火山曾經三次爆發。可是在一七九四年以後，維蘇維亞斯火山雖然沉寂了將近四十年，卻又在一八二二年，四度爆發。義大利的畫家一方面對於這座火山的威力，心有餘悸，一方面又對火山噴發的奇景，覺得難以忘懷。所以就在這把皮扇上，用樹膠水彩而記錄了他們對於火山爆發時所產生的印象。

根據以上三例，雖然在英國摺扇上所表現的是科學實驗，在荷蘭摺扇上所紀錄的是海權爭奪，在義大利摺扇上所表現的又是恐佈的自然現象，從性質方面看，這些摺扇繪畫的內容，無不是對於剛發生的重大時事的一種記錄。

現代的攝影術（Photography)是在一八八〇年，首先使用了銀版攝影術（daguerreotype）之後，才逐漸有所改良的。而氣球之升空、與英、荷之海戰、以及維蘇維亞斯火山之爆發，卻都發生在一八八〇年之前。當時既沒有攝影機，重要的時事成記錄，就只能依賴藝術家的畫筆。這樣說，描繪了氣球、海戰、與火山的這三幅畫，不但具有藝術價值，而且也像新聞記者的新聞照片一樣，具有高度的記錄實況的新聞價值。屬於這個類型的繪畫，不但是歐洲摺扇扇面繪畫的重要特徵，這種記錄性的功能，也是中國摺扇扇面繪畫從來不曾發揮過的一個方面。

關於歐洲摺扇扇面上所表現的生活細節，除了卡薩特在一八八〇年為艾麗森所畫的肖像（圖一二三），表現了火車車廂裏的生活，是一個好例子以外，這裏還可以再介紹三幅。第一幅是朗世寧的「郊行遇犬圖」（圖一三三）。郎世寧的原名是喀士提格里翁尼（Giuseppe Castiglione, 1698-1768），他本是意大利籍的耶穌會（Jesuit）的傳教士。他在清初的康熙五十四年（一七一五）到中國來的時候，是志在傳教的。可是他既善繪畫，所以康熙皇帝不但不准他傳教，而且還把他召進宮裏去，任命為宮廷畫家。從此以後，在長達五十年以上的歲月裏，他一直都沒有傳教的機會。最後他終於在乾隆三十三年，賫志以沒。當他初入清宮的時候，因為他的意大利原名太長，所以被改以郎為姓、以世寧為名的中國姓名。

在繪畫方面，郎世寧本來是以油畫見長的。可是用油畫的技巧來作畫，由於要在人物面部加上陰影，康熙皇帝對這種正統的歐洲畫法，不但不欣賞，反而很厭惡。在這種形勢比人強的情況之下，郎世寧只好放棄正統的油畫畫法，而採取把中國國畫與西洋油畫的畫風加以融合的折衷畫法。在「郊行遇犬圖」中，景物的表現，雖然大體按照西洋油畫的畫法，可是人物的面部，由於

圖一三三：十八世紀初期（清初康熙時代末期）之素紙本摺扇扇面
（扇面上的畫蹟是郎世寧（Giuseppe Casfiglione）大約完成於1720-21左右的「郊行遇犬圖」）

並不採用光線投影的畫法，所以是沒有陰影之表現的。這樣的畫法，正是融合了中西畫法的折衷法。郎世寧是在康熙五十四年入宮的。他的畫法從油畫畫法演變到折衷畫法，是需要一段時間去完成的。所以折衷畫法的完成，可能是在他入宮後的五至六年之間，甚至於六至七年之間。易言之，郎世寧的折衷畫法的完成，也許是一七二○——一七二一年或一七二一——一七二二年之間。目前也許可以把這幅「郊行遇犬圖」定為郎世寧完成於康熙六十年（一七二一）的作品。

在畫面中，一位頭戴大帽的少女，在她郊行的途中，突然遇見一隻花狗。花狗不但擋住了少女的去路，而且還對她吠叫。少女因為不知如何應付花狗，是頗顯得手腳無措的。這種尷尬的場面，雖然在任何時間與空間之中都會發生，可是中國的藝術家卻從來不曾形之於畫。

郎世寧既從一七一五年進入清宮，直到他在一七六八年逝世，不但從沒離開過中國也從沒離開過北京。他在清宮內，既不可能與歐洲少女有所接觸，他所畫的戴帽少女，應該還是他在到中國來以前，對意大利少女的印象的描述。所以這幅「郊行遇犬圖」，應該視為郎世寧對意大利人生活細節的表現。

第二幅是「停扇聽樂圖」（圖一三四），這也是郎世寧在一七二一年左右所完成的作品。在此圖中，一位少女一面以手支頭，一面靠在成為

圖一三四：十八世紀初期（清初康熙時代末期）之素紙本摺扇面
（扇面上的畫蹟是郎世寧大約完成於1720-21左右的「停扇聽樂圖」）

L形的藍色沙發背上。另一位穿了紅色長裙的少女，坐在地氈上，正在以手指撥弄吉他。在半臥半靠的少女的手裏，是拿着一把圓形羽扇的。她爲了欣賞音樂，停止揮動羽扇，而用心聆聽演奏。根據這幅摺扇扇面畫，不但可以看到早在十八世紀的初期，意大利人已經使用臺灣近年才比較流行的L形長沙發，而且當時的意大利人使用吉他伴奏而演唱，居然也可坐在地下，演唱的方式是相當自在與浪漫的。畫在這把摺扇扇面上的「停扇聽樂圖」所表現的，也是十八世紀初期的意大利人的生活細節。

第三幅是製於十九世紀後半期的一把法國雙面皮扇（圖一三五）。製作的時間大概是一八八三年到一八八五年的這三年（相當我國光緒九年至十一年）。摺扇畫面上有些小樹。署名是得律（A. Delue）的這位法國畫家，就利用這些樹木把整個摺扇畫面分割爲三個空間較小的畫面。最右側的可以稱爲「湖邊垂釣圖」。圖中所表現的是一對情侶。穿了黃色外套與紅色長褲的男子，把身體靠在長滿青草的河岸上，靜看他那位穿了粉紅洋裝的女友，垂竿而釣。在兩人後面的草地上，還放着他們帶來的東西。由中間畫面所表現的是兩位女性。穿了藍色的那一位，拿着展開的傘，既爲她自己，也爲在她右側緩步行走的女友，擋住直射而下的陽光。由於她們的前後都是樹木，畫面上的這一段，似可稱爲「林中漫步圖」。至於在最左側的那一段空間裏，一位穿了在紫色洋裝的上面另加白色罩裙的女郎，一手拿着紡綞，另一手拿着捲線桿，身體靠在木欄杆上。身穿藍衣與紅褲的男子，一面用雙手靠在木欄杆上，一面在她的女友耳旁，喁喁私語；他彷彿在輕輕的說：「嫁給我，好不好？」根據內容，這一段可以稱爲「林中求婚圖」。求婚、釣魚、與漫步，都是經常可以接觸到的生活細節。得律的三幅畫面與由郎世寧所表現的路遇吠犬和停扇聽樂的情趣不同，可是類型相同：他們所表現的都是市民生活的生活細節。

西方摺扇扇面上繪畫主題的最後一類是聖經故事。與這個主體有關的畫蹟也不多，這裏只介紹一件十八世紀的英國皮扇（圖一三六）。扇子製作的時間大約是一七四〇年代（相當於我國清代的乾隆五年至十四年）。畫面上所表現的是摩西（Moses）率領猶太人離開埃及到坎那安（Canaan）去的情形。在離開埃及的旅途中，因爲連續七天沒有水喝，所有的猶太人和由他們所帶着的動物，都渴得再也不能行走。於是摩西一面用他手裡的棍子敲打石頭，一面祈禱眾人可以得水解渴。當他祈禱完畢，一道清泉果然從石中噴射而出㈢。所有的猶太人和他們的家畜在喝到清水之後，精神恢復，然後又繼續他們離開埃及之後的行程。在此圖中，站在岩石之前，穿了紅袍而手持木棍的人，就是摩西，站在他旁邊而拿着香爐的人，是摩西的哥哥亞倫（Aaron）。在畫面左上方的帳篷，代表耶路撒冷（Jerusalem），也就是摩西和猶太人要去的目的地。

在維多利亞女皇在位時期的英國羽扇，應該約略一述。其中最值得注意的事，可能是鴕鳥翎羽的使用。鴕鳥毛雖然遠在十六世紀已經受到喜愛，但是眞正的流行，卻不在十六世紀而在十九世紀末葉的維多利亞時代。一般說來，那時的鴕鳥翎毛的主要來源大概是非洲的南部。不知爲了什麼，鴕鳥毛羽的使用，似乎必須遵循一定的規則，譬如如果扇羽是黑色的鴕鳥毛，一定要配以玳瑁的扇股，如果扇股是螺鈿的，就要改配白色的鴕鳥毛了㈢。

到了二十世紀初年，使用鴕鳥毛羽扇的風氣，似乎曾由歐洲傳到亞洲來。緬甸的蒙巴頓伯爵夫人（Mountbatten Countess）生前就搜集了不少把把鴕鳥毛加以染色的毛羽扇(圖一三七)。

根據本書第三章，中國羽扇的主要材料，雖然是雕翎與鵝毛，可是從沒使用過鴕鳥毛。在歐洲，除了鴕鳥毛，羽扇的其他兩種材料，大概是產於非洲的白頭翁（starling）與蜂鳥（humming bird）的羽毛。蜂鳥的羽毛顏色鮮艷，似乎比白頭翁的羽毛更受歡迎。有一把配了十六隻玳瑁扇股的摺扇，就是用蜂鳥羽毛製作的(圖一三八)。用白頭翁與蜂鳥的羽毛製作摺扇，當然都是用鴕鳥羽毛製作摺扇的傳統的延長。鴕鳥的主要產地

圖一三五：約製於 1882-1885 年之間的法國雙面皮質摺扇
（摺扇扇面上的畫蹟是得律（A. De Lue）的三幅風景畫。自右至左，分別爲「湖邊垂釣圖」、「林中漫步圖」、與「林中求婚圖」）

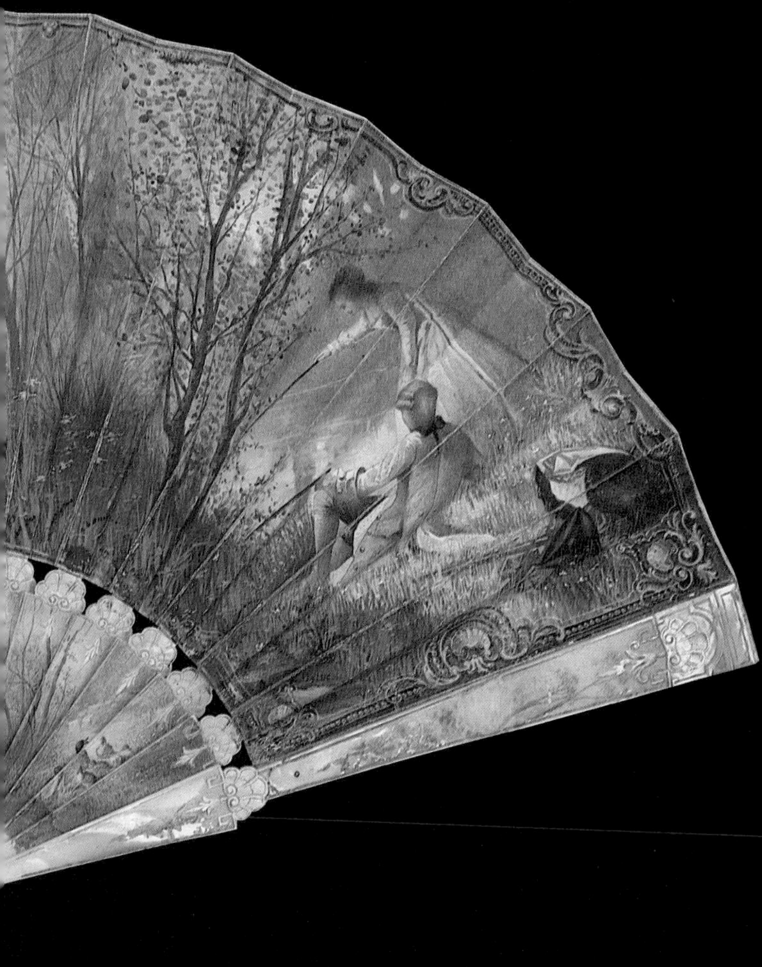

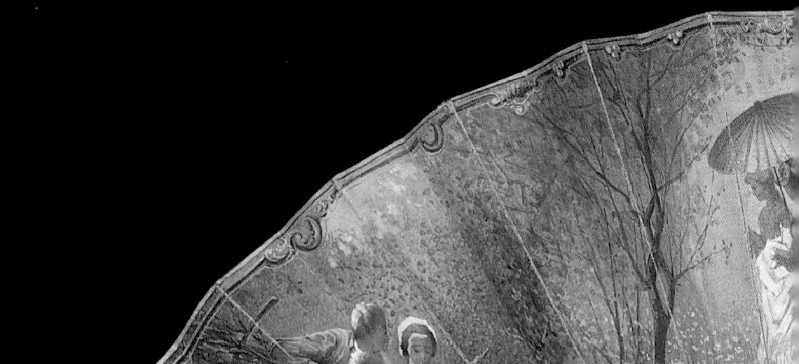

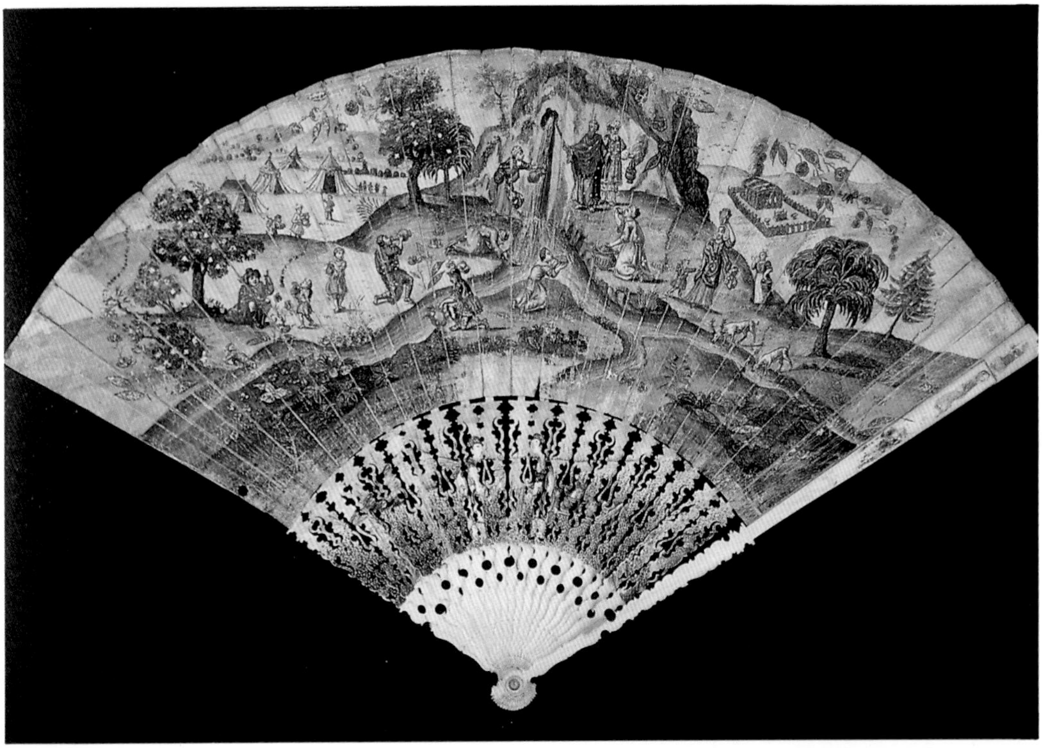

圖一三六：十八世紀的英國皮質摺扇
（扇面上所畫的是《聖經》所述摩西率眾離開埃及到耶路撒冷（Jerusalem）去的情形）

圖一三七：
大概在二十世紀初期（1920年代）製於英國或法國的鴕鳥羽扇
（緬甸蒙巴頓伯爵夫人舊藏）

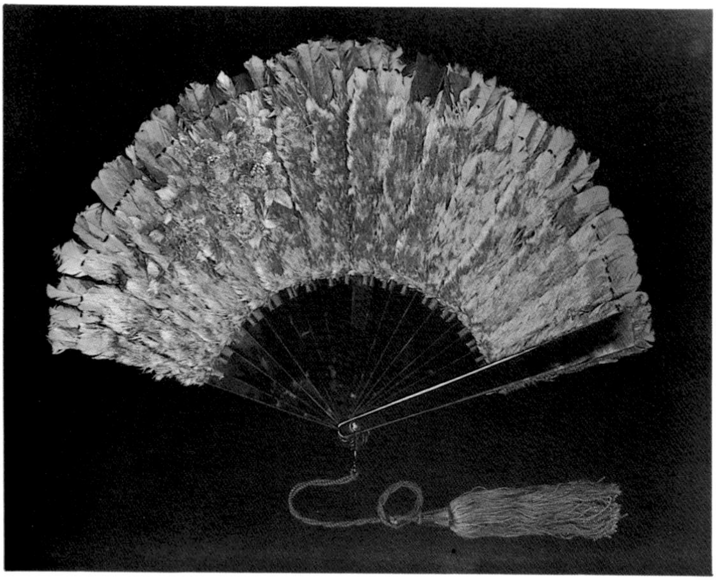

圖一三八：
大約製於十九世紀末期或本世紀初期的彩羽摺扇
（彩羽得自產於非洲的蜂鳥(humming-bird)）

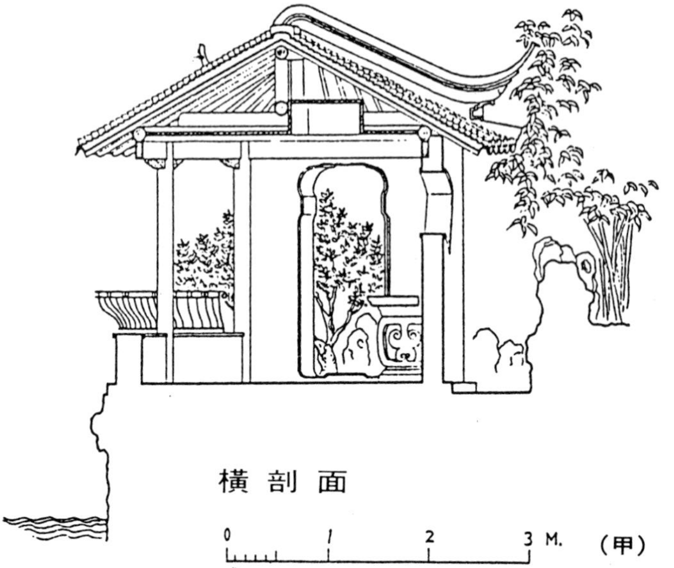


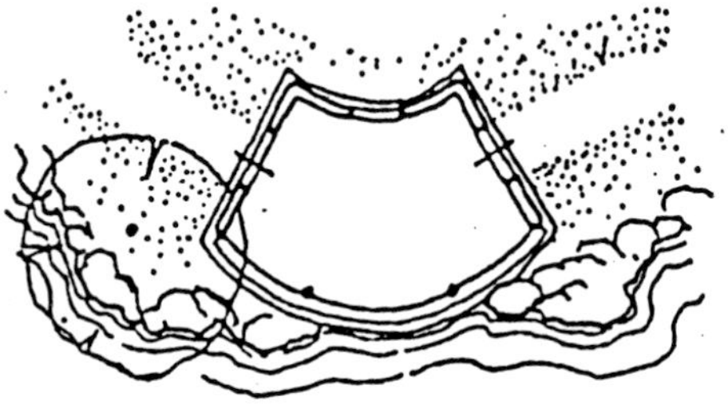

拙政園與誰同坐軒

(丙)

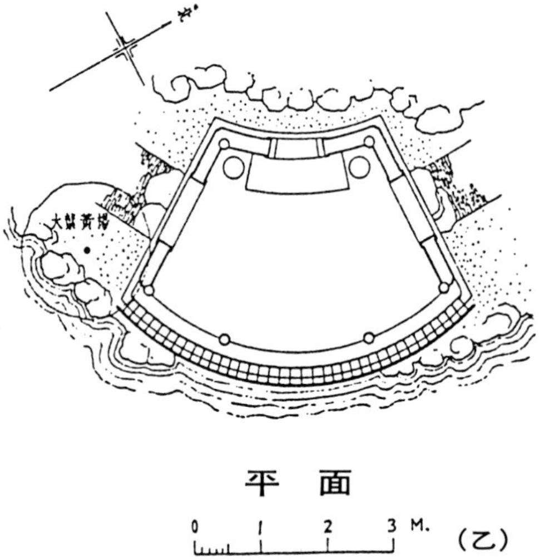


圖一三九：明代蘇州園林內的摺扇形建築

(甲)：拙政園內扇面亭的橫割面

(乙)：拙政園內扇面亭的平面

(丙)：拙政園內誰與同坐軒的平面

圖一四〇（甲）：

江蘇蘇州獅子林內扇子亭之橫剖面

是非洲。在十九世紀，非洲的大部份領土幾乎不是英國的，就是法國的殖民地。所以英法兩國才能在非洲，順利的取得這種大鳥的羽毛。從這個角度來看，鴕羽扇的製作，與英法兩國在海外的拓展是密切相關的。

在十八世紀的另一方面，不但法國的文學家正在醉心於中國的戲劇㈣，就是英國的建築師，也正在摹倣中國的庭園設計㈤。此外，如果把觀察的範圍再擴大一點，從十七世紀到十九世紀，正是歐洲各國流行使用「中國風味」（Chinois-erie）之工藝品的主要時期。無論是陶器、漆器、金銀器、紡織、緙絲，還是傢俱、室內佈置與牆紙圖案，無不都受了中國工藝品的影響㈥。易言之，整個歐洲社會對於中國文化的仰慕，正處於高潮。所以來自廣州的，刻工精美而又兼具中西圖案的象牙摺扇，在那兩百年，不但能使歐洲社會的高尚人士為之趨之若鶩，而且更能引起歐洲的 brise fan 的形成。到了十九世紀，雖然由於歐洲的工業革命，而使扇的製造，也漸由手工變成機器製造；不過由於冒牌的「中國扇」的

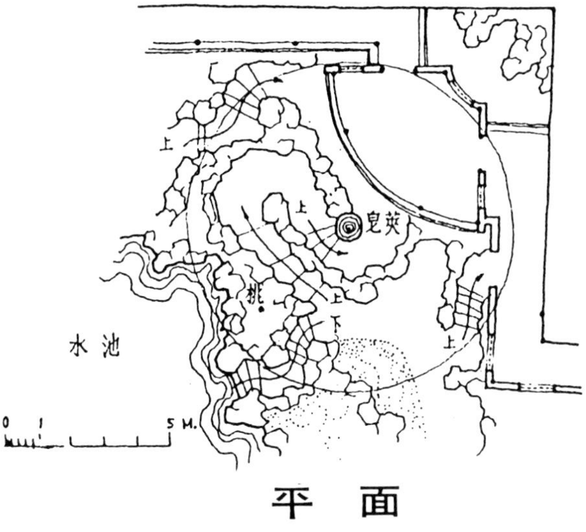


圖一四〇（乙）：

江蘇蘇州獅子林內扇子亭之平面

流行，中國的摺扇，在歐洲，一直是富於吸引力的。

在明代中期，也即在十六世紀初期，摺扇在中國的使用既已非常普遍，所以若干中國建築外形設計，也採用展開的摺扇的扇形。例如在蘇州，在有名的花園拙政園裏，有一個亭子。因爲此亭的設計是以摺扇的扇面形狀爲形，所以亭子就叫扇面亭(圖一三九，甲、乙)。同園又有一幢小建築，名叫誰與同坐軒。此軒的設計，與扇面亭一樣，也以摺扇的扇面形狀爲形（圖一三九，丙）。此外，在獅子林裏，也即在蘇州的另一個著名的古典園林裏，也有一個就叫扇子亭的亭子。扇面亭與扇子亭的平面既然都是前大後小，所以形狀很像一把展開的摺扇。不但如此，就連扇面亭的面臨湖水的那面窗子，也設計成一把展開的摺扇（圖一四〇）[25]。

在英語中，sector 這個字雖指摺扇式的扇形空間，可是在使用方面，sector 不是數學家演算時的名詞，就是軍事學家在戰略上的名詞。在英國，一般而言，這個字的使用似乎並不普遍。至少

圖一四一（甲）：在法國首都巴黎（Paris）扇店（Ets, Herve' Houguet）的外觀

圖一四一（乙）：Ets, Herve' Houguet 在店面外以摺扇爲飾

英國人對建築上的扇形空間，就不稱為 sector。在另一方面，當摺扇由中國輸入歐洲以後，也許由於摺扇的形狀特別，而且也許更由於有見於中國建築師對於摺扇扇形的使用，所以歐洲有些建築上的細部,也都採用扇子為名。譬如教堂的或大廳的半圓形的屋頂，要稱為 fan roof，而形狀接近半圓的窗，稱為 fan window，而窗上半圓形的裝飾部分，則稱之為 fan tracery。譬如，位於法國巴黎施伯大道 Bovlevard de Strasbourg 二號的 Ets. Herve Hoguet（圖一四一,甲），就在這幢建築的三樓的窗外，用一把展開的摺扇，一方面取代了 tracery，而另一方面，也用這把摺扇，為這家商店作廣告。飾有 fan tracery（圖一四一，乙）。

這個情形與舊日北平商店所用的「幌子」很類似。從清代起，一直到民國初年，北平各種商店幾乎無不要在店門前懸掛幌子。所謂幌子，是一種與所經營的商業性質有關的一種實物性的廣告。譬如專賣扇子的商店，常在店前懸掛一把摺扇（圖一四二，甲），而賣酒的酒店，也常在店前懸掛一隻可以裝酒的葫蘆（圖一四二，乙）。幌子既是實物，又有相當大的體積，店前的來往行人，不用看用文字所寫的廣告，祇要看見幌子，一望而知那一家商店所做的是那一種生意。

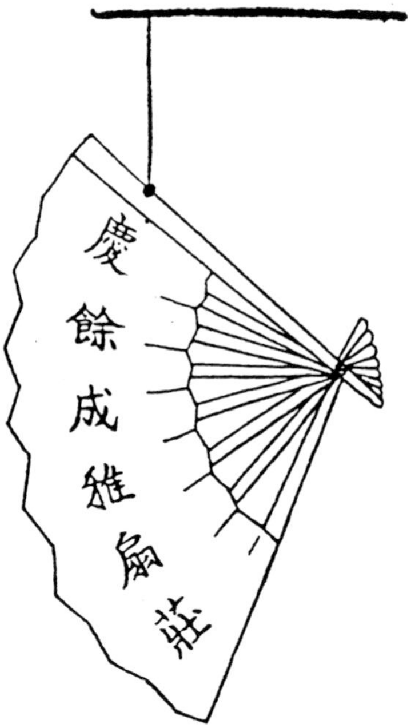


**圖一四二（甲）：**

清代末年或民國初年北京扇店的「幌子」

（幌子懸在空中 。大多用一種形象說明商品的內容，是一種不用文字的廣告）

圖一四二（乙）：清代末年或民國初年北京燒酒店的「幌子」

在十八世紀，歐洲各國對於中國摺扇的喜愛之深，固使吾人爲之驚奇不已，而摺扇對歐洲建築的關係之密，也同樣使人嘆爲觀止。總之，在中國，扇之爲物，雖然似乎微不足道，但由於摺扇的流行，卻不但可以看出中國的工藝美術與繪畫的關係，也可以看出中國文化如何在接受了異域風物之後，逐漸加以融合；形成自己的文化的一部分，從而又影響了十六至十八世紀的歐洲上流社會，以及十九世紀的中等階級。

從扇在中國的發展，可以說明文化絕不是一個孤立的現象。文化是綜合了不同國家的人與物之不同貢獻而形成的。

## 附注

㈠ 見李思純：「學海片鱗錄」（載於《文史》第三輯，一九六三年出版），第十六節。

㈡ 見 Mary Gostelow: "The Fan" (1976, Dublin), p. 37.

㈢ 見 Eric Mercer: "English Art: 1553-1626" (1962, Oxford), pl. 61.

㈣ Anna G. Bennet: "*Unfdding Beauty: The Art of the Fan*" (1988, London), p. 36.

㊄ 見前揭 M. Gostelow 書，頁四九。

㊅ 見 W. W. Winkworth: "Bronzes and the Minor Arts", in *Chinese Art* (1935, London), p. 68. 此外，又可參閱 M. Jourdain and P.S. Janyus: "*Chinese Export Art in the Eighteenth Century*" (1967, Middlesex), pp. 57-60.

㊆ 見前揭 "*The Fan*"，頁四六。

㊇ 見上揭書，頁六五。

㊈ 見上揭書，頁八七。

㊉ 見上揭書，頁九五。

⑪ 見上揭書，頁一〇〇。

⑫ 見《聖經》內《舊約》(The Old Testment) 之「出埃及記」第十七章。

⑬ 見"The Fan"，頁一〇二。

⑭ 在寫成於十四世紀的元曲之中，有紀君祥的「趙氏孤兒大報讎」（見《元槧古今雜劇三十種》，又見《元曲選》）。此劇在元曲中，本不是十分傑出的作品。但在十八世紀的歐洲，此劇卻極受歡迎。一七三二年法國在華傳教士將之譯爲法文，題曰：Tchaochi-cou euih, on torphelieu de la Maison de tchao, tragedie chiuoise，一七三五年刊於《中華帝國全誌》(*Description geographique, historique, chronologique, politique de la China*) 之第三卷。一九三六年，《中華帝國全誌》由 R. Brookes 自法文譯爲英文，題曰：《中國通史》(General History of China)。又二年，Cane 又有另一譯本問世，題曰：A Description of the Empire of China and Chinese Tartary。從一七四八年到一九五六年之間，德文本的《中華帝國全誌》，題曰「關於中華帝國與中國人之論述」(A Description of the Empire of China and Chinese Tartary）也陸續刊行。到一七七四年，蘇聯又將此誌譯爲俄文。所以在從一七三五到一七七四年的三十年之內，「趙氏孤兒大報讎」已有法、英、德、俄等四種歐洲語文的譯本。此外，當時的法國大思想家服爾德 (F. de Voltaire, 1694-1778) 亦曾在一七五三至一七五五年將「趙氏孤兒」重新改編，並於一七五五年八月在巴黎出版，同時正式在舞臺上演出。英國的戲劇作家麥爾非

（Arthur Murphy, 1727-1805）在見過由服爾德改編的「趙氏孤兒」後，又將此劇用英語改寫成為「中國孤兒」（Orphan of China），其劇本於一七五九年在倫敦上演，而劇本的初版與二版，也在同一年內兩次售罄。在十八世紀，中國戲劇在歐洲的風靡一時，由此可見。詳見王德昭「服爾德的『中國孤兒』」，載於《大陸雜誌》，第四卷，第七期（一九五二年，臺北），頁一七——二二。

(二五) 一七五〇年William Halfphenny著《中國建築、傢俱、服裝、機械、與用具之設計》（Designs of Chinese Buildings, Furnitures, Dress, Machines and Utensils），五年後再版易名曰：《鄉村建築風味》（Rural Architecture Taste），作者雖對中國建築並不瞭解，此書卻為討論中國建築的第一本著作。一九五七年Sir William Chamber（1725-1796）出版，一七七二年出版《東方園林論集》（Desertion on Oriental Gardening）。英皇喬治三世（一七六〇——一八二〇）即位之後，被聘為皇家建築師，負責擴充邱園（Kew Garden）的設計，並在此園中建以中國式的園林與石塔。在歐洲建築史，大概自一六七〇以至一八二〇年的一百多年之中的建築風格，一直崇尚對於中國建築的摹倣。詳見陳受頤：「十八世紀歐洲之中國園林」，載於《中歐文化交流史事論叢》（一九七〇年，臺北），頁一九五——二三六。又賀陳詞：「中國建築及庭園藝術遠播歐西的史實探討及其對歐西的影響」，載《大陸雜誌》，卷四〇，第五期（一九七〇年，臺北），頁一——二九，以及賓武：「中國造園藝術在歐洲的影響」，載《建築史論文集》，第三輯（一九七九年，北京），頁一〇四——一六六。

(二六) 見朱融：「中國工藝之西漸與『中國風味』在歐洲之源起與盛行」，載《臺靜農先生八十壽慶論文集》（民國七十年，臺北，聯經出版事業公司出版），頁一——一一。

# 第七章 餘論

## （一）扇上寫作書畫的歷史

扇上何時有畫，其史不甚可考。但在文獻上，至少在東晉時代，著名的書法家王羲之（三二一——三七九）、王獻之（三四四——三八八）等父子兩人，都曾在扇上作書；王羲之寫字的扇是竹扇（參閱本書第三章的「竹扇」部分），王獻之寫字的扇，卻可能是紈扇㈠。至於在扇上作畫，最早的扇畫，雖然都已湮滅，至少從文獻上看，在扇上作畫的歷史，可能比在扇上寫字的歷史稍遲。

大概第一位在扇上作畫的人，是劉宋時代的顧景秀。據說宋武帝（四五五——四六四）很喜歡扇。他曾把由顧景秀畫了「蟬雀」的扇子，賜給大臣何戢㈡。再據第九世紀的中國畫史，顧景秀還在扇上畫過鸚鵡㈢，在過去，日本的東洋美術史學者下店靜市曾對中國繪畫的各種畫題，發表過長達八十頁的專論。根據他的研究，中國畫家對於蟬雀與鸚鵡的表現，都是在宋末、元初的十三世紀才肇始的㈣。如果這位日本學者能夠注意到中國扇畫的歷史，他對蟬雀與鸚鵡等兩種畫題的歷史的考察，不但可以上溯六朝時代，而且也要正確得多。

除了顧景秀，在六朝時代，齊朝（四七九——五〇二）的蘧道愍與梁朝（五〇二——五五六）的蕭賁，也都是扇畫的名手。蘧道愍的畫題不詳，活動時代約在五世紀的末期㈤。至於蕭賁，他所畫的山水，第九世紀的美術史家曾經給予「咫尺內萬里可知」的美譽㈥。至於蕭賁的活動時代，大概是在第六世紀的中期㈦。以上所介紹的，是在南北朝時代之南朝的扇上寫作書畫的簡史。在與蕭賁的活動時代約略相同的北齊時代（五五〇——五七七），田僧亮也曾在扇上作畫。在南北朝時代，晉、宋、齊、梁都是南朝的國家，北齊則爲北朝的國家。在此數國內的書家與畫家，既曾皆在扇上寫作書畫，可見到第六世紀爲止，在扇上寫作書畫的風氣，無論是在黃河流域的北朝，還是在長江流域的南朝，都已逐漸開展。

到了七世紀的上半期，即在隋朝，楊契丹與鄭法輪，也能扇畫。稍後，在唐代初年，即七世紀的中期，閻立本與尉遲乙僧——前者是一位含有西域血統的畫家，而後者則爲從當時的西域，即今新疆于闐（Khotan）遠道而來的西域畫家㈧——也都曾在扇上，表現了相當精彩的作品，可惜這些畫蹟既不可見，就連他們的扇畫的畫題是什麼，也已無法得知。

根據過去的記錄，田僧亮、楊契丹、鄭法輪、閻立本與尉遲乙僧的扇畫，在第九世紀的中期，每一件都要賣到一萬錢㈨。第九世紀的末期的物價雖然不詳，但試以第九世紀初期的米價爲例而論，在元和時代的末期（八一五——八二○），當時的米價是五百文銅錢一石㈩。一把大致在第九世紀的三百年以前畫好的扇子，要用二十石的白米來換取，在那時，這些古扇的價錢實在不算低。

在宋代，絹質的紈扇，成爲當時最流行的扇子，已如前述。現在所可看到的，時代最古的扇畫，幾乎都是宋代的畫家的作品。臺灣的故宮博物院藏有十餘種宋人畫册，每册包括十幅以上的宋人畫蹟。其中扇畫佔整個畫册內畫蹟的總數一半以上。北京的故宮博物院也藏有不少的宋人畫扇⑪。在文獻中，北宋的最後一位皇帝宋徽宗（一一○一——一一二五），曾經畫過一百幅扇子⑫。祇要用這個數目作爲例子，就可看出宋人對於畫扇的風氣的喜愛。

在元代，在絹質的紈扇上作畫的風氣仍然盛行。但到明代，當摺扇開始流行以後，在紈扇上寫作書畫的風氣，大概從成化時代（一四六六——一四八七）開始，就迅速的轉移到摺扇上去，一直到二十世紀，此風仍未斷絕。

至於儀仗扇上的畫題，在第九世紀的五代初期，雖然是鴛鴦（圖九），在十四世紀的元代，卻還有山水（圖九五）⑬。到明代，方改用圖案式的龍紋⑭。以後，大致成爲定規，少見其他的畫題了。

## （二） 我國羽扇與紈扇在造形上的若干特例

關於我國扇子的造形，本書在第二、三、四各章，已有所論。可是近來又從我國古代的畫蹟裏，得到若干資料。由於上述各章的版面已經排定，如要把新得的資料增補到有關的篇章，對於排好的版面，改動太大。所以決定把這些資料匯集在一齊，一面作爲結語的第二節，一面也可用這一節作爲對於第二、三、四章之內容的補充。

### 一、羽扇扇形的特例

現代的羽扇，以在市面上可以買到的鵝毛扇爲例，如果不是圓形的（圖二九，甲），就是橢圓形的（圖二九，乙）。再以由無款宋人所畫的「十八學士圖」爲例（圖二八），揷在開櫃取物的男僕之腰間的羽扇，也是圓形的。圓形羽扇的造形，雖然可以根據此畫而追溯到明代末年或十六世紀的上半期，可是在較早的時代，羽扇的造形，似乎與圓形和橢圓形都沒關係。

圖一四三：東晉時代的羽扇

（這是東晉畫家顧愷之（344—405）的「斲琴圖」卷之宋代摹本裏的一段。在此圖中，羽扇的造形以整隻鳥翅的外形爲形與後代羽扇的造形完全不同）

活動於四世紀後半期的顧愷之（三四四—四○五），不但是東晉末年的名士㊄，也是當時著名的畫家。由他所畫的「斲琴圖」的眞蹟，雖然早已不存，不過大陸的故宮博物院目前還藏有這卷畫的宋代摹本。在這個摹本中，有一名書僮，手裏拿了一把羽扇，跟在他那位手持長杖的主人的後面，亦步亦趨。可是如把羽扇的造形，與從明代末年以來就開始使用的圓形羽扇的造形互相比較，可以明顯的看出來，這兩者是大不相同的。因爲圓形羽扇是人類對於鳥羽之使用的一種創造，而由顧愷之畫在「斲琴圖」卷裏的羽扇的外形，大體上，卻可說是對一整隻張開的鳥翅之外形的摹倣（圖一四三）。

比顧愷之的活動時代稍遲的陶弘景（四五二—五三六），在南北朝時代的梁朝，是當時的學者與隱士。他隱居的地點雖在南京附近的勾容，可是梁武帝每逢國家遭遇到牽涉了吉凶或征伐之類的大事，一定要先請他表示意見。因此，住在勾曲山裏的陶弘景是有「山中宰相」之外號的㊅。因爲信仰道教和性喜採藥，所以陶弘景在這兩方面都各有些著作：譬如關於道教的思想，他寫有《眞誥》二十卷，此外，爲了介紹由他新發現的藥材，他又編寫了《本草集註》，直到目前，這兩部書仍有重要的參考價值。

在陶弘景的畫像裏，他手中的羽扇，在造形上，與見於顧愷之「斲琴圖」裏的羽扇一樣，也是以整隻鳥翅的外形作爲扇形的（圖一四四）。根據實用的觀點，由於圓形或橢圓形羽扇的羽毛，排列得很整齊，扇面的本身相當於一個實體。把這個實體加以搧動，很容易達到招風取涼的效果。可是以鳥翅爲形的羽扇，由於羽毛的排列，既不整齊，而羽毛的長度，也不一致，儘管由於這些羽毛的組合，也勉強可以形成一把羽扇，不過這把羽扇的扇面卻並不相當於一個實體。用這把羽毛長短各異的鳥翅形羽扇來搧風，取涼的功能不大，是可想見的。根據這個比較，可以看出來，南北朝以後的羽扇，不再以整隻鳥翅作爲扇的造形，對於取涼的功能而言，應該是是一種進步。

## 二、紈扇扇形的特例

目前所知道的，時代最古的紈扇，是一九七三年在新疆吐魯番出土的一把帶有木柄的絹本團扇（圖三三）。時代稍晚的紈扇，是南宋時代的許多絹本團扇。這些團扇的扇柄雖然久已不存，扇面的本身卻還都保存得相當的完整。在這些絹本團扇的扇面上，是帶有不少南宋書畫家之作品的。時代屬於南宋初期的，有蘇漢臣（約一一一

**圖一四四：**

南北朝時代梁代的羽扇

（畫面裏的人赭衫人物是梁代的陶弘景（452—536）。他手中羽扇的造形也是以整隻鳥翅作爲扇之外形的）

圖一四五：南宋的紈扇繪畫(一)
（蘇漢臣作「妝臺仕女」）

圖一四六：南宋的紈扇繪畫(二)
（李嵩作「赤壁圖」）

九—一一六三）所畫的「妝臺仕女」（圖一四五），時代屬於南宋中期的，有李嵩（活動於光宗、寧宗、理宗三朝，一一九〇—一二六四）所畫的「赤壁圖」（圖一四六）、夏珪（活動於寧宗朝，一二〇五—一二二四）所畫的「山水圖」（圖一四七）、和馬麟（也活動於寧宗朝）所畫的「春蘭圖」（圖一四八），時代屬於南宋末期的，有牟益（活動於理宗、度宗兩朝，一二二五—一二七四）所畫的「柳燕圖」（圖一四九），此外，宋理宗本人也在絹本團扇上寫過若干詩篇（圖一五〇，甲、乙）。這些團扇的扇形，都是圓的。

南宋以後，紈扇的使用漸衰，可是從元代到清代，在紈扇上寫作書畫的風氣並沒改變。譬如在元代，曹知白（一二七二—一三五五）在一把團扇上畫過「寒林小景圖」（圖一五一），佚名的元代畫家也在另一把團扇上畫過「淵明撫松圖」

圖一四七：南宋的紈扇繪畫㈢
（夏圭作「山水」）

圖一四八：南宋的紈扇繪畫㈣
（馬麟作「春蘭」）

圖一四九：南宋的紈扇花鳥畫㈤
（毛益作「柳燕圖」）

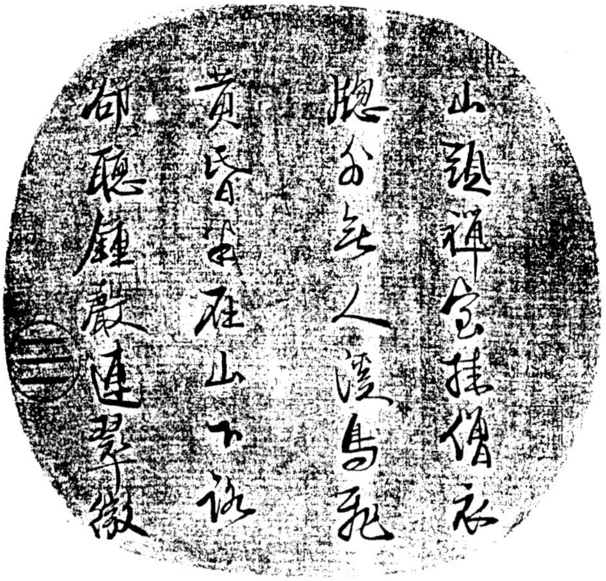

圖一五〇（甲）：南宋的紈扇書法㈠
（宋理宗書「七言絕句」）

圖一五〇（乙）：南宋的紈扇書法㈡
（宋理宗書「五言詩句」）

圖一五一：元代的紈扇山水畫(一)
（曹知白作「寒林小景」）

（圖一五二）。到了明代，儘管紈扇的使用比在元代更衰退，但以浙江杭州籍之女畫家曹妙清作於洪武十二年（一三七九）的「折枝花卉圖」（圖一五三）、以及由朱瞻基作於宣德三年（一四二八）的「折枝花鳥圖」（圖一五四）爲例，至少直到明代初期或十五世紀初期爲止，當時紈扇的扇形，也都是圓形的。

圖一五二：元代的紈扇山水畫(二)

（扇面裏的畫蹟是元代無名畫家所作的「淵明撫松圖」）

時代最晚的紈扇，也許是慈禧太后在光緒二十九年（一九〇三）攝影時，手裏所拿的那一把（圖一五五），以及由光緒皇帝在光緒三十年（甲辰，一九〇四）用御筆畫了「消寒清供圖」的另一把絹本團扇（圖一五六）。在扇形方面，這母子二人所用的紈扇，仍然是圓形的。根據以上所舉之十三例，從南宋初期到清代末年，或從十二世紀初年到二十世紀初年，在這歷時將近八百年的歲月當中，我國絹本紈扇的扇形，都是圓的。

**圖一五三：明代的紈扇畫蹟㈠**

（扇面上的畫蹟是女畫家曹妙清作於洪武十二年（1379）「折枝花卉圖」）

圖一五四：明代的紈扇畫蹟㈡
（扇面上的畫蹟是由朱瞻基作於宣德二年（1428）
的「折枝花鳥圖」）

圖一五五：
清代末年的絹本紈扇
（這是在光緒二十九年（1903）由勛齡所攝的慈禧太后像。她手中所拿的是一把絹本紈扇）

圖一五六：
清代末年的絹本紈扇
（扇面上的畫蹟是光緒帝在光緒三十年（1904）御筆畫成的「消寒清供圖」）

圖一五七：南宋時代的腰形紈扇
（扇面上的畫蹟是馬遠（約1189—1224）所畫的「竹澗焚香圖」）

事實上，我國紈扇的扇形，在圓形以外，並非完全沒有例外。以下要用兩件畫蹟爲例，來說明紈扇扇形的例外。

甲、南宋的腰形紈扇

第一件畫蹟是由活動於南宋光、寧兩朝（一一八九—一二二四)的馬遠所畫的「竹澗焚香圖」(圖一五七)。在此圖中，一位文人，平坐石上。他既臨澗焚香，似乎詩興甚濃，正在準備吟詩。他身後的書僮，雖用左手拿著文士所用的長杖，卻舉起另一隻手來抓頭。這個動作雖然簡單，卻把小孩子在毫無目的的等待中所產生的無奈之情，表露無遺。可是在另一方面，最值得注意的也許是這把紈扇的扇形，並不是常見的圓形。這張扇面的形狀雖然大致接近橢圓形，不過由於在濶度上，上寬而下窄，在視覺上，似乎與腰臟的形狀是更加接近的，所以這種異形的紈扇，也就一向慣稱爲腰扇。

乙、南宋的橫式紈扇

第二件畫蹟是由活動於南宋寧宗朝（一一九五—一二二四）的劉松年所畫的「仕女圖」（圖一五八）。在此圖中，一位正在花園中漫步的女性，突然舉起了手中的團扇，彷彿想要拍打什麼

**圖一五八：**南宋時代的橫式橢圓形紈扇

（扇面上的畫蹟是劉松年（約1195—1224）所畫的「仕女圖」）

飛蟲。畫面的內容雖然平淡無奇，可是由於畫了舉扇仕女的扇面之橫邊的長度，大於縱邊的高度，這樣橫著使用的橢圓形紈扇，就扇形而言，是相當值得注意的。

在扇形上，這張扇面既不屬於一般的圓形團扇，也不屬於由馬遠畫了「竹澗焚香圖」的腰形紈扇，而只是普通的橢圓形。為了便於搧風取涼，一般橢圓形的紈扇的使用，要把扇面的兩個尖端（或者短邊）按裝在扇柄上。可是由劉松年的「仕女圖」是橫著畫在這把紈扇上的。因此，扇面的兩個短邊的尖端，就只能分佈在扇柄的左右兩側而不在扇柄的上下兩端。如果要把這張扇面按裝在扇柄上，除非扇柄仍舊連貫扇面短邊的尖端，如果用扇柄來連貫橫擺的扇面的兩個長邊，由於扇身太濶，搧動這把扇子，恐怕並不很方便。

如果在這個關鍵上，把觀察的範圍加以擴大，就可發現盛唐時代的張萱，早已在他的「搗練圖」裏，表現了一把橫著使用的橢圓紈扇（圖一五九）。由此扇之扇柄所連接的，也是扇身的兩個長邊而不是扇身的短邊。這就說明橢圓形的

**圖一五九：**唐代的橢圓紈扇

（這是唐代畫家張萱原作「搗練圖」卷的一段。表現在此圖中紈扇的扇柄，連接扇身的兩個長邊，似乎正是南宋時代橫式橢圓形紈扇的雛形）

紈扇，至少在第八世紀的盛唐時代，確曾橫著使用過一個時期。看來在南宋時代，把橢圓形的紈扇繼續橫著使用，很像是對唐代的紈扇之一種使用方式的繼承。不過在南宋，把橢圓形的紈扇橫放，兩個短邊與扇柄的距離太遠，搧動不便，也許把橢圓紈扇橫放而加繪畫的眞正目的，並不是爲了實用，而只是爲了在扇面上作畫的時候，可以增多一點可以利用的空間吧。

### 丙、清代的橢圓形彎身紈扇

腰扇與橫式紈扇雖是一般紈扇在扇形上的兩種例外，不過由於這兩種扇形的出現，都遠在清代以前，所以這兩種扇形，可以稱爲紈扇扇形的早期異形。到了清代，特別是在清代末年或者十九世紀，紈扇又在扇形上發生了別的變化。清代紈扇的新扇形，可以稱爲紈扇的後期異形。

河北的天津，位於北平東南方的一百公里以外。從明代末年或十七世紀上半期開始，一直到現在，位於天津西南方的楊柳青，一向是慣稱爲「年畫」的傳統版畫的製作中心。在清代末年，陳炳文是楊柳青的一位著名畫師。他的作品之一是一對美人年畫。右面那幅，是在畫面上包括一隻喜鵲的「喜到門前」（圖一六〇，甲），左面的

圖一六〇（甲）：

清代末期陳炳文作楊柳青年畫

（這是右邊的「喜到門前圖」）

那幅，是包括一隻蝙蝠在內的「福緣善慶」（圖一六〇，乙）。這兩位美人是分別拿著紈扇的。

在「喜到門前圖」中，美人手裏的紈扇，雖是一把普通的圓形紈扇，可是在「福緣善慶圖」中，美人手裏的紈扇扇形，卻很特別。大體上，這把紈扇雖然是橢圓形的，可是扇身的上半部卻突然在扇身中部，向內曲折。由於這個曲折，扇頂與扇身形成垂直相交的九十度的角度。就實用功能而言，清代的彎身紈扇，不但比南宋中期的橫式橢圓紈扇更難使用，恐怕也更難於保存。所以彎身紈扇的製作，本來必有某種現在已難明瞭的特別的原因。儘管設計彎身紈扇的原因還不清楚，至少從紈扇扇形的發展歷史上看，彎身紈扇的設計，是相當怪異的。

## 丁、清代的五角梧桐葉形扇

這是一把用「緙絲」製成的五角形紈扇（圖一六一）。所謂緙絲，既用絲字，顧名思義，當然是我國絲織品的一種。緙絲的特點有三：甲，在織成以後，只現緯線而不現經線。成品表面上的花紋，無論是山水、人物、花卉、果木、鳥獸，無不是利用緯線的換梭與配色完成的。乙，在製造的過程中，除了用梭織作和用針穿綴以外，有時還要

圖一六〇（乙）：

清代末期陳炳文作楊柳青年畫

（這是左邊的「福緣善慶圖」。注意圖中的紈扇是彎身的）

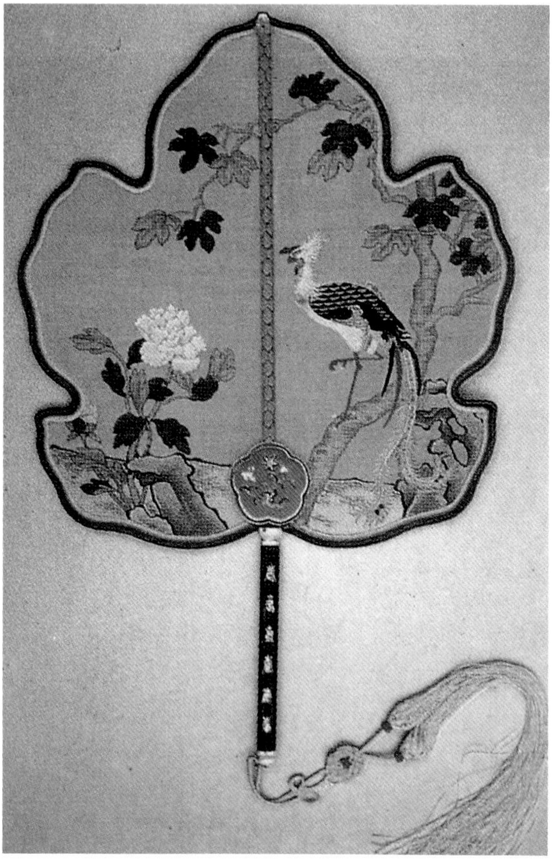

圖一六一:清代末年(十九世紀末年)的緙絲紈扇
(扇面有五角,是以梧桐葉爲形的紈扇。在清末,這種緙絲扇是江蘇蘇州的貢品)

用一隻畫筆來點染必要的顏色。所以儘管在一般情況之下,常把緙絲當作絲織品來看待,事實上,緙絲應該說是集合了織、繡、繪、染等不同技術於一體而完成的綜合產品。丙、無論緙絲成品的表面有無花紋,成品的厚度是一致的。易言之,在刺繡的成品表面上所產生的厚度不一的現象,在緙絲的成品表面上,是從來不會發生的㊆。

這把緙絲扇的扇面主題很簡單,左下方是一叢牡丹,右方是一株梧桐樹,此外,用單腳站在梧桐樹幹上的是一隻長尾的鳳。所謂鳳,據在漢代編成的字典《說文解字》裏的解釋,是一種神鳥。事實上,遠在漢代以前,鳳鳥已經被視爲吉祥的象徵。到漢代之後,又把龍鳳並列,分別作爲男子與女子的,特別是天子與皇后的象徵。在晚淸時代,慈禧太后(一八三五—一九〇八)在同治(一八六二—一八七四)與光緒(一八七五—一九〇八)兩朝,掌權幾達五十年,是中央與地方官吏都必需小心承奉的風雲人物。這把以鳳鳥爲主題的緙絲紈扇,就是在晚淸或者在十九世紀末期的某年,由江蘇蘇州的地方官以端午節的

**圖一六二：**河南洛陽龍門濱陽洞腰壁間表現「維摩詰說法」的浮雕（摹本）

（此洞開鑿於北魏朝之宣武帝時代（500-515）。在說法部份，維摩詰手持麈尾）

貢品的名義，進貢給她的。

梧桐是一種春季開花的喬木。在古代的神話裏，鳳鳥除了在天空飛翔，不需停留以外，如果牠不需飛翔而要停下來，一定要停在梧桐樹上。所以在這把緙絲扇的扇面裏，鳳鳥是停在梧桐樹幹上的。梧桐樹的樹葉是左右對稱的五角形。這把緙絲扇在扇面裏，既然表現了梧桐樹，所以索性就用梧桐樹葉的五角形，作爲這把紈扇的扇形。在紈扇之中，以這樣不規則的葉形作爲扇形的例子並不多見。所以這把梧桐葉形紈扇的製作時間雖晚，但在中國扇史上，它的扇形設計，別出心裁，還是不得不提的。

## (三) 麈尾——一種似扇而非扇的文人器物

圖一六三：甘肅敦煌鳴沙山第 二〇三窟內表 現維摩詰說法的初唐壁畫
（維摩詰手持麈尾）

位於河南洛陽南郊的龍門石窟，是與我國佛教雕刻有關的一個重要地區。龍門石窟共有十四窟，早期的刻於南北朝時代的北朝，後期的刻於隋、唐兩代。開鑿與雕刻於北魏時代（四八八—五三四）的賓陽洞石刻，在龍門石窟裏，正是早期的重要作品。在賓陽洞洞口的石壁上，刻有著名的「維摩詰問疾圖」（圖一六二）。在此圖中，背有圓光（Halo）的文殊師利菩薩（Bodhisattva Manjusri），挺著身體，坐在左邊的榻上，身體靠在像一隻皮球一樣的隱囊之上的維摩詰（Vimalakirti），坐在右邊的榻上。由這兩人面面相對的畫面所表示的，正是維摩詰借著他因爲生病，而想從文殊師利菩薩的嘴中知道釋迦牟尼佛對人何以會生病、又如何去治療疾病的那一場佛義辯論的場面㈥。文殊師利雖然空著手，維摩詰的手裏卻是拿著麈尾的。麈尾的外形雖然很像羽扇，卻並不是扇子。

位於甘肅與新疆兩省交界處的敦煌，是與我國佛教藝術有關的另一個重要地區。即使不把位於敦煌以西黨河的西千佛洞（現仍保存者共十六

圖一六四：甘肅敦煌鳴沙山第一〇三窟內表現維摩詰說法的盛唐壁畫
（維摩詰手持麈尾）

窟）與安西榆林的石窟(共二十九窟)計算在內，只是敦煌莫高窟(又稱千佛洞)一地的石窟總數，已經接近五百（共四百九十二窟）。所以莫高窟是另有千佛洞之別名的。畫在敦煌莫高窟之二〇三號石窟西壁的壁畫人物主題，也是維摩詰與文殊師利。維摩詰的身後雖然沒有可以靠背的隱囊，手裏還是拿著麈尾的（圖一六三）。莫高窟的一〇三號窟，又畫了手持麈尾的維摩詰（圖一六四）。在時代方面，二〇三號的壁畫繪於初唐或七世紀的上半期，一〇三號窟的壁畫繪於盛唐或八世紀的上半期。二者相差約一百年。

在唐代末年，孫位是一位著名的畫家。由上海博物館所收藏的「高逸圖」卷(圖一六五，甲)，就是孫位的作品。圖卷的一段，畫了一位背倚隱囊的高士，坐在華麗的席上（圖一六五，乙）。由這位高士斜舉在他手裏的狀似羽扇的器物，也就是表出於龍門與敦煌之佛教藝術裏的麈尾。這卷畫的名稱雖是「高逸圖」，所畫的人物卻是活動於南朝的「竹林七賢」的一個殘本[19]。可見在地理上，從黃河流域的北朝到長江流域的南朝，在時間上，在從五世紀初期到六世紀末年在南北朝時代，麈尾的使用，是相當普遍的。

所謂麈，從漢代到清代的字典學家，都認為麈就是麋。麈與麋都是鹿屬動物，兩者還是有分別的。大體上，能夠在冬天把角化掉的鹿屬動物是麈，不能把角化掉的鹿屬動物才叫麋[20]。用麈

圖一六五（甲）：五代孫位「高逸圖」（全圖）

的尾毛所作的器物，在外形上，雖然很像羽扇，不過卻不是扇子。這種外形似扇而實際非扇的器物，就用它的原料爲名而叫麈尾。

從三國時代的魏國後期開始，直到南北朝時代南朝的後期，當時的文人常有服食寒食散的風氣㈠。所謂寒食散，就是用五種礦石粉再滲雜其他十種藥材而配成的藥粉㈡。吃了寒食散的人，無不感到身體內部發熱，所以有許多文人，甚至連到了冬天，還要採用既不穿衣服、又呑食冰塊的方式去平息體熱㈢。用揮扇招風的方式來平息體熱，當然遠不如吃冰或裸體有效，可是在公共場合，如果既沒有冰塊可吃又不能赤身裸體，恐怕揮扇招風，也還是取涼息熱的一種方法。可是扇子太普通，當時的文人可能爲了愛好面子，並不肯使用普通的扇子。不過麈不是輕易可得的動物。如果用麈的尾毛作成形狀接近羽扇的器物，它在功效上，既可搧風取涼，在質料上，也遠比用竹、絹、羽、葵所作的扇子，顯得更加高貴。所以在南北朝時代，當時的文人對這種具有扇之功能的麈尾，是普遍樂於使用的。目前在日本京都奈良的正倉院裏所保存的麈尾（圖一六六），就正是一隻用眞正的麈尾毛所作的麈尾。儘管正倉院裏的麈尾之尾毛已經嚴重脫落，不過如用這件實物與敦煌一〇三號石窟壁畫中所表現的盛唐時代的麈尾互相比較，二者在形狀與結構上的類似，是明顯可見的。

圖一六五（乙）：五代孫位「高逸圖」（細部）
（國內高士之一，手持麈尾）

總之，麈尾雖然具有羽扇的功能，可是在名稱上，卻從不叫扇，而只稱爲麈尾。討論扇子在中國境內的發展，對麈尾與扇子的異同，是應該有區別的。

## （四）中國扇史上的混亂時期與衰退時期

扇在中國的使用，可能是從商代開始的。如果這個記錄可信，在中國，扇子已有三千年以上的歷史。大概從相當於西元前三世紀下半期的戰國時代開始，中國的扇子，可以根據使用者的身分而分成儀仗扇與實用扇等兩大類。儀仗扇的特徵是扇柄的長度至少兩倍於扇身的長度，至於一般的扇，爲了實用，扇柄的長度，如果不與扇身的長度相等，就是比扇身略短或略長。在漢代，儀仗扇的使用者經常是官吏。可是從南北朝時代開始，儀仗扇之使用者的身分，已有明顯的改變；只有天子、太子、和他們的后與妃，才能使用儀仗扇，這種禮儀，一直維持到明代，從未改變。至於儀仗扇的形式，一般而言，大致採用圓形、矩形、與橢圓形等三種。

至於一般的實用扇，從製作的原料上觀察，一致不外絹、羽、紙、竹、葵葉、麥桿、檀木、

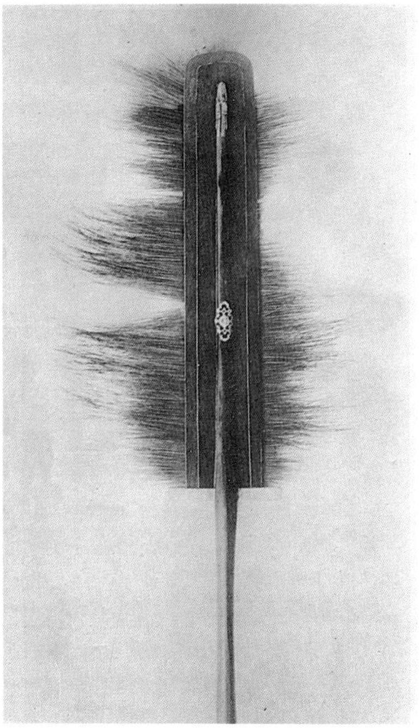

圖一六六：日本奈良正倉院西棚所藏柿柄麈尾

圖一六七（甲）：清末湯祿名（1804-1874）補景「鄧廷楨行樂圖」

圖一六七（乙）：清末湯祿名（1804—1874）補景「鄧廷楨行樂圖」（細部）
（鄧廷楨手持摺扇）

與象牙等八種。不過如果綜合文字與考古的資料，再用歷史的立場來觀察，竹扇的使用是在漢代以前已有的。絹扇與羽扇的使用，是在西漢的初期東漢的末期分別開始的。葵扇的使用，是從南北朝時代開始的。紙扇的使用，雖是從南宋開始的，都要到明代中期才盛行起來。除了竹扇、絹扇、羽扇、葵扇與紙扇，用其他各種質料所作的扇子，都是在明清兩代才發展起來的地方性的工藝產品。

在攝影術沒有傳入中國之前，清代的畫家常常要爲人畫像。清末的湯祿名（一八〇四—一八七四）就曾在一幅已經由別人畫好了鄧廷楨像的肖像畫上補畫竹石之景（圖一六七，甲、乙）。在中國近代史上，大家對鄧廷楨（一七七五—一八四六）是不會忘記的。用最簡單的方式來介紹，鄧廷楨是江蘇南京人。他在道光二十年（一八四〇），在廣東擔任兩廣總督的時候，曾經領兵打退進攻廈門的英國軍艦。不過後來由於清代的中央政府主和不主戰，所以把他與燒掉英國鴉片的林則徐一同被貶到新疆去，在藝術方面，這種帶有山水或園林背景的肖像畫，當時經常被稱爲行樂圖，在鄧廷楨的行樂圖裏，這位朝廷大臣是手持一把摺扇的。

時代更晚的浙江畫家任預（一八五三—一九〇一），曾經畫過兩幅肖像畫。第一幅是在光緒七年（辛巳，一八八一）爲碧蔭軒主人畫的（圖一六八）。第二幅是在光緒十四年（一八八八）爲達夫畫的（圖一六九）。碧蔭軒主人與達夫究

圖一六八：

清末任預（1853-1901）作「碧蔭軒主人像」（作於清光緒七年（辛巳，1881）。圖中人物，手持摺扇）

圖一六九：清末任預（1853-1901）作「達夫像」
（作於清光緒十四年，戊子，1888）

竟是誰，現不可知，不過據圖中人物的穿著，這兩人應該都是活動於十九世紀之八〇年代的文人。在這兩位文人的手裏，他們是分別持有羽扇與摺扇的。

在清代末年，干涉光緒皇帝變法維新，同時唆使義和團員殺害歐洲傳教士與德國外交官的慈禧太后，是把當時的政局弄得翻天覆地的人物。在光緒二十九年（一九〇三），在勛齡爲她照過一張照片（圖一五五）。以這張照片爲證，慈禧太后所用的扇子，是絹本的紈扇而不是摺扇。此外，由光緒帝在光緒三十年（一九〇四），作了御筆書畫的扇子（圖一五六），也是用素絹製作的紈扇而不是摺扇。根據慈禧手裏所拿的扇子與光緒用來作畫的扇子，在二十世紀初年的清代末年，當時清宮裏所用的扇子，似乎是紈扇而不是摺扇。

「人鏡畫報」是在上海編輯與出版的一種漫畫式畫報。「人鏡畫報」的第六期，是在光緒三十三年（一九〇七）出版的(圖一七〇，甲)，據發表在這一期裏的「演戲助賑圖」（圖一七〇，乙），坐在戲臺前面，一面喝茶一面看戲的那位先生，是在手裏拿著一把素絹本的紈扇的。在戲

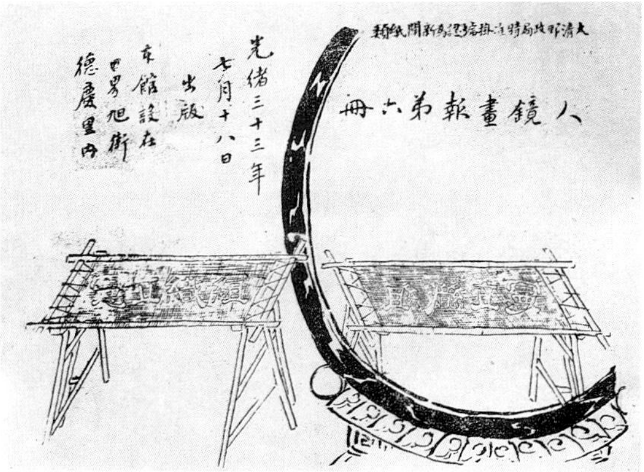


圖一七〇（甲）：

清末「人鏡畫報」第六册封面所載之出版時間

（光緒三十三年（1907）七月十八日）

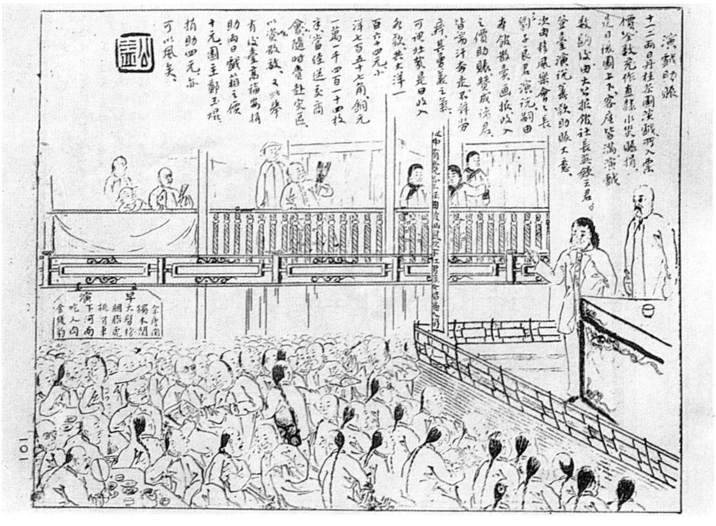

圖一七〇（乙）：清末「人鏡畫報」第六册內所刊「演戲助賑圖」

（圖內觀戲人物，持有羽扇、團扇與摺扇）

臺左側的樓座裏，既有人拿著摺扇，也有人拿著羽扇。畫在「演戲助賑圖」裏的扇子，既然只有羽扇、摺扇、與團扇，而沒有其他種類的扇子，再配合由在湯祿名和任預在三幅肖像畫裏所表現的摺扇，以及慈禧和光緒所用的扇子只限於團扇的事實，足以說明，到了清末，在一般的實用扇裏，只有羽扇、摺扇、與團扇才是最普遍也最重要的扇子。這幅早期的漫畫既把這三種扇子，同時表現在同一幅畫裏，又可以說明在已經到了二十世紀之初期的清代末年，在扇子的使用史上，可能是最混亂的時期。

一九一一年，中華民國成立。扇子使用史上的混亂時期，也就迅速的成爲過去。可是在混亂時期結束以後，隨之而來的，卻似乎是扇子使用史上的衰退時期。不要說在近三十年來的臺灣，已經很少見到羽毛扇，就是素絹的團扇，幾乎也已絕迹。現在唯一能夠看得到的，似乎只有素紙本的摺扇面。這種扇面的起源雖在日本，可是由於摺扇的開合自如，便於携帶，以及可以把竹刻、書畫、印章、詩文等不同的文學與藝術的項目匯集在一齊，從相當於明代中期的十六世紀以來，這種從高麗傳入中國的扇子，早已成爲中國文化的一部分。中國人對它的來源不是中國的這件事，早已淡忘了。從另一方面來看，用絹來作團扇，雖然遠從東漢時代已經開始，而且直到清代末年，慈禧與光緒這母子二人也還十分喜愛，不過到現在，中國傳統的團扇的重要性與普及性，已經不得不讓給從高麗傳入的日本摺扇。絹扇與摺扇的此消彼長，說明中國的文化具有一種變動性。任何的文化都不會是永遠停留在同一階段而沒有變化的。

## (五)　摺扇面上二十世紀的新題材

摺扇面上的畫題，以第五章所舉諸件爲例，大概不是山水、就是花卉，此外，當然還有少量的人物。趙之謙在十九世紀中期所畫的「菠蘿圖」(圖八三)，雖然可以算是寫生畫風的開始，到了二十世紀的前半期，以陳衡恪的「紫茄玉米圖」爲例（圖八八），又在寫生畫的道路上向前邁進了一步，可是中國畫家在這方面的成就，始終不高。不但如此，他們在山水、人物畫的畫題方面，也沒有重大的突破。

一九七八年，大陸的平劇演員李嘉林，曾在一把摺扇上，畫了三個武劇人物的臉譜，按照從右到左的順序，這三個臉譜，分別代表二郎神、孫悟空、與巨靈神（圖一七一）。用平劇裏的武劇人物臉譜，作爲摺扇扇面的畫題，相當別緻。這幅「武劇臉譜」實在應該算爲摺扇繪畫在主題發展方面的一大突破。

圖一七一：二十世紀的素紙本摺扇面

（扇面上的畫蹟是李嘉林在1978年所作的「京劇臉譜圖」按照自右至左之順序，此三臉譜各爲二郎神、孫悟空與巨靈神）

從李嘉林在摺扇上，對我國平劇臉譜的描繪，使人聯想到西方的漫畫家麥斯倫在一把摺扇上，表現了美國搖滾音樂（Rock and Roll）的奇才——貓王艾維斯普里斯萊(Elvis Presley)畫在這把摺扇上的人物的風格，是按照相當於十九世紀日本江戶時代的「浮世繪」而描成型的。所謂「浮世繪」，在表現的特徵上，一方面是色彩的鮮艷，一方面是主題的通俗。貓王既在搖滾音樂是一位受到熱烈歡迎的人物，把他當作變形的「浮世繪」的畫題，至少符合主題通俗的要求。至於色彩使用，金黃與濃黑的對比，也頗與十九世紀的日本畫風相近（圖一七二）。可是無論如何，把近代的西方人物，作爲日本摺扇的畫題，就主題設計的內容而言，卻不能不說是一種突破。根據由李嘉林與麥斯倫所表現的中國臉譜與西方貓王，看來把舞臺主角作爲畫面的主角，似乎是摺扇畫家在二十世紀的新發現。我國的摺扇畫家，是不是也應該在他們的創作上，尋求新的突破呢？

除了李嘉林的「臉譜圖」，「微書」與「女書」在摺扇上的書寫，也是過去從來未曾發現過的事。

「微書」，是指用毛筆所書寫的面積特別微小的書法。一九八八年，四川省渠縣的縣立中學教師鄧秀虎，在一把面積只有九寸的素紙摺扇面上，用毛筆書寫了唐、宋、元、明、清等五個朝

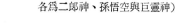

**圖一七二：**
西方漫畫家麥斯倫在摺扇上所畫的貓王艾維斯普里斯萊(Elvis Presley)

代的古詩四千七百一十二首。整個摺扇面上共有十萬兩千零二十八個工整的小楷。經過位於北京的中國歷史博物館與中國工藝美術館內專家的鑒定，一致認為由鄧秀虎所寫的這把「微書」摺扇面，是向所未有的字數最多，字體最小，書法也最好的毛筆書法扇[三]。

至於所謂「女書」，大體上，是指居住在湖南省江永縣（靠近湘、桂二省邊界）及其附近之居民所使用的一種特有的文字。所謂特有，是由於這種文字具有筆畫粗細一致、字體傾斜、以及在筆劃上，從來沒有橫、豎、撇、鈎的特徵。更特別的是，這種文字的使用，歷來只有女性。所以她們不但會看得懂女書，到現在，年齡比較大的女性，還能書寫女書。今年八十七歲的高銀仙（圖一七三，甲），目前仍然住在江永縣上江圩鄉，她就是書寫女書的高手（圖一七三，乙、丙）。「女書」的發現，雖然在中國民族學上是可喜的大事，不過從中國摺扇之書畫史的立場來觀察，女書既然是前所未有的主題，也不能不說是一種新題材（圖一七三，丁）。

## （六）摺扇的新用途

摺扇的功能是招風取涼。扇面上的名家書畫

圖一七三（甲）：
湖南省江永縣上江圩鄉浦尾村八十七歲的高銀仙老太太用毛筆書寫「女書」

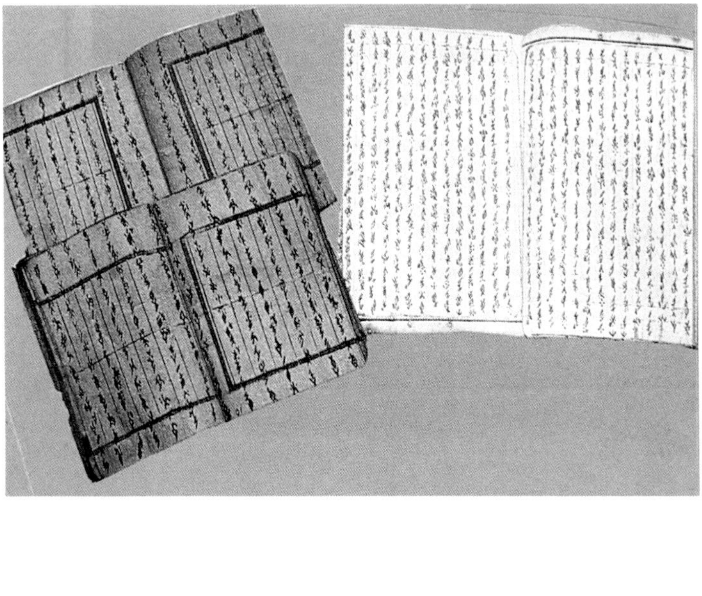

圖一七三（乙）：
湖南省江永縣上江圩鄉內用「女書」所寫的手抄本書籍

圖一七三（丙）：
湖南省江永縣上江圩鄉內在素紙本摺扇面上所寫的「女書」

圖一七四：面積特大的平劇道具摺扇
（這是大陸的平劇演員高牧坤在「艷陽樓」中扮演高登時的劇照）

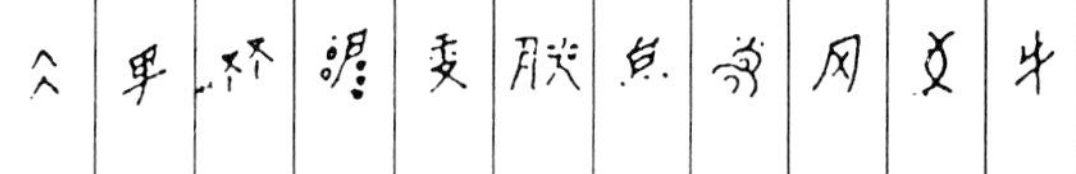

| 女書 | 漢字 | 說明 |
|---|---|---|
| | 牛 | 借用漢字 |
| | 女 | 借用漢字，但略作變形 |
| | 月 | 借用漢字，但略作變形 |
| | 高 | 借用漢字，變形較大，但仍可辨認 |
| | 魚 | 借用漢字，變形較大，但仍可辨認 |
| | 腹 | 取漢字「肉」旁 |
| | 香 | 取漢字「禾」旁 |
| | 體 | 自造新字 |
| | 窗 | 自造新字 |
| | 澡、早、走 | 多個同音字 |
| | 分、吩、婚、坟 | 多個同音字 |

與扇骨上的竹刻，本來都是摺扇的附屬品。可是從清末到現在，摺扇的使用，已在招風取涼的原有功能與藝術價值之外，產生了許多新用途。新用途的第一種是成爲表演者的道具。譬如「相聲」的演出者，是常有一人手持摺扇，不時東西相指，又不時開開合合，作爲道具的。不過「相聲」演出者手裏的摺扇，就是一般實用的素紙扇，所以扇上既沒有名家的竹刻與書畫，摺扇的尺寸也與常扇無異。

圖一七三（丁）：湖南省苗族婦女的女書
（有些女書的單字，借用漢字而加變形，有的只借用漢字的偏旁，有的是自創的新字）

可是在平劇中，特別是在淨角手中，作爲道具使用的摺扇，尺寸是特別大的。「艷陽樓」（又名「拿高登」）就是一齣以武淨爲主角的平劇折子戲。一九八四年，大陸的中國京劇院第一團在香港公演一週。「艷陽樓」正是公演的節目之一。在這齣戲裏，由高牧坤扮演的高登，手裏就拿着一把特大號的素面花卉摺扇（圖一七四）。

一九八六年，由大陸的北京雜技團和瀋陽雜技團的團員們在法國巴黎的雜技與馬戲中，表演了著名的「車技」節目。這個節目的演出是由十位中國女郎，一面共騎一輛腳踏車，又一面在她們的手中揮舞大型的孔雀羽毛摺扇(圖一七五)。由於這個節目的難度高，表演者年輕貌美，而且她們手中的孔雀羽毛摺扇，又正可與從十九世紀以來，歐洲各國喜愛羽毛扇的風氣和傳統互相配合，所以「車技」這個節目，就在一九八六年在巴黎的公開競賽之中，獲得了第九屆世界「明日」雜技與馬戲比賽的冠軍。

無論是相聲、是平劇、還是雜技，都是動作性的表演。把摺扇的使用，由平靜的日常生活，帶到動作性的演藝生活裏去，就等於把摺扇的使用，脫離了眞實的現實生活而進入戲劇生活。

在中國人的文化生活之中，把摺扇作爲演藝的道

圖一七五：中國現代的大型孔雀羽毛摺扇
（這種孔雀羽扇，在1986年由中國大陸的雜技團在巴黎表演時，成爲表演者的道具）

具，雖然已與摺扇之招風取涼的原有功能，背道而馳，卻不能不說是摺扇在現代中國文化之中的一種新用途。

摺扇在現代中國社會裏的第二種新用途，是把摺扇之上大下小的造形，設計爲賀年卡片的造型。所謂賀年卡片，本是民間在新年之前互相祝福，慶賀來年事事如意，身體健康的一種表示友誼的卡片。在本世紀初年，中國的賀年卡片不但只有祝福的文字而沒有畫面，而使用的時間也只用於農曆新年之前。然而在本世紀的最近三十年，只適用於中國農曆年的傳統式賀年卡片，儘管還沒受到淘汰，可是使用者的數量已經大量減少。一種在農曆與陽曆新年都適用的新式賀年卡片，目前是非常流行的。所謂新式賀年卡片，至少從設計的立場來觀察，具有兩種特徵：甲，不但仍然具有傳統賀年卡片上所具有的祝福文字，更增加了一個帶有藝術氣氛的畫面。乙，這個畫面經常是橫着設計的。

把賀年的卡片由傳統的直式改爲新興的橫式，大概有兩種原因：第一種是中國賀年卡片與西方的聖誕卡片（Christmas card）的結合。聖誕指基督教（Christianity）創教者耶穌（Jesus-christ）在陽曆十二月二十四日的誕辰紀念日。西方的基督教徒（Christian）爲了宗教信仰，習慣在十二月二十四日之前，以能夠表示爲耶穌與其母瑪利亞（Maria，基督徒亦常稱之爲聖母）而謝恩的畫片互相贈送。在這種聖誕卡片上的文字，本來都是歐洲各國所用的拚音文字。拚音文字都是橫着書寫或印刷的。由於陽曆的十二月二十四日，在時間上已經相當接近新年，所以西方的聖誕卡片又常在宗教性的祝福文字之外，另增新年快樂（Happy New Year）之類的一般性的祝福文字。這些一般性的祝福，也無不是橫着書寫或排印的。中國的賀年卡片既與西方的聖誕卡片互相結合，所以這張卡片的設計也就由傳統的直式改變爲新興的橫式。卡片的本身既爲橫式，卡片上面的文字也就多半橫寫或橫排。第二種原因是由於中國文化既與西方文化有所接觸，常有直接使用西方原有之學術術語的機會。爲了把橫行的歐洲語文字彙與直行的中國文字滲加使用而引起的視覺上的不便，遠在本世紀的二〇年代，一些學術機關的出版品，譬如中央研究院各研究所的集刊（Bulletin）、以及北京大學的若干刊物，都是用橫着排印的方式出版的。影響所及，近年在臺灣創刊的《聯合晚報》、《中國時報》、與《民生報》，也已都改爲橫着排印的報紙。根據這兩種原因，現代的中國人，從一九二〇年代以來，特別是到了一九九〇年代，早已慣於閱讀橫行的中國文字了。

摺扇的造型雖然上寬下狹，幷不十分規則，不過大體而言，只要把摺扇展開，摺扇的空間永遠是橫着發展的。這樣的空間當然是設計橫式賀

圖一七六（甲）：中國大陸在1989年所製的賀年卡（卡片的畫面是用一把摺扇的造型來設計的）

圖一七六（乙）：臺灣在1991年所製的賀年卡
（卡片的畫面是一把用剪紙方式所做的摺扇的造型來設計的）

年卡片的良好造型。所以一九八九年在福建省福州所設計的一張橫式賀年卡片的畫面，雖是一幅簡單的水彩風景畫（圖一七六，甲），畫面的造型卻以中國摺扇的造形爲主。不僅如此，一九九一年在臺灣省臺北市所設計的一張橫式賀年卡片的畫面，雖然採用了由傳統的剪紙工藝所完成的花鳥圖，可是花鳥圖是安置在一個中國摺扇的扇面空間裏的（圖一七六，乙）。以上舉的這兩張賀年卡片爲例，海峽兩岸對新式賀年卡片的設計的構思是全無二致的。

值得注意的事實似乎并不只是用摺扇的扇面造型所設計出來的賀年卡片，而是把摺扇的扇面造型用來設計賀年卡片的原因。那兩個原因，如上述，都是由於中國文化遭遇到與西方文化的接觸而形成的。把摺扇的造型使用到賀年卡片上去，與把摺扇作爲演藝者的道具一樣，也是摺扇在現代中國文化裏的一種新用途。不過這種新用途的形成，是由於中國的本質，到了二十世紀，已經發生了變化。如果沒有由於與西方文化之接觸而發生的變化，中國的摺扇大概不會作爲賀年卡片之造型的設計。現在福州市與臺北市的賀年卡片既然都以摺扇作爲賀年卡片的造型，那就說明海峽兩岸的中國文化的發展，仍然屬於同一種類型。想要瞭解摺扇在現代中國的發展，對於現代中國文化本質的變化，能不特別注意嗎？

## （七）摺扇西傳之餘波

在十六世紀，歐洲國家爲了開拓海道，商船相繼東來。從此，東方的摺扇，就以中國爲中心，逐漸引進到歐洲。然後在十七與十八世紀，達到中國摺扇在歐洲使用的高潮。且不要說在十七世紀英國的伊莉沙白女皇在別人爲她畫像時，手裏要拿摺扇，或者荷蘭的上流社會之貴婦，在赴荷蘭國王之晚宴的時候，每人各持一把摺扇，在十八世紀的歐洲，許多國家的當事人，固然要在婚喪之禮，向來賓派送摺扇，而英國的女性，更可以利用對於使用摺扇的動作，而與她心醉或厭惡的男子，以扇作隱語。這些史實，無不說明歐洲社會對於摺扇的著迷，實在已經超出中國人對摺扇的喜愛。

可是如果從另一個角度來觀察，摺扇的發展，絕不只限於由中國傳到歐洲去的直接傳播。從下面所舉的幾個例子來看，摺扇從中國向西方世界的傳播，直到二十世紀，可說仍在餘波蕩漾。首先值得注意的是，在東南亞洲，由泰國女郎所表演的，穿了泰國的傳統服裝的假面舞，當伴奏的音樂響起，這些舞女是必需要手持金紙的摺扇作的道具（圖一七七），然後才能翩然起舞的。

圖一七七：泰國（Thailand）假面舞中的人物手執金紙摺扇

圖一七八：大洋洲大溪地（Tahifi）之僑胞，在1978年之春節所舉辦的慶祝活動之中，表演摺扇舞

一九七八年，住在大溪地（Tahiti）的華僑，在當地舉行春節聯歡會。大溪地是大洋洲裏的一個島國，位置雖然靠近美國，卻和夏威夷一樣的孤懸在大海中。當地的華僑少女，穿了紫衫白裙，拿了紙本的摺扇，在草地上，面帶笑容，翩然而舞（圖一七八）。一九七八年，住在美國加州（California）之沙克拉門都（Sacrameuto）的僑胞，也在當年的春節聯歡會上，由一羣年青的少女表演了以彩羽摺扇作爲道具的摺扇舞（圖一七九）。

圖一七九：

美國（The United States of America）加州（California）沙克利門都（Sacramento）的僑胞，在1978年之春節所舉辦慶祝活動之中，表演彩羽摺扇舞

　　大溪地華僑少女的摺扇雖爲紙本，加州華僑少女的摺扇卻是在竹股上，加飾了彩色羽毛的。在中國的扇子裏，羽扇與摺扇本屬兩個不同的系統，這兩個系統是從來不曾混合使用的。可是加州華僑的摺扇，卻正是摺扇與羽扇的綜合。把這兩種扇子混合使用，可能是從中國大陸開始的。一九七八年，中國的民族舞蹈家陳愛蓮，在表演「春江花月夜」的舞蹈之中曾經手持一對白羽摺扇而舞（圖一八〇）。所以加州華僑的彩羽摺扇，如果不是以大陸的白羽摺扇爲藍本而稍加改變，也許就是從中國大陸引進的新型摺扇。無論是間接的改變，還是直接的引進，恐怕都該視爲中國摺扇對西方傳播的新類型。這樣看，中國摺扇的西傳，直到現在，豈不仍在餘波蕩漾嗎？

## （八）結語

　　扇在中國的使用，如以文獻爲據，雖可追溯到殷商時代，不過這些記載的可信度不高。目前所知的時代最早的扇子，是考古學家在一九八二

圖一八〇：
1978年中國的民族舞蹈家在「春江花月夜」中手執一對白羽摺扇而舞
（這個舞蹈是根據唐代詩人張若虛的名著「春江花月夜」改編而成）

年，在湖北省境內所發現的楚國竹扇（圖一四）。扇在中國的歷史，如果需要有實物爲證，至少可由這把長柄竹扇的存在而追溯到公元前四至三世紀的末期。這樣說，扇子在中國，具有兩千兩百年以上的歷史，是可以相信的。

使用扇子的時候，雖然要用手操作，可是由漢代的字典提到箑，卻是以腳操作的扇。可見就扇的使用方法而言，至少在漢代，扇有兩種：一種用手操作，另一種用腳操作。用腳操作的箑，是在什麼時候開始停止使用的，現無可考。到目前，除了電扇的搖擺，可以自行操作，所有的扇，無不用手操作。

在素材方面，扇的製作，雖然有絹、有羽、有紙、有竹、有葵葉、有麥桿、有檀木，也有象牙，不過用這八種材料所製成的扇子，無不是爲招風取涼而製作的實用扇。在另一方面，儀仗扇的素材，卻只限於絲織品裏的絹和羅。竹、紙、羽、木、葉、桿、牙等等材料，是從不用來製作儀仗之扇的。

在實用扇中，紈扇與摺扇是最重要的兩種類型。紈扇的主要特徵有二：甲，在素材上，扇面之製作，以絹爲主；用綾、羅、紗、甚至緙絲來製作的扇面（圖一六一），雖然也算紈扇，卻都是次要的。乙，在造形上，扇面之形狀以圓形爲主；採用了橢圓形、腰形、與楓葉形的絲織扇，雖然也算紈扇，卻也都是次要的。從文獻上看，如果把班婕妤對於素絹扇的歌詠，可以視爲紈扇使用時期的開始，從西漢成帝（公元前三二—八年）的時代開始計算，直到清代的光緒皇帝在他的素絹扇上作畫爲止，紈扇在中國的使用，已經接近兩千年。圓形的素絹紈扇，產生於中國，是中國文化的代表。

一九七二年，日本的考古學家在日本京都以南奈良縣高亦郡的明日香村，發現了飛鳥時代（六世紀末至八世紀初期）的高松古墓[24]。從這座古墓裏所發現的，不但有一面海獸葡萄鏡，還有色彩鮮豔的壁畫（圖一八一）。值得注意的是，發現於高松古墓裏的海獸葡萄鏡，不僅是鏡背的花紋，甚至連圓鏡的直徑，都與在我國陝西省西安市郊之獨孤思貞墓中所發現的另一件海獸葡萄鏡，完全相同[25]。就時間與地理來觀察，獨孤思貞死於唐武后萬歲通天二年（六九七），在神功二年（六九八），才又被遷葬於目前的墓地。而該墓地，在唐代正是國都長安之轄地。除了兩件銅鏡，發現於高松古墓的壁畫，是頗值得觀察的。在該墓壁畫中，身著黃衣的那位女性是用雙手拿著一把長柄之圓形紈扇的。無論是就扇面的造形，還是就扇面與扇柄長度的比例而言，這把紈扇與中國考古學家在新疆吐魯番所發現的，那把唐代的長柄紈扇都非常類似。根據銅鏡的相同與紈扇的類似，似可得到日本高松古墓的興建，必在西元七九八年之後，易言之，該墓的興建，應

圖一八一：日本飛鳥時代高松古墓中之壁畫
（壁畫中身著黃衣之女性，手持中國式的長柄紈扇）

在西元八世紀的前半期的結論。根據這個結論，畫在高松古墓壁畫中的長柄圓扇，應該也與發現於該墓的海獸葡萄鏡一樣，是有一把從長安傳到日本去的中國長柄紈扇作爲描繪之對象的。這樣說，在西元八世紀的上半期，足以代表中國文化的長柄紈扇，是曾一度東傳於日本的。

據本書第四章的第一節，在十二世紀初期，徐競在現在的韓國所見到的高麗扇，共有畫有圖畫的「畫摺扇」、和沒有圖畫的「杉扇」、「松扇」、與「白摺扇」等四種。畫摺扇與白摺扇既然都以摺扇爲名，對於這兩種高麗扇的扇形，自然不必懷疑。至於杉扇，雖然沒有摺扇之名，但據徐競的記載，也是一種摺扇。只有松扇的扇形究竟是什麼，徐競的記載是語焉不詳的。

在十一世紀的中後期，因爲被貶而到過廣東的惠州與海南島的著名文人蘇軾（一〇三六——一一〇一），曾經爲他的朋友張耒所得到的高麗「松扇」，特別作了一首詩來加以描寫[26]。在這首詩中，他曾寫有「萬牛不來難自獻，裁作團團手中扇」之句。根據「裁作團團手中扇」之句，徐競所提到的高麗松扇，在扇形上，很像是圓形的團扇。如果這個推測無誤，在十一世紀中後期的高麗，正與在八世紀前半期的日本一樣，是曾經使用過發源於中國之團扇的。

不過日本與高麗，既有她們自己的摺扇，對於從中國傳去的團扇的使用，似乎並不普遍。這與日本和高麗的摺扇，在十二世紀剛剛傳到中國來，並沒有引起中國人的普遍注意的情形，是頗相似的。

中國實用扇的第二個重要類型是摺扇。摺扇的特徵有三：甲，在素材上，扇面的製作，以紙爲主，幾乎是沒有例外的。至於，紙的來源，雖以國產的紙張爲主，不過在明、淸兩代，也曾使用過產於日本、琉球、和韓國等地的進口紙。乙，由於扇骨可以摺疊，扇面也可以摺疊。根據這個特性，在明代，摺扇又稱「撒扇」。顧名思義，撒字是對把扇骨打開，使得隱蔽的扇面突然出現的那一過程的形容詞。丙，每隻扇骨的末端都有小孔。用小釘穿過各骨之小孔，可把所有的扇骨無論是撒開，還是收攏都集中在一齊。由於這個特性，在明代，摺扇在撒扇之外，又另有「聚頭扇」之別稱。

日本摺扇雖在北宋中期或十二世紀中期，已從韓國傳入我國，不過在當時，中國人既有紈扇、羽扇、竹葉與葵扇的使用，對於摺扇，並不十分注意。到了明代，或者十五世紀，當時的天子與文人既常在摺扇的扇面上寫作書畫，這時候，摺扇的使用才逐漸的普及於中國社會的各階層。再從文獻上看，在最初傳入我國的日本摺扇上，除了曾在扇面上，繪畫人物，並沒有其他的裝飾。可是在明代，我國文人不但常在摺扇的灑金或冷金紙上創作繪畫，更在摺扇的扇面上題寫詩文、與鈐蓋印章。此外，他們又要在扇骨上附加竹刻與扇墜。到這時候，中國與日本的摺扇，已有很大的區別。一般中國人在使用摺扇的時候，對於摺扇的起源本非中國的這件事，恐怕已經早已淡忘了。這樣說，摺扇雖在中國的實用扇裏，成爲一個重要的類型，可是摺扇的本身並不是中國文化。值得注意的是中國社會既然接受了外來的摺扇，就把它逐漸的消融在中國文化之中。這樣，摺扇也就逐漸成爲中國文化的一部份。中國的圓形紈扇，雖曾在八世紀的上半期，一度傳播到日本，可是紈扇對日本文化並沒有造成重大的影響，倒是日本的摺扇，卻在我國對從十五世紀以來的六百年，連續的產生重大的影響。根據這個簡單的比較，似乎可以看出來，在我國的實用扇中，紈扇與摺扇成爲兩個最重要的類型，實際上，幾乎可以視爲中國本土文化與外來文化的對立。外來的文化既能與本土文化對立，那就說明中國文化對外來文化的傳入，具有相當大的包容性。如與日本相比，中國文化的包容性，是大於日本的。

最後要說的是，在十六世紀，正當摺扇在我國開始流行之際，由於海權的擴張，使得歐洲各國在逐漸到達東方之後，透過在遠東傳教的天主教士，以及海船船員和商業人士的有心或無心的搜集，使得東方的摺扇就以我國爲中心而急速傳入歐洲。到了十七與十八世紀，在熱衷中國文化的前題之下，歐洲各國一方面繼續從東方引進中國摺扇，另一方面也在英、法、義、荷等國，紛紛自製摺扇，到這時期，摺扇的使用，已經國際化了。不過如與中國摺扇互相比較，歐洲各國所製的摺扇是頗有特徵的：甲，在製作方面，歐洲各國曾經使用玳瑁、象牙、與白銀等等固體來製作沒有固定扇面的卜瑞斯扇。乙，在扇面的素材方面，歐洲的摺扇不用紙，取而代之的材料是皮革。皮革以外，有時也採用透明而有花紋的薄紗。丙，在畫題方面，除了常與《聖經》、歷史、或日常生活有關，也常把扇面作爲表現時事（地震、海戰、科學、實踐）與希臘神話的畫面，儘管神話中的某些女性，在行爲上是相當淫蕩的。丁、在使用者方面，無論是英國的女皇、是荷蘭的貴族、是法國的新娘與伴娘、還是可以用摺扇與人談情說愛的英國女郎，摺扇的使用者，一律是女性。這四種特徵，既與摺扇在中國的製作方式使用方式無關，那正說明歐洲各國雖從東方引進了中國的摺扇，卻不但改變了摺扇在中國的製作與使用方式，也改變了中國藝術家在摺扇上所採用的繪畫主題，甚至就在使用者方面，與摺扇在中國，經常是瀟脫飄逸的男性文人之專利品的傳統，完全背道而馳。這個情形正與我國從韓國引進了日本的四種摺扇，卻也廢棄了其中兩種，而且又把日本摺扇之造形加以改變的情形完全一樣。摺扇在中國與在歐洲的改變，說明文化的發展絕不會是一成不變的。

從這個觀點來看，變化雖然可能並不就是文化，卻是造成文化之進步的必要過程。摺扇在英、法、荷、義等國的發展，雖與摺扇在中國的發展有異，不過這些差異的本身，卻正好代表摺扇文化在中國以外的另一地區的發展與形成。此外，又由於中國文化與歐洲文化的接觸，使得摺扇的本身，不再是一位瀟脫的中國文人手中風雅文物，而轉變成既有西方文化氣習，也有商業價值的橫式賀年卡片的新造型。

以摺扇爲例，我們如果能超越中國文化的血巢，站在一個絕對超然的公平立場去觀察，那才不但正好可對歐洲文化的內涵有所認識，甚至還可以對歐洲文化的內涵有所欣賞。也只有能够具有這個超然的立場，才不會爲孔雀羽毛摺扇成爲雜技表演者手中的道具，或者爲把一般摺扇的造型轉用爲賀年卡片的造型而大搖其頭，認爲中國文化已經逐漸衰退，甚至已經達到斯文掃地的程度。從這個角度來爲本書的結語做結論，文化的形成雖然複雜，但在複雜之中既可表現了從變化而來的進步，這個現象的產生，還是可喜的。

## 附注

㈠ 據唐人張彥遠的《歷代名畫記》，卷五，「王獻之傳」，他曾在扇上作「牸牛賦」。但據《晉書》，卷八〇「王獻之傳」，他是誤落筆於扇上，所以才把一團黑墨改爲烏駁牸牛的。至於「牸牛賦」是否因爲扇上已有烏駁牸牛才加寫賦文於牛側，則不得而知。

㈡ 見《南齊書》，卷三二，「何戢傳」。又《南史》，卷三〇，「何戢傳」，二書所載傳文略同。

㈢ 見前揭《歷代名畫記》，卷七，「顧景秀傳」。

㈣ 見下店靜市著「東洋書畫題考察」一文，其文載於同氏所著《支那繪畫史研究》（一九四三年，東京，富山房出版）一書，頁三九一——四七〇。按日本學術界，習以「東洋」稱中國。如京都大學有東洋史講座，實卽中國史講座。故此文文題所稱之東洋，實指中國。

㈤ 按齊朝（四七九——五〇二）立國僅二十三年。據前引《歷代名畫記》，卷七，「蘧道愍傳」，道愍爲齊朝畫家。列其人之活動時代於第五世紀之末，當不爲過。

㈥ 見前引《歷代名畫記》，卷七，「蕭賁傳」。

㈦ 據《南史》，卷五一，「梁宗室表」，太清二年（五四八），侯景反，立臨川王蕭宏之子蕭正則爲帝。蕭賁雖在此時投附蕭正則，旋卽身死。故其活動時代，當在六世紀之中期。據《歷代名畫記》裏的「蕭賁傳」，蕭賁之名見於《梁書》。其實這一記載並不正確；筆者遍檢《梁書》，未見「蕭賁傳」。《南史》，卷五，則列其傳，已見前注。

(八) 按閻立本爲閻毗之子。但據史學家陳寅恪教授（卒於一九六九年）在其《隋唐制度淵源略論稿》（一九四七年，上海，商務印書館出版）與都城建築有關的討論之中（頁五四——五八），閻毗具有西域胡族的血統。根據這個說法，其子閻立本應該也有胡人的血統。至於有關於尉遲乙僧的討論，則可參考長廣敏雄教授「西域畫家尉遲乙僧」，載於日本京都大學《人文科學研究所創立二十五週年紀念論文集》（一九五四年，京都）。又拙著「隋唐時代于闐祖籍之父子畫家」，載於《中央研究院歷史語言研究所集刊外編》第四種，上冊（一九六〇年，臺灣），亦可參考。

(九) 見前揭《歷代名畫記》，卷二，論「名價品第」條。

(一〇) 參考前揭彭信威著《中國貨幣史》，第四章「唐代的貨幣」，頁三四九。

(一一) 有關宋人扇畫的，最早的出版品，是在明代末年曾由項元汴舊藏的《宋人畫冊》（一九一一年，上海，商務印書館發行珂羅版，但無彩色複製圖版。一九三六年，同館發行彩色版。一九五七年同館再版發行彩色版，並附英、法、德三國文字說明）。此冊共收團扇八幅。但與宋人扇畫有關而比較重要的出版品，是由鄭振鐸（一八九八——一九五八）、張珩（一九六三年病逝），與徐邦達等等三人合編的《宋人畫冊》（一九五九年，北京，中國古典藝術出版社出版）。此書凡二冊，上冊收團扇六十二幅，圓腰扇五幅。書中所收各圖，全爲北京故宮博物院之藏品。此外，由文物出版社編輯出版的《兩宋名畫冊》（一九六三年，中國國際書店出版，然未附出版地點），也複印了團扇三十幅，圓腰扇一幅，與摺扇一幅。

(一二) 見宋鄧椿所著《畫繼》（成書於南宋乾道三年，一一六七年），卷八，「銘心絕品」部分。當時，這一百幅宋徽宗的扇畫，全是邵溥的收藏。

(一三) 本書第二章，曾經提到元代道教中心永樂宮的壁畫。在此壁畫中，若干儀仗扇上，都畫有山水。

(一四) 本書第二章，又曾提到無款明人的「出警圖」卷。在此卷之中，所有的障扇，不論是白色、是黃色、是藍色、還是赭色的，扇上一律飾以龍紋。

(十五) 見《晉書》，卷九二，頁二四〇四—二四〇六，「顧愷之傳」。

(十六) 見《南史》，卷七六，頁一八九七—一九〇〇，「陶弘景傳」。

(十七) 見索予明「緙絲」，載於《大陸雜誌》卷四一，第三期（一九七〇年，臺北，大陸雜誌社出版），頁一一八。

(十八) 見莊申「維摩詰所說經對於中國藝術品的影響」，載於《香港大學五十週年紀念論文集》第二冊（一九六四年，香港，香港大學出版），頁一〇九—一九六。

(十九) 見承名世「論孫位『高逸圖』的故實及其與顧愷之畫風的關係」，載於一九六五年出版之《文物》（北京，文物出版社出版）第八期，頁一五—二三。

(二〇) 見段玉裁《說文解字注》一九七〇年，臺北，藝文印書館影印清經韻樓版），第十篇，上，頁二二。

(二一) 見余嘉錫「寒食散考」，原載於《輔仁學誌》第七卷，第一、二期合刊號（一九三八年，北平，輔仁大學出版），頁二九—六三，重刊於《余嘉錫論學雜著》（一九六三年，北京，中華書局排印本），上冊，頁一八一—二二六。

(二二)(二三) 據《晉書》，卷五一，「皇甫謐傳」，頁一四一五，皇甫謐在上給晉武帝的疏裏說他自己：「服寒食藥，違錯節度，辛苦荼毒，于今七年。隆冬裸袒食冰，當暑煩悶，加以咳逆，或若溫瘧，或類傷寒，浮氣流腫，四肢酸重。」

(二四) 見中國科學院考古研究所資料室：「日本高松塚古墳簡介」，載於一九七二年之《考古》（北京，科學出版社出版）第五期，頁五九—六三。

(二五) 見王仲殊「關於日本高松塚古墳的年代問題」，載於一九八一年之《考古》（北京，科學出版社出版）第三期，頁二七七—二七八，又二七六頁。

(二六) 見蘇軾《蘇東坡集》（一九三三年，上海，商務印書館《國學基本叢書》排印本），卷一六，頁六三，「和張耒高麗松扇」詩。

# 《扇子與中國文化》之徵引書目

# 壹　美術考古資料

## （一）史　料

八四七　張彥遠　歷代名畫記　一九六二年，上海，人民美術出版社《畫史叢書》標點排印本

一〇七四　郭若虛　圖畫見聞志　一九六二年，上海，人民美術出版社《畫史叢書》標點排印本

一一六七　鄧　椿　畫繼　一九六二年，上海，人民美術出版社《畫史叢書》標點排印本

一三六五　夏文彥　圖繪寶鑑　一九六二年，上海，人民美術出版社《畫史叢書》標點排印本

一六四三　汪砢玉　珊瑚網名畫題跋　一九三六年，上海，商務印書館《國學基本叢書》排印本

一六八二　卞永譽　式古堂畫考　一九六〇年，臺北，正中書局影印鑑古書社影印本

謝　彬　圖繪寶鑑續纂　一九六二年，上海，人民美術出版社《畫史叢書》標點排印本

| | | | |
|---|---|---|---|
| 一六九二 | 顧　復 | 平生壯觀 | 一九七一年，臺北，漢華文化事業公司影印清代抄本 |
| 一七二一 | 厲　鶚 | 南宋院畫錄 | 一九一一年，上海，神州國光社，《美術叢書》（四集，四輯）排印本 |
| | 厲　鶚 | 玉臺書史 | 一九一一年，上海，神州國光社，《美術叢書》（四集，三輯）排印本 |
| | 周二學 | 賞延素心錄 | 一八八四年（清光緒十年），《榆園叢刻》刊本 |
| 一七四四 | 乾隆御敕 | 石渠寶笈 | 一九八二年，臺北，商務印書館據故宮博物院所藏四庫全書內文淵閣本之影印本 |
| 一八〇七 | 金元珏 | 竹人錄 | 一九一一年，上海，神州國光社，《美術叢書》（二集，五輯）排印本 |
| 一八三二 | 張大鏞 | 自悅怡齋書畫錄 | 清道光十二年（壬辰，一八三二），原刻本 |
| 一八三五 | 湯漱玉 | 玉臺畫史 | 一九六二年，上海，人民美術出版社《畫史叢書》標點排印本 |
| 一八三六 | 陶　樑 | 紅豆樹館書畫記 | 一九七二年，臺北，廣文書局影印清光緒八年（一八八二）吳趨潘氏韡園刻本 |
| 一八四二 | 吳榮光 | 辛丑銷夏記 | 清光緒三十一年（乙巳）長沙葉氏郋園重刊刻本 |
| 一八四三 | 潘正煒 | 聽颿樓書畫記 | 一九一一年，上海，神州國光社，《美術叢書》（四集，七輯）排印本 |
| 一八四九 | 潘正煒 | 聽颿樓書畫續記 | 一九一一年，上海，神州國光社，《美術叢書》（四集，七輯）排印本 |

一八五一 韓泰華 玉雨堂書畫記 一九一一年，上海，神州國光社，《美術叢書》（二集，三輯）排印本
一八五二 蔣寶齡 墨林今話 一九二三年，上海，中華書局倣宋排印本
一八七一 李佐賢 書畫鑑影 一八七一年（清同治十年，辛未）利津，李氏刊本
一八九四 李玉棻 甌鉢羅室書畫過目考 一九一一年（清宣統三年）北京，晉華書局石印本
一九〇三 邵松年 古緣萃錄 一九〇四年（清光緒三十年，甲辰）上海，鴻文書局石印本
一九〇九 龐元濟 虛齋名畫錄 一九七一年，臺北，漢華文化事業公司影印清宣統元年（己酉，一九〇九）烏程龐氏原刻本
一九二四 裴伯謙 壯陶閣書畫錄 中華書局倣宋排印本
一九二四 龐元濟 虛齋名畫續錄 一九二四年，烏程龐氏原刊本
一九二六 鄧之誠 骨董瑣記 一九二六年，北平，和濟印刷局排印本
一九三三 滕　固 唐宋繪畫史 一九五八年，北京，人民美術出版社重印本
一九三三 李　放 中國藝術家徵略 一九六八年，臺北，中華書局重版本
一九四三 下店靜市 支那繪畫史研究 東京，富山房排印本
一九五八 考古研究所 考古學基礎 北京，科學出版社排印本
一九五八 秦嶺雲 民間畫工史料 北京，中國古典藝術出版社排印本
一九六四 那志良 玉器通釋 一九六四年，香港，開發公司排印本
一九七五 錢存訓 中國古代書史 香港，香港中文大學出版社排印本

## （二）論　文


| | | | |
|---|---|---|---|
| 一九三〇 | 姚　華 | 題畫一得（二筆） | 見《藝林月刊》（第九期），北平，中國畫學研究會排印本 |
| 一九三五 | W. W. Winkworth | "Bronzes and the Minor Arts" | in Chinese Art, London |
| 一九四七—四八 | Fritz Low-Beer | "Two Laequer Boxes from Changsha" | in Artibus. Asiae, Vol, X, No. 4 and Vol. XI, No. 4. |
| 一九五四 | 長廣敏雄 | 西域の畫家尉遲乙僧 | 見《人文科學研究所創立二十五年週年紀念論文集》，京都，京都大學 |
| 一九五七 | 甘肅省文物管理委員會 | 蘭州上西園明彭澤墓清理簡報 | 見《考古通訊》第一期，北京，科學出版社 |
| 一九五七 | 姚翁望 | 湯天池和梁應達的鐵畫 | 見《文物參考資料》，第三期 |
| 一九五九 | 沈從文 | 金花紙 | 見《文物參考資料》，第二期 |
| 一九五九 | 單士元 | 宮燈 | 見同期 |
| 一九五九 | 林巳奈夫 | 中國先秦時代の馬車 | 見《東方學報》，第二十九册，東京，東京大學 |
| 一九六〇 | 莊　申 | 隋唐時代于闐祖籍之父子畫家 | 見《中央研究院歷史語言研究所集刊外編》，第四種，臺北，中央研究院 |
| 一九六一 | William Waston | "The Civilization of a Single People: The Dawn of Civilization in China" | in "A Circle of Cathy China" (London) |
| 一九六二 | 貝塚茂樹等 | 世界美術全集(1) | 東京角川書店出版 |
| | | "Robust Life of the Shang: The | in *Life Magazine*, (New York), Vol. |

| | | | |
|---|---|---|---|
| | | Far East's Treasure" | 32, No. 4. |
| 一九六八 | 石璋如 | 小屯第四〇號墓的整理與殷代第一類車的初步復原 | 見《中央研究院歷史語言研究所集刊》，第四十本，下冊，臺北，中央研究院 |
| 一九七〇 | 賀陳詞 | 中國建築及庭園藝術遠播——歐西的史實探討及其對歐西的影響 | 見《大陸雜誌》，第四〇卷，第五期，臺北，大陸雜誌社 |
| 一九七〇 | 陳運耀 | 馬遠研究 | 香港，香港大學碩士論文 |
| 一九七二 | 山西省大同市博物館 山西省文物工作委員會 | 山西大同石家寨北魏司馬金龍墓 | 見《文物》第三期，北京，文物出版社 |
| 一九七二 | 山東省博物館 | 發掘明朱檀墓紀實 | 見《文物》第五期，北京，文物出版社 |
| 一九七二 | 中國科學院考古研究所資料室 | 日本高松塚古墳簡介（見《考古》第五期） | 北京，科學出版社 |
| 一九七三 | 汪子豆 | 列仙酒牌及其刻者蔡照 | 見《藝林叢錄》（第九編），香港，商務印書館排印本 |
| 一九七四 | 曾嘉寶 | 廣東五位收藏家藏品之來源 | 見《東方文化》，第十二卷合刊本，香港，香港大學 |
| 一九七四 | 莊　申 | 關於廣東收藏家所藏書畫價的考察 | 見《明報月刊》，第九卷，第六、七期，香港，明報月刊社 |
| 一九七四 | 宋后楣 | 明初畫家王紱——兼論他的山水與墨竹 | 臺北，臺灣大學文學院碩士論文 |
| 一九七七 | 蘇華萍 | 吳縣洞庭山明墓出土的文徵明書畫 | 見《文物》，第三期 |
| 一九七九 | 陳　晶 | 記江蘇武進新出土的南宋珍貴漆器 | 見《文物》，第三期 |

一九八二　王仲殊　關於日本高松塚古墳的年代問題（見《考古》第三期）　北京，科學出版社

一九八二　荊州地區博物館　湖北江陵馬山磚廠一號墓出土大批戰國時代絲織品　見《文物》，第十期

一九八七　李俊傑　摺扇及其扇面藝術　見《上海博物館集刊》第四期，上海，上海古籍出版社

一九八九　無錫市博物館無錫縣文物管理委員會　江蘇無錫縣明華師伊夫婦墓　見《文物》，第七期


## （三）美術與考古圖錄


一八九五　M. A. Flory　A Book about Fans　Macmillan, New York

一九一一　商務印書館　天籟閣舊藏宋人畫冊　上海，商務印書館（一九三六年，加印彩色版，一九五七年，重版）

一九一三　Edouard Chavannes　Des Documents Chinois. decouverts Par Aurel Stein Dans les Sables du Turkestan Oriental　Oxford, Oxford University Press

一九一四　王國維　流沙墜簡　上虞，羅氏宸翰樓印

一九一七　廉　泉 吳芝瑛　小萬柳堂藏名人書畫扇集　上海，文明書局（據二版本）

一九一九　丁　仁 吳　隱　悲盦賸墨　上海，西泠印社

| | | | |
|---|---|---|---|
| 一九三五 | 北平市政府 | 舊都文物略 | 北平市政府 |
| 一九三五 | **H. Minamoto** | An Illustroted History of Japanese Art | Kyoto |
| 一九三九 | 商承祚 | 長沙古物聞見記 | 成都，金陵大學中國文化研究所刊本 |
| 一九四二 | 梅原末治 | 支那漢代紀年銘漆器圖錄 | 京都，京都大學 |
| 一九五四 | 張大千 | 大風堂名蹟（第一集） | 東京 |
| 一九五五 | 商承祚 | 長沙出土楚漆器圖錄 | 中國古典藝術出版社 |
| 一九五六 | **Osvald Siren** | Chinese Painting | New York and London（The Ronald Press） |
| 一九五七 | 日本美術研究所 | 梁楷 | 東京 |
| 一九五七 | 聞　宥 | 四川漢畫像磚選集 | 上海，羣益出版社排印本 |
| 一九五七 | 鄭振鐸等 | 宋人畫冊 | 北京，中國古典藝術出版社 |
| 一九五八 | 河南省文化局文物工作隊 | 鄧縣彩色畫像磚墓 | 北京，文物出版社 |
| 一九五八 | 于希寧 羅尗子 | 北魏石窟浮雕拓片選 | 北京，中國古典藝術出版社 |
| 一九五八 | 上海人民美術出版社 | 明清扇面畫選集 | 上海，人民美術出版社 |
| 一九五九 | 中國科學院考古研究所 | 洛陽燒溝漢墓 | 北京，科學出版社 |
| 一九五九 | 原田謹次郎 | 支那名畫寶鑑 | 東京，大塚巧藝社（據第三版本） |
| 一九六〇 | **Yashiro Yukio** | Art Treasures of Japan, Vol. I | Kokusai Binka Shinkokai, Tokyo |
| 一九六〇 | 正倉院 | 正倉院寶物 | 東京，朝日新聞社 |

| | | | |
|---|---|---|---|
| 一九六一 | **Kojiro Tomita and Hsien-chi Tsang** | Portifolio of Chinese Paintings of the Museum of Fine Arts, Vol. II. (Sung to Ching) | The Museum of Fine Arts, Boston |
| 一九六三 | **人民美術出版社** | 中國古代繪畫選集 | 北京，人民出版社 |
| 一九六三 | **文物出版社** | 兩宋名畫册 | 北京，文物出版社 |
| 一九六三 | **文物出版社** | 中國古代繪畫選集 | 北京，文物出版社 |
| 一九六四 | **山西省文物工作管理委員會** | 永樂宮 | 北京，人民美術出版社 |
| 一九六四 | **東京國立博物館** | 明清の繪畫 | 東京，便利堂 |
| 一九六五 | **米澤嘉圃 河北倫明** | 中國美術（第五卷，卽《世界美術大系》第十卷） | 東京，講談社 |
| 一九六六 | **王季遷與 Victoria Contag** | 明清畫家印鑑（增訂本） | 香港，香港大學出版社 |
| 一九六九 | **昌彼得** | 明代版畫選（初輯） | 臺灣，中央圖書館影印本 |
| 一九七〇 | **Osaka Municipal Museum of Fine Arts and San Francisco Center of Asian Art and Culture** | Osaka Exchange Exhibition (Paintings from the Abe Collection and other Masterpieces of Chinese Art) | Center of Asian Art and Culture, San Francisco |
| 一九七一 | **故宮博物院** | 故宮册頁選萃 | 臺灣，故宮博物院 |
| 一九七一 | **外山軍治** | 中國の書人 | 東京，創元社 |
| 一九七二 | **Oakland** | Chinese Fan Paintings from | Rochester, Michigan |

| | | | |
|---|---|---|---|
| | University | the Collection of Chan Yiu-pong | |
| 一九七三 | 湖南省博物館 中國科學院考古研究所 | 馬王堆一號漢墓 | 北京，文物出版社 |
| 一九七三 | 故宮博物院 | 故宮法書選萃續集 | 臺灣，故宮博物院 |
| 一九七四 | 橋本末吉 | 橋本收藏明清畫目錄 | 東京，角川書店 |
| 一九七五 | 故宮博物院 | 吳派畫九十年展 | 臺北，故宮博物院出版 |
| 一九七五 | 新疆維吾爾自治區博物館 | 新疆出土文物 | 北京，文物出版社 |
| 一九七六 | **Richard Edwards** | The Art of Wen Cheng-ming | The University of Michigan, Ann Arbor |
| 一九七六 | **Mary Gostelow** | The Fan | Gill and Macmillan, Dublin |
| 一九七九 | 劉敦楨 | 蘇州古典園林 | 北京，新華書店 |
| 一九七九 | 上海人民美術出版社 | 藝苑掇英（第七期） | 上海，上海人民美術出版社 |
| 一九八〇 | 人民畫報社 | 人民畫報（第八期） | 北京，人民畫報社出版 |
| 一九八〇 | 中國社會科學院考古研究所 | 殷墟婦好墓 | 北京，文物出版社 |
| 一九八〇 | 金西厓 王世襄 | 竹刻藝術 | 北京，人民美術出版社 |
| 一九八〇 | 文物出版社 | 中國文物（第二期） | 北京，文物出版社 |
| 一九八一 | 中國社會科學院考古研究所 | 雲夢睡虎地秦墓 | 北京，文物出版社 |
| 一九八一 | 故宮博物院 | 故宮藏畫精選 | 香港，讀者文摘社出版 |
| 一九八二 | 福建省博物館 | 福州南宋黃昇墓 | 北京，文物出版社 |

一九八三　上海博物館　上海博物館藏明清折扇書畫集　上海，上海人民美術出版社

一九八四　故宮博物院　惠風和暢　臺北，故宮博物院

一九八四　中國社會科學院考古研究所　新中國的考古發現和研究　北京，文物出版社

一九八五　故宮博物院　故宮博物院藏明清扇面書畫集（第一、第二集）　北京，人民美術出版社

一九八七　故宮博物院　清代廣東貢品　香港，故宮博物院與香港中文大學文物館共同出版

一九八七　朱家溍　王世襄　中國美術全集工藝美術編——竹木牙角器　北京，文物出版社

一九八八　**Anna Gnay Bennett**　Unfolding Beauty: The Art of the Fan　Thames and Hudson, New York

一九八八　江蘇省淮安縣博物館　中國古代書畫鑑定組　淮安明墓出土書畫　北京，文物出版社

## 貳　史學資料

### （一）史料

班固　漢書

六四八　房玄齡　晉書　一九七四年，北京，中華書局標點排印本

六五九　李延壽　南史　一九七五年，北京，中華書局標點排印本

| | | | |
|---|---|---|---|
| 六五九 | 李延壽 | 北史 | 一九七四年，北京，中華書局標點排印本 |
| 五世紀末期 | 蕭子顯 | 南齊書 | 一九七二年，北京，中華書局標點排印本 |
| 六三六 | 李百藥 | 北齊書 | 一九七二年，北京，中華書局標點排印本 |
| 九四五 | 劉昫 | 唐書 | 一九七五年，北京，中華書局標點排印本 |
| 一〇六〇 | 歐陽修 | 新唐書 | 一九七五年，北京，中華書局標點排印本 |
| | 脫脫等 | 宋史 | 一九七七年，北京，中華書局標點排印本 |
| 一七三九 | 張廷玉等 | 明史 | 一九七四年，北京，中華書局標點排印本 |
| 一九二七 | | 清史稿 | 一九七七年，北京，中華書局標點排印本 |
| 三世紀初期 | 崔豹 | 古今注 | 一九三六年，上海，商務印書館《四部叢刊》三編影印宋刊本 |
| 三一〇頃 | 王嘉 | 拾遺記 | 一九八一年，北京，中華書局（齊治平標點校注）排印本 |
| 八〇〇頃 | 封演 | 封氏聞見錄 | 一九三六年，上海，商務印書館《叢書集成》（初編）影印《雅雨堂叢書》本 |
| 八一〇頃 | 李肇 | 唐國史補 | 一九五七年，上海，古典文學出版社標點排印本 |
| | 劉恂 | 嶺表錄異 | 一九八三年，臺北，商務印書館據故宮博物院所藏《四庫全書》內文淵閣本之影印本 |
| 一〇一五頃 | 錢易 | 南部新書 | 一九五八年，上海，中華書局標點排印本 |
| 一一一〇頃 | 王讜 | 唐語林 | 一九七八年，北京，中華書局標點排印本 |

| | | | |
|---|---|---|---|
| 一一二四 | 徐兢 | 宣和奉使高麗圖經 | 一九三七年，上海，商務印書館《萬有文庫》標點排印本 |
| 十二世紀末 | 陳槱 | 負暄野錄 | 上海，涵芬樓排印本 |
| 一二九九 | 李衎 | 竹譜詳錄 | 清同治十一年(一八七二)《知不足齋叢書》本 |
| 一三一三 | 周密 | 癸辛雜識 | 一八六二年，上海，博古齋影印《津逮秘書》本 |
| 一三四五 | 脫脫 | 宋史 | 一九七七年，北京，中華書局標點排印本 |
| | 陳誠 | 西域番國志 | 一九三七年，北平，國立北平圖書館《善本叢書》第一集影印明鈔本 |
| 一五四四以前 | 陸深 | 春風堂隨筆 | 一九三六年，上海，商務印書館《叢書集成》(初編)本 |
| | 沈德符 | 飛鳧語略 | 一九三六年，上海，商務印書館《叢書集成》初編排印本 |
| 一五六〇頃 | 高濂 | 燕閒清賞 | 一九一一年，上海，神州國光社，《美術叢書》(三集，十輯)排印本 |
| 一五九六 | 張應文 | 清秘藏 | 一九一一年，上海，神州國光社，《美術叢書》(初集，八輯)本 |
| 一六〇六 | 沈德符 | 萬曆野獲編 | 一九八〇年，北京，中華書局標點排印本 |
| 一六二二頃 | 張岱 | 陶菴夢憶 | 清咸豐三年(一八五三)，《粵雅堂叢書》(二集)本 |

| | | | |
|---|---|---|---|
| 十七世紀後期 | 劉鑾 | 五石瓠 | 一九二〇年，北平，《庚辰叢編》排印本（原書無出版者） |
| 一六四五以前 | 文震亨 | 長物志 | 一九一一年，上海，神州國光社，《美術叢書》（三集，九輯）排印本 |
| 一六〇五以前 | 屠隆 | 考槃餘事 | 一九三七年，上海，商務印書館，《叢書集成》（初編）排印本 |
| 一六一〇以後 | 周暉 | 續金陵瑣事 | 一九七七年，臺北，新興書局《筆記小說大觀》第十六編，第四冊影印 |
| 一六一六 | 李日華 | 味水軒日記 | 吳興，劉氏，《嘉業堂叢書》本 |
| 一六四八 | 陳貞慧 | 秋園雜佩 | 一九一一年，上海，神州國光社，《美術叢書》（初集，五輯）排印本 |
| 一六七八 | 屈大均 | 廣東新語 | 一九七四年，香港，中華書局排印本 |
| 一六九〇 | 高士奇 | 天祿識餘 | 一九一五年，上海，文明書局石印本 |
| 一七三六 | 趙弘恩 | 江南通志 | 一七三六年（乾隆元年）尊經閣原刊本 |
| 一七〇二 | 王士禎 | 香祖筆記 | 一九八二年，上海，古籍出版社標點排印本 |
| 一七七〇 | 張燕昌 | 羽扇譜 | 一八七六年（光緒二年）俞樾序世楷堂刊本《昭代叢書》（別集）本 |
| 一七七一以前 | 阮葵生 | 茶餘客話 | 一九六〇年，上海，中華書局排印本 |
| 一八一一以前 | 蔣啓勛 趙佑宸 | 江寧府志 | 一八八二年（光緒八年）重刊本 |
| 一八八一 | 蔣啓勛 趙佑宸 | 江寧府志續纂 | 一八八一年（光緒七年）初刊本 |

| | | | |
|---|---|---|---|
| 十九世紀後期 | 王廷鼎 | 杖扇新錄 | 一九一一年，上海，神州國光社，《美術叢書》（二集，八輯）排印本 |

## (二)近代論述

| | | | |
|---|---|---|---|
| 一九三三 | 渡部道太郎 | 和紙類考 | 東京，物外莊 |
| 一九三五 | W. W. Winkworth | "Bronzes and the Minor Arts" in Chinese Art | London |
| 一九三六 | 藤田豐八 | 「宋代輸入之日本貨」（據何健民《中國南海古代交通叢考》內中譯本） | 上海，商務印書局 |
| 一九三七 | 奧本正人 | 和紙談叢 | 京都，澄心堂 |
| 一九三八 | 余嘉錫 | 「寒食散考」（原載於《輔仁學誌》第七卷第一、二期合刊號）後收入《余嘉錫論學雜著》 | 一九六三年，北京，中華書局排印本 |
| 一九三八 | 白文貴 | 蕉窗話扇 | 北平，倫明齋排印本 |
| 一九三八 | 尚秉和 | 歷代社會風俗事物考 | 長沙，商務印書館排印本 |
| 一九四二 | 田中塊堂 | 古寫經綜鑒 | 大阪，鵤故鄉舍排印本 |
| 一九五三 | 方豪 | 中西交通史 | 臺北，中華文化出版事業委員會出版 |
| 一九五五 | 李書華 | 紙的起源 | 臺北，大陸雜誌社排印本 |
| 一九五六 | 袁翰青 | 造紙在我國的起源和發展（見《中國化學史論文集》） | 北京，三聯書店排印本 |

| | | | |
|---|---|---|---|
| 一九五六 | 陳大端 | 雍乾嘉時代的中流關係 | 臺北，學生書局排印本 |
| 一九五八 | 彭信威 | 中國貨幣史 | 上海，人民出版社排印本 |
| 一九五八 | 伊藤苦治 | 古代殷帝國 | 東京，角川書店 |
| 一九六一 | 黃蒙田 | 扇子古今談（見《花燈集》） | 香港，上海印書館排印本 |
| 一九六二 | 王德昭 | 服爾德的「中國孤兒」（見《大陸雜誌》，第四卷第七期） | 臺北，大陸雜誌社 |
| 一九六二 | **Eric Mercer** | English Art: 1553—1626 | Oxford, England |
| 一九六三 | 李思純 | 學海片鱗錄（見《文史》，第三輯） | 北京，中華書局排印本 |
| 一九六四 | 莊　申 | 維摩詰所說經對於中國藝術品的影響（見《香港大學五十週年紀念論文集》第二册） | 香港，香港大學 |
| 一九六五 | 承名世 | 論孫位「高逸圖」的故實及其與顧愷之畫風的關係（見《文物》第八期） | 北京文物出版社 |
| 一九六七 | **M. Jourdain and R. Soame Jenyns** | Chinese Export Art in the Eighteenth Century | Middlesex, England |
| 一九七〇 | 陳受頤 | 中歐文化交流史事論叢 | 臺北，商務印書館 |
| 一九七六 | **John Warner** | Tingqua: Paintings from His Studio | The City Museum and Gallery of Hong Kong, Hong Kong |
| 一九七七 | 姚　沙 | 岳陽扇飲譽海外 | 香港，一九七七年六月十五日，《大公報》 |
| 一九七七 | 黃奇川 | 新會葵鄉見聞 | 香港，一九七七年七月十一日，《大公報》 |
| 一九七九 | 竇　武 | 中國造園藝術在歐洲的影響 | 《建築史論文集》（第三輯）北京，清華大學建築工程系出版 |

| | | | |
|---|---|---|---|
| 一九七九 | 袁行霈 | 山海經初探（見《中華文史論叢》，第三輯） | 上海，古籍出版社排印本 |
| 一九八一 | 潘吉星 | 中國造紙技術史稿 | 北京，文物出版社 |
| 一九八一 | 朱融 | 中國工藝之西漸與「中國風味」在歐洲之源起與盛行 | 《臺靜農先生八十壽慶論文集》，臺北，聯經出版事業公司出版 |
| 一九八七 | 張正明 | 楚文化史 | 上海，上海人民出版社 |
| 一九八七 | 錢定一 | 中國民間美術藝人志 | 北京，人民美術出版社 |


## 叁　文學資料


| | | | |
|---|---|---|---|
| 西元前四至二世紀 | 闕名 | 禮記 | 一九三四年，上海，中華書局《四部備要》聚珍倣宋排印本 |
| | 闕名 | 周禮 | 一九七二年，臺北，鼎文書局影印清嘉慶二十三年（戊寅，一八一八），吳郡黃丕烈校宋《周禮鄭注》本 |
| 一〇〇 | 許愼 | 說文解字 | 清嘉慶十四年（一八〇九），番禺，陳昌治刊本 |
| 五一〇左右 | 傳陶弘景 | 瘞鶴銘 | 一九六一年，東京，二玄社複製本 |
| 五三一以前 | 蕭統 | 文選 | 一九七四年，上海，中華書局影印南宋淳熙八年（一一八一）尤袤刻本 |
| | 虞世南 | 北堂書鈔 | 清光緒十四年（戊子，一八八八），南海，孔氏三十有三萬卷堂重刊本 |

| | | | |
|---|---|---|---|
| 六二四 | 歐陽詢 | 藝文類聚 | 一九七三年，香港，中華書局標點排印本 |
| | 張九齡 | 張曲江集 | 一九三四年，上海，中華書局《四部備要》聚珍倣宋排印本 |
| 十世紀末 | 趙崇祚 | 花間集 | 一九三四年，上海，中華書局《四部備要》聚珍倣宋排印本 |
| 十二世紀中期 | 任　淵 | 山谷詩註 | 一九三七年，上海，商務印書館，《叢書集成》初編排印本 |
| 一一七三 | 蘇　軾 | 蘇東坡集 | 一九三三年，上海，商務印書館《國學基本叢書》標點排印本 |
| 一一八七 | 陸　游 | 劍南詩槀 | 一九七六年，上海，新華書店標點排印本 |
| 十一世紀末至十二世紀頃 | 闕　名 | 分門集註杜工部詩 | 一九七四年，臺灣，大通書局影印重刊於《余嘉錫論學雜著》 |
| | 謝枋得 | 疊山集 | 一九八三年，臺北，商務印書館據故宮博物院所藏《四庫全書》內文淵閣本之影印本 |
| 十三世紀初期 | 闕名宋人 | 分門集註杜工部詩 | 一九七四年，臺北，大通書局影印宋刊本 |
| 十四世紀下半期 | 羅貫中 | 三國志演義 | 一九八一年，呼和浩特市，內蒙古人民出版社標點排印本 |
| 一三七八 | 瞿　佑 | 剪燈新話 | 一九五七年，上海，古典文學出版社標點排印本 |
| 十六世紀後期 | 田汝成 | 西湖遊覽志餘 | 上海，中華書局標點排印本 |

| | | | |
|---|---|---|---|
| 一六一五 | 臧懋循 | 元曲選 | 一九五八年，北京，新華書店排印本 |
| 一六三〇 | 董其昌 | 容臺集 | 一九六八年，臺灣，中央圖書館影印明刊本 |
| 一六六四頃 | 錢謙益 | 有學集 | 清初康熙刻本 |
| 一六九九 | 孔尚任 | 桃花扇 | 一九五九年，北京，人民文學出版社標點排印本 |
| 一七〇三 | 彭定求 | 全唐詩 | 一九六〇年，上海，中華書局標點排印本 |
| 一七三九 | 厲　鶚 | 樊榭山房集 | 一九三六年，上海，商務印書館《國學基本叢書》排印本 |
| 一七九一 | 楊　倫 | 杜詩鏡銓 | 一九八一年，臺灣，華正書局影印本 |
| | 鄭　燮 | 鄭板橋集 | 一九六五年，上海，中華書局標點排印本 |
| 一八一五 | 段玉裁 | 說文解字註 | 一九七〇年，臺灣，藝文印書館影印清經韵樓原版本（附索引） |
| 一八二八 | 曹永純 | 種水詞 | |
| 一八九二 | 孔廣陶 | 鴻爪前游日記 | 南海，孔氏，三十有三萬卷堂原刊本 |
| 一九一六 | 丁福保 | 全漢三國晉南北朝詩 | 一九五九年，北京，中華書局標點排印本 |
| 一九二〇 | 葉德輝 | 書林清話 | 長沙，觀古堂原刊本 |
| 一九四〇 | 唐圭璋 | 全宋詞 | 一九六五年，北京，中華書局標點排印本 |
| 一九四七 | 賈祖璋 | 鳥與文學 | 一九四七年，上海，開明書局（第二版），排印本 |
| 一九五九 | 傅惜華 | 明代傳奇全目 | 一九五九年，北京，人民文學出版社排印本 |
| | 徐　珂 | 清稗類鈔選（著述・鑒賞） | 一九八四年，北京，書目文獻出版社標點排印本 |